D1723164

Bibliothek des Widerstands · Band 11

Herausgegeben von Willi Baer und Karl-Heinz Dellwo

MIR

LAIKA-Verlag

Inhalt

Am 4. September 1970 gewann Salvador Allende als Kandidat der Unidad Popular, einem Zusammenschluss von Sozialisten, Kommunisten und kleineren Linksparteien die Präsidentschaftswahl in Chile. Allende bekannte sich als Marxist und bestand auf einem demokratischen Weg zur Macht. Seit Jahrzehnten war er als Abgeordneter der Sozialistischen Partei in verschiedenen Funktionen für eine sozialistische Gesellschaft aktiv. Mehrfach kandidierte er für das Präsidentenamt.

Im Bild: Arbeiter demonstrieren am 5. September 1964 für die damalige Präsidentschaftskandidatur Allendes, der in der Wahl dem progressiven Christdemokraten Eduardo Frei
unterlag. Ein Jahr später gründete sich die MIR und bezog sich auf den radikalen Wandel
der Linken in Lateinamerika nach der kubanischen Revolution.

Mechthild Dortmund

Vorwort

Die Gründung der MIR im August 1965 markierte einen Wandel in der politischen Szene in Chile und ist Teil der Neuen Linken in Lateinamerika, deren politische Theorie und Praxis – ermutigt durch das Beispiel der kubanischen Revolution – die Möglichkeit und Notwendigkeit radikaler gesellschaftlicher Veränderungen beinhaltet. In dieser Zeit beginnt in Chile eine zunehmende und teils explosive Massenmobilisierung gegen die gescheiterten bürgerlichen Reformversuche der christdemokratischen Regierung unter Eduardo Frei. Die MIR macht eine rasante Entwicklung durch und wird zu einem wichtigen Bezugspunkt für die soziale Bewegung. In den folgenden programmatischen Vorstellungen und im politisch-militärischen Ansatz unterscheidet sich die MIR in den Sechziger und Siebziger Jahren wesentlich von anderen Parteien der chilenischen Linken:

1. Alle Formen des Kampfes sind legitim, um das herrschende System sozialer Ungerechtigkeit und kapitalistischer Ausbeutung zu bekämpfen.
2. Das revolutionäre Subjekt sind nicht (nur) das Industrieproletariat beziehungsweise die Arbeiterklasse, sondern die »Armen der Stadt und des Landes«, auch und gerade die Marginalisierten wie Landarbeiter, Mapuche und Elendsviertelbewohner.
3. Der Kampf um soziale Befreiung und das Ende imperialistischer Ausbeutung und Unterdrückung hat – ähnlich wie Che Guevara es sah – eine kontinentale beziehungsweise internationale Dimension, definiert sich nicht in nationalen Grenzen und nicht in Etappen, die ein Bündnis mit der vermeintlich »fortschrittlichen nationalen Bourgeoisie Chiles« beinhalten.

Diesem Postulat folgte der konkrete Versuch einer Koordination der revolutionären Organisationen des Südkegels. Im November 1972 fand in Santiago de Chile ein Treffen zwischen der chilenischen MIR, den MLN-Tupamaros aus Uruguay und dem PRT-ERP aus Argentinien statt. Dort wurde beschlossen, die JCR – die Revolutionäre

Koordinationsinstanz des Südkegels Lateinamerikas zu gründen. Ziel war die Einheit der Revolutionäre in Lateinamerika, um gegen den gemeinsamen Feind gemeinsame Front zu machen: Die imperialistischen Kräfte (allen voran der US-Imperialismus) und die mit ihm verbündeten einheimischen Bourgeoisien. Gleichzeitig wurde eine klare Trennungslinie zu den populistischen und reformistischen Positionen der sogenannten traditionellen Linken gezogen. Die Gegenrevolution in Bolivien (1972), Uruguay (1973), Chile (1973) und Argentinien (1976) erschwerte die Fortentwicklung dieser Initiative, der sich 1974 auch der PRT-ELN aus Bolivien anschloss, und erstickte sie schließlich mithilfe brutalster, grenzüberschreitender Repression, bevor sie sich richtig konstituiert hatte. Unmittelbar nach dem Militärputsch gab die MIR die Parole aus, dass der Widerstandskampf gegen die Diktatur mit allen Mitteln und in Chile geführt werden müsse; versuchte, eine Massenflucht von Aktivisten zu verhindern und organisierte Ende der Siebziger Jahre als erste politische Kraft der chilenischen Linken die Rückkehrpolitik, was trotz großer Probleme und manch schwerwiegender Fehler die richtige Politik war. In dieser Zeit (1979/80) analysierte die MIR ziemlich zutreffend die tiefgreifenden und umfassenden sozio-ökonomischen Umwälzungen, die durch die chilenische Diktatur mit aller Brutalität eingeleitet wurden (Politik des Schocks, »Neoliberalismus«, das Wirtschaftsmodell der Chicagoer Schule, Institutionalisierung des Regimes). Deren verhängnisvolle Auswirkungen bestimmen ganz entscheidend das gesellschaftliche Klima und die politische Lage im heutigen Chile.

Sowohl Andrés Pascal Allende als auch die Protagonistinnen des Buches von Tamara Vidaurrázaga beschreiben in ihren Texten die Entstehung der MIR, die Zeit des Aufbruchs vor dem Sieg Allendes, die Periode der *Unidad Popular* und den konterrevolutionären Bruch, den Militärputsch, seine furchtbaren Auswirkungen auf die Linke und die sozialen Bewegungen in Chile sowie den Versuch, in dieser Phase trotz der erlittenen Niederlage den Widerstandskampf zu organisieren. Andrés Pascals Bericht endet mit dem Tod des ersten Generalsekretärs der MIR, Miguel Enríquez.

Die von Tamara Vidaurrázaga interviewten drei MIR-Frauen erzählen darüber hinausgehend ihre Erlebnisse von Verhaftung, Knast, Exil in Europa, klandestiner Rückkehr, Teilnahme am bewaffneten Widerstandskampf in Chile, erneuter Inhaftierung in den Achtziger Jahren und dem Zusammenleben im Gefängnis, wo ihnen feministische Sichtweisen einen neuen Blick auf ihre persönliche Geschichte und die ihrer Organisation sowie das Umgehen miteinander eröffneten. Tamara Vidaurrázaga geht es darum, zum einen die staatlich verordnete Geschichtsvergessenheit zu durchbrechen und zum anderen weibliche linke Aktivistinnen zu Wort kommen zu lassen, deren Geschichte üblicherweise »nicht der Rede wert ist«, deren Geschichte also mit einem doppelten Tabu belegt ist – und das nicht nur in Chile.

Eines ihrer wichtigen Anliegen ist, die von ihr befragten Zeitzeuginnen – eine von ihnen ist ihre Mutter – aus der ihnen gern zugewiesenen Opferrolle herauszuholen, so dass sie als Subjekte hervortreten, die sich ganz (selbst)bewusst für den Weg als Aktivistinnen einer revolutionären Organisation entschieden haben, als Militante der MIR, von der sie noch heute sagen, sie sei das Beste gewesen, was es damals in der politischen Szene Chiles gab.

Aus einem weiteren, eher persönlichen Grund war es mir wichtig, dass in diesem Band über die MIR ein Auszug aus Tamaras Buch abgedruckt wird: Im März 1983 habe ich im Rahmen einer Aktionswoche zum Internationalen Frauentag in Hannover eine Veranstaltung mit Ana Luis Peñailillo organisiert. Sie war von 1978 bis 1982 aufgrund ihrer Beteiligung am Widerstandskampf in Gefängnissen der chilenischen Diktatur inhaftiert gewesen, unter anderem in der Villa Grimaldi. Im August 1982 wurde ihre Haftstrafe in Ausweisung umgewandelt, und sie reiste nach Europa aus. Auf der Diskussionsveranstaltung im März 1983 in Hannover berichtete sie über die Lage der politischen Gefangenen und aus ihrer eigenen Erfahrung heraus speziell über die Situation der weiblichen politischen Häftlinge, den besonderen Methoden der Folter, der Erniedrigung und Unterdrückung von Frauen sowie über Formen der Organisation und des Widerstands von Frauen im Knast. Ana Luisa Peñailillo vermittelte uns, dass die Identität der Gefangenen als politische Kämpferinnen und ihre Überzeugung, weiterzukämpfen, von der Diktatur nicht gebrochen worden ist. Sie selbst verfolgte diesen Weg mit Konsequenz und Mut und kehrte illegal nach Chile zurück, um vor Ort gegen die Diktatur zu kämpfen. Im April 1986 wurde Ana Luisa Peñailillo von den »Sicherheitsdiensten« Pinochets ermordet. Die offizielle Version lautete, sie sei durch die Explosion einer Bombe umgekommen, die sie selbst habe bauen wollen. Die Veranstaltung mit Ana Luisa gab den Anstoß zur Gründung der Frauengruppe *CAMUR, Comité de Apoyo a la Mujer en la Resistencia – Komitee zur Unterstützung der Frauen im Widerstand in Hannover* . Ein wichtiger Teil unserer Aktivitäten war, auf die Lage der weiblichen politischen Gefangenen in Chile aufmerksam zu machen und Kontakt zu ihnen aufzunehmen – unter anderem hatten wir einen Briefwechsel mit Arinda Ojeda und den in Coronel inhaftierten Frauen. Im Jahr 1986 haben wir die von den Gefangenen, den Angehörigengruppen und den Menschenrechtsorganisationen in Chile initiierte Kampagne »Für das Leben und die Freiheit der politischen Gefangenen« unterstützt und 1988 die Kampagne gegen die Todesstrafe für einige MIR-Gefangene nach Kräften mitgetragen.

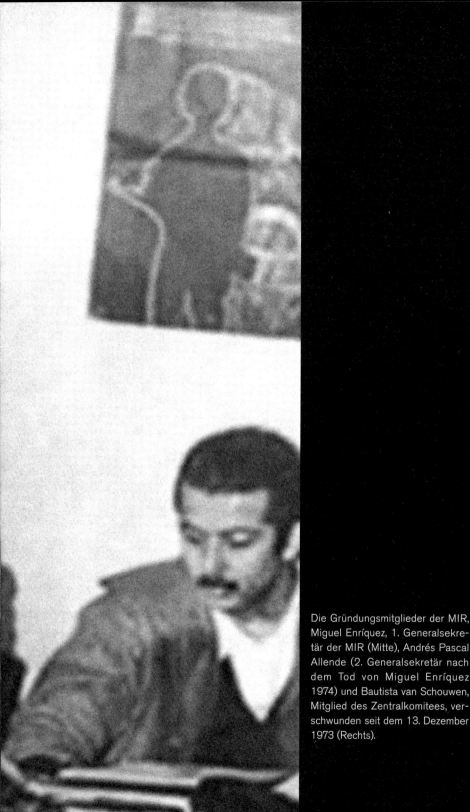

Die Gründungsmitglieder der MIR, Miguel Enríquez, 1. Generalsekretär der MIR (Mitte), Andrés Pascal Allende (2. Generalsekretär nach dem Tod von Miguel Enríquez 1974) und Bautista van Schouwen, Mitglied des Zentralkomitees, verschwunden seit dem 13. Dezember 1973 (Rechts).

Andrés Pascal Allende[1]

Die MIR, 35 Jahre

Notwendige Vorbemerkung

Der folgende Text erhebt nicht den Anspruch, eine Geschichte der MIR zu sein, das ist eine noch anstehende und sehr notwendige Aufgabe, die aber nur als kollektives Werk gelingen kann, wie auch die Bewegung an sich eine kollektive war. Manuel Cabieses[2] hat mich aus Anlass des 35. Jahrestags der Gründung der MIR um einen Artikel für *Punto Final* gebeten … Wie die Zeit vergeht! Ich werde versuchen, seinem Anliegen gerecht zu werden und im Folgenden auf einige Aspekte der Denkweise und politischen Aktivitäten der MIR eingehen, zu denen mir gerade von Jugendlichen häufig Fragen gestellt werden. Ich werde versuchen, angesichts der gebotenen Kürze, diese Themen in ihrem konkreten historischen Kontext darzustellen, um so zum besseren Verständnis der Beweggründe und Subjektivitäten unseres politischen Handelns beizutragen. Die Geschichte der Volkskämpfe ist wie ein riesiges Rad, das sich im Lauf der Zeit unaufhaltsam vorwärts bewegt. Wenngleich sich die historischen Subjekte und Kontexte ändern, tauchen die revolutionären Bestrebungen aus der Vergangenheit wieder mit neuem Gesicht und neuer Stimme auf, aber mit denselben Forderungen nach sozialer Gerechtigkeit und Selbstbestimmung der Bevölkerung, mit demselben Verlangen nach Solidarität und Befreiung. Ich werde die Themen von einem persönlichen und parteilichen Standpunkt aus behandeln, den viele alte Kampfgenossen möglicherweise für unzureichend halten oder den sie nicht teilen. Wenn ich diese Fragmente der Erfahrung der MIR jetzt niederschreibe, so beabsichtige ich damit nichts weiter, als dass sie zur Selbstreflexion beitragen mögen, die das Entstehen jeder politischen Generation kennzeichnet. Ich gehöre zu denen, die glauben, dass in Chile und in Lateinamerika heute eine neue revolutionäre Generation im Entstehen begriffen ist, die viel zu sagen und zu tun hat.

Entstehung der MIR

Oft ist gesagt worden, die MIR sei – wie andere Bewegungen – Ausdruck der Rebellion einer Generation, die in den 1960er-Jahren in der ganzen Welt stattfand. Diese Erklärung trifft zum Teil zu, greift aber entschieden zu kurz, weil sie nicht reflektiert, dass in jenem Jahrzehnt ein weltweiter Prozess begann: Der Zyklus der kapitalistischen Expansion neigte sich seinem Ende zu. Ihm vorausgegangen war die große Krise der 1920er- und 30er-Jahre, die wiederum eng verbunden war mit den beiden Weltkriegen und der großen Welle revolutionärer Aufbrüche zu Beginn des 20. Jahrhunderts. Der so genannte Nachkriegs-»Wohlfahrtsstaat« stieß eine Reihe sozialer Reformen an und griff stark regulierend in die Wirtschaft ein. Ein Aufschwung ohnegleichen fand statt, der knapp drei Jahrzehnte lang anhielt, bis in den 1960er-Jahren die Expansion stagnierte und Anfang der 1970er-Jahre eine erneute weltweite Krise der kapitalistischen Akkumulation offen zutage trat. In den Industrieländern verschlechterten sich die Arbeits- und Lebensbedingungen der arbeitenden Klasse und der Mittelschichten.

Auch Chile war von diesem weltweiten Prozess betroffen, aber mit den spezifischen Merkmalen eines abhängigen Kapitalismus. Die alte oligarchische Gesellschaftsordnung in unserem Land hatte in den 1920/30er-Jahren auch eine wirtschaftliche, soziale und politische Krise durchgemacht: In Gestalt von radikalen sozialen Kämpfen, blutiger Unterdrückung, dem Auftritt von »Führern« in Uniform oder in Zivil, Aufständen von Marine- und Heeressoldaten, mehrfachen Militärjuntas, faschistischen, konservativen und sozialistischen Milizen sowie einer Sozialistischen Republik, die sich aber nur für kurze Zeit hielt. Es war eine ausgedehnte anarchische Periode, welche die Oligarchie und ihre Verbündeten aus dem Norden schließlich überwinden konnten, indem sie Ende der 1930er-Jahre einen neuen historischen Pakt schlossen, die »Volksfront« mit Sozialisten und Kommunisten, einen Pakt über die Klassengrenzen hinweg. Die US-amerikanischen Konzerne konnten aus den Kupferminen und der Kontrolle der Handelsbeziehungen weiterhin ansehnliche Profite schlagen, ebenso wie die Großgrundbesitzer aus ihren Ländereien. Die einheimischen Unternehmen gediehen im Schutz einer Politik der Importsubstitution, die Mittelschichten stärkten ihre Positionen im Staatsapparat und im politischen System – selbst die Arbeits- und Lebensbedingungen der gewerkschaftlich organisierten Arbeiterschaft verbesserten sich. Es gab staatliche Initiativen zur Verbesserung des Erziehungs- und Gesundheits-systems sowie der Sozialversicherung. Die bürgerlich-demokratischen Institutionen konsolidierten sich, und die Militärs kehrten in die Kasernen zurück. Ihre Beteiligung an zuvor begangenen Massakern wurde ihnen – wie immer – nachgesehen. Fast alle waren zufrieden – bis auf die Bewohner der städtischen Armenviertel, die Landarbei-ter, die kleinen Minenarbeiter, nicht-gewerkschaftlich organisierte Arbeiter, die Mapu-che, kleine Handwerker und sonstige städtische und auf dem Land lebende Arme, die – wie immer – bei dem historischen Klassenkompromiss außen vor blieben.

Wenngleich die Parteien der traditionellen Linken Anfang des 20. Jahrhunderts mit einer starken libertären, autonomen und rebellischen Position gegenüber der be-stehenden kapitalistischen Ordnung entstanden waren, haben sich diese Linkspartei-en Ende der 1930er-Jahre mit ihrer Entscheidung für die Volksfront von der Option des Volksaufstandes verabschiedet, den Weg der Zusammenarbeit über die Klassen-grenzen hinweg gewählt und damit der parlamentarischen Arbeit und der Teilnahme an den Wahlen den Vorrang eingeräumt. Den Sozialismus sahen sie nun als Fernziel an, das es auf einer »Revolution in Etappen« zu erreichen galt. Die erste Etappe war für sie das Bündnis der Arbeiterklasse und der Mittelschichten mit dem vermeintlich »fortschrittlichen, nationalistischen und demokratischen Bürgertum.« Dieses Bünd-nis fand seinen Ausdruck in der *Frente-Popular*-Volksfront, die 1938 mit Pedro Aguir-re Cerda, Präsidentschaftskandidat der Radikalen Partei, an die Regierung kam und im Zuge einer antiimperialistischen Politik eine unabhängige nationale Entwicklung (Modernisierung der Produktion) beförderte, demokratische Institutionen stärkte (parlamentarische Demokratie, Parteiensystem) und sozialen Fortschritt brachte (freie gewerkschaftliche Betätigung, Gesundheits-, Erziehungs-, Sozialversicherungswesen, Pressefreiheit). Das waren die historischen Grundlagen, um auf legalem und friedli-chem Weg in eine zweite Etappe überzugehen, den künftigen Aufbau einer soziali-stischen Gesellschaft. Zehn Jahre später wurde die Kommunistische Partei durch die vermeintlich fortschrittliche, nationale und demokratische Bourgeoisie mit Hilfe des so genannten *Ley Maldita* – des Verdammten Gesetzes – illegalisiert. Die Sozialistische Partei spaltete sich, ein Teil ging in die Opposition, der andere stellte sich hinter die Regierung. Trotz allem hielt die Linke am selben reformistischen Programm und an derselben Strategie fest, in Etappen und im Rahmen der bestehenden Gesetze zum Sozialismus zu gelangen. Es hatte sich eine Generation von institutionalisierten Politi-kern der Linken herausgebildet, denen es möglicherweise tatsächlich um die Interes-sen der einfachen Bevölkerung ging, die aber nicht bereit waren, mit dem System der Quotenbeteiligung an den staatlichen Pfründen zu brechen, mit der Feilscherei um

17

Sitze im Parlament, dem Parteienklientelismus, der Gewerkschaftsbürokratie, dem Wahlzirkus und so weiter.

In den 1950er-Jahren begann das Wirtschaftsmodell zu stagnieren, der Protektionismus der heimischen Produktion nahm ab, und es verschärfte sich die Auslandsabhängigkeit des Handels- und des Finanzsektors zeitgleich mit der Vorherrschaft der Monopolbourgeoisie, die eng mit dem nordamerikanischen Kapital verbunden war; die Konzentration des Reichtums in den Händen weniger beschleunigte sich, und die öffentlichen Sozialausgaben nahmen ab. Die Inflation beutelte die ärmeren Bevölkerungsschichten, die Arbeitslosigkeit stieg an, in den Städten wuchsen die Elendsviertel, in welche diejenigen strömten, die vor den miserablen Lebensbedingungen aus den Latifundien oder aus den Mapuche-Reservaten flohen, unter ihnen zahlreiche verelendete Kleinbauern. Die soziale Unzufriedenheit wuchs, und es kam zu Ausbrüchen des Protests, zu Streiks, Landbesetzungen und anderen Ausdrucksformen des Unmuts der Bevölkerung, einige von ihnen wurden von der parlamentarischen Linken angeheizt, um damit Druck auszuüben und Kräfte für die Wahlen und die parlamentarische Arbeit zu sammeln. Wieder einmal griffen die Herrschenden auf die Streitkräfte und die Polizei zurück, unterdrückten die Massenmobilisierungen, nährten aber gleichzeitig trügerische Hoffnungen in populistische Leithammel oder vermeintlich unpolitische Persönlichkeiten. Die Unzufriedenheit und der Wunsch nach Veränderung ergriffen weite Teile der Bevölkerung, was dazu führte, dass Salvador Allende als führender Vertreter der im Parteienbündnis *Frente de Acción Popular* (FRAP) – Volksaktionsfront – vereinten traditionellen Linken zu einer realen Regierungsoption wurde: Bei den Präsidentschaftswahlen von 1958 fehlten ihm nur 30.000 Stimmen zum Sieg. Um Allende nicht zum Zuge kommen zu lassen, stellten sich die konservativen politischen Kräfte 1964 geschlossen hinter die Kandidatur des Christdemokraten Eduardo Frei Montalva, der mit aktiver Unterstützung der USA ein Reformpaket startete, mit dessen Hilfe der monopolistische Akkumulationsprozess reaktiviert werden sollte. Neue ausländische Investoren sollten angelockt und die Formen der Abhängigkeit neu ausgehandelt werden. Die Technologie sollte modernisiert, die rückständigen Latifundien beseitigt und gleichzeitig die Produktivität des Agrarsektors erhöht werden. Die Ausweitung des Binnenmarktes und soziale Maßnahmen wie die Ansiedlung von Bauern, Wohnungsbau-, Gesundheits- und Bildungsprogramme sollten eine breite Wählerklientel aus den mittleren und einfachen Bevölkerungsschichten mobilisieren, um die Linke in ihre Schranken zu verweisen. Die Niederlage Allendes 1964 bei den Präsidentschaftswahlen und die Erwartungen, die durch die von der Christdemokratie propagierte »Revolution in Freiheit« geweckt wurden, führten zu einem Rückzug und zu Verwirrung innerhalb der Linken. In Teilen der Linken wuchs die Überzeugung, dass es nun darauf ankomme, den Bruch mit dem institutionalisierten System zu vollziehen. Annähernd drei Jahrzehnte lang waren verschiedene Aktivisten mit ihren Versuchen gescheitert, eine klassenbewusste und revolutionäre Politik innerhalb der Kommunistischen und der Sozialistischen Partei sowie in den Gewerkschaften durchzusetzen, aber sie wurden letztendlich von der reformistischen Politik der Klassenkollaboration aufgesogen beziehungsweise politisch an den Rand gedrängt und isoliert. Unter den kritischen Leuten nahm die Idee Gestalt an, sich zu vereinen, um eine revolutionäre Avantgarde zu bilden, die anstelle des Reformismus die Unzufriedenheit in der Bevölkerung kanalisieren könnte. Das war der historische Kontext, in dem die MIR entstand. Es war das Ergebnis des Zusammenkommens zweier Generationen: Der Generation der alten Kader und Führer, die in den 1930er-Jahren oder später mit der traditionellen Linken gebrochen hatten und in kleinen politischen Gruppen das Erbe alter anarchistischer und trotzkistischer Strömungen sowie klassenbewusster Gewerkschaftsführer wie des legendären christlichen Gewerkschaftsführers Clotario Blest verkörperten. Dazu kamen Abspaltungen von der Kommunistischen und Sozialistischen Partei. Die neue Generation rekrutierte sich hauptsächlich aus Studenten, mich eingeschlossen, die erst kürzlich aus der Sozialistischen Jugend ausgetreten waren. Der Anführer dieser Gruppe war Miguel Enríquez, damals Medizinstudent der Universität von Concepción, der sich durch seine Intelligenz, sein Charisma und seinen politischen Mut auszeichnete. Weitere herausragende Persönlichkeiten in dieser Gruppe waren Bautista Van Schouwen, Edgardo Enríquez, Sergio Pérez, Ricardo Ruz und andere Studenten aus den Reihen der Kommunistischen Jugend wie Luciano Cruz und Sergio Zorilla. Im Lokal des Gewerkschaftsbundes der Schuh- und Lederindustrie fand in Santiago, in der Straße San Francisco, am 14. und 15. August 1965 der Gründungskongress statt. Die MIR entstand als kleine Gruppierung, ich glaube wir waren nicht mehr als 500 AktivistInnen. Aber die Bedeutung der MIR lag nicht in der Anzahl ihrer Mitglieder, sondern in der Tatsache, dass es gelang, angesichts der historischen Notwendigkeit eines kohärenten revolutionären Politikansatzes diesen zu entwickeln. Es war der erste Schritt einer anhaltenden und sich ausweitenden Dynamik des politischen Eingreifens.

Die revolutionäre politische Konzeption der MIR

Die neue Organisation formulierte ein Programm und eine revolutionäre Strategie, die sich grundsätzlich von den damaligen Konzeptionen der traditionellen Linken

Landbesetzer-Demonstration der Movimiento
Campesion Revolucionar (MCR) der MIR in
Curacautín 1971.

Politische Landbesetzung 1971, Camp Camilo Torres.

Besetzung des Geländes eines Großgrundbesitzers in Curacatín 1972 durch die MCR.
Auf dem Transparent steht: Niemand wird uns den Weg versperren können!

unterschieden. Chile wurde als »halbkoloniales Land mit einer verzögerten, ungleichen und gemischten kapitalistischen Entwicklung« charakterisiert, später wurde dies durch den Begriff des »abhängigen Kapitalismus« ersetzt. Es wurde festgestellt, dass es keine fortschrittliche nationale Bourgeoisie gab, weshalb das Bündnis der Arbeiter, Bauern und der verarmten Mittelschichten den Kampf um demokratische Aufgaben, wie die Agrarreform und die antiimperialistischen Ziele führen musste, um in einem fortlaufenden Prozess ohne Unterbrechung zu den sozialistischen Aufgaben der Revolution zu gelangen.

Es wurde Klarheit geschaffen, dass dieses Programm nur durch den Umsturz der bürgerlichen Herrschaft sowie die Zerstörung ihres staatlichen und repressiven Apparates umgesetzt werden konnte. Die bürgerliche Macht sollte durch eine direkte proletarische Demokratie ersetzt werden, gestützt auf die Organe und die bewaffneten Milizen der Arbeiter und Bauern. Es wurde die Notwendigkeit der Schaffung einer revolutionären Avantgarde zur Leitung der Kämpfe betont, einer marxistisch-leninistischen Partei, organisiert nach den Prinzipien des demokratischen Zentralismus. Der Kongress verabschiedete ein politisch-militärisches Grundsatzpapier, demzufolge Formen des bewaffneten Kampfes und des Aufstandes notwendig seien, um die bürgerliche Herrschaft zu stürzen. Und schließlich wurde der internationale Charakter der revolutionären Prozesse betont. Die Vermutung, die MIR sei im Zuge einer Imitation der kubanischen Revolution entstanden, ist ein Irrtum. Selbstverständlich hat der Sieg der bärtigen Revolutionäre in Kuba uns alle aufgerüttelt, denn er bewies, dass auch in Lateinamerika ein Aufstand gegen die Bourgeoisie und den Imperialismus siegreich sein konnte und die Machtübernahme sowie der Aufbau des Sozialismus möglich waren. Wir müssen daran erinnern, dass die damals vorherrschende Linie der lateinamerikanischen traditionellen Linken auf den friedlichen Weg durch Wahlen und auf ein fortschrittliches Bündnis mit der Bourgeoisie setzte. Der Sozialismus rückte dabei in weite Ferne. Seit dem Sieg der Kubaner war die Revolution in Lateinamerika keine unerreichbare Utopie mehr, sondern stand als dringende Aufgabe und Möglichkeit der Gegenwart auf der Tagesordnung. Er bestätigte, dass der Schwerpunkt des revolutionären Wegs nicht im systemimmanenten politischen Kampf lag, sondern in einer Akkumulation der gesellschaftlichen, politischen und militärischen Kraft, die sich radikal der oligarchischen Ordnung entgegenstellte. Das stimmte sowohl mit den revolutionären marxistischen Traditionen als auch mit einer bestimmten Interpretation der Geschichte und Volkskämpfe unseres Landes überein. Aus dem Verschmelzen dieser beiden Wurzeln kritischen Denkens entstand im Wesentlichen die revolutionäre Linie der MIR.

Ich lernte Miguel Enríquez 1964 kennen. Mit Edgardo, seinem Bruder, war ich in einer Gruppe von Jugendlichen, die mit der Sozialistischen Jugendorganisation brach; wir studierten in Santiago.

Wir fuhren dann nach Concepción, um uns den dortigen Genossen anzuschließen und zusammen Erkundungen in den Bergen von Nahuelbuta durchzuführen und ein paar militärische Übungen zu machen. Edgardo nahm mich die Nacht über mit zu seinen Eltern nach Hause. In einem Zimmer hinter dem Hof befand sich das Zentrum der Konspiration. Da waren Miguel, der Bauchi[3] und andere Genossen, die eifrig über die Rolle von O'Higgins und José Miguel Carrera[4] im Unabhängigkeitskampf diskutierten. Wir alle wurden von Miguel mit diesem Interesse an der Vergangenheit unseres Landes angesteckt und gelangten so zu einer Wahrnehmung der Geschichte Chiles, die total anders war als die offizielle Geschichtsschreibung. Wir begriffen, dass die spanische Eroberung der ursprünglichen Bevölkerung keinen Fortschritt beschert hatte, sondern Völkermord, Versklavung, und denjenigen, die Widerstand leisteten – einen jahrhundertelangen Krieg.

Unser Land entstand auf der Grundlage von Gewalt, Plünderung und Ausbeutung. Der nach der Unabhängigkeit gegründete republikanische Staat setzte das fort, hat bis heute seinen unterdrückerischen, rassistischen Charakter beibehalten und diskriminiert nach wie vor nicht nur das Mapuche-Volk, sondern die große Mehrheit unserer Bevölkerung. Die Unabhängigkeitskriege brachten die weißen, in Lateinamerika geborenen Nachkommen der Spanier, die so genannten Criollos, an die Macht, bedeuteten aber keinen Wandel der wirtschaftlichen und gesellschaftlichen Herrschaftsstrukturen. Es regierte weiterhin ein kleiner Zirkel von Oligarchen: Großgrundbesitzer, große Handelsunternehmer und Militärs. Die plebejischen Strömungen im Kampf um nationale Befreiung und soziale Gerechtigkeit, repräsentiert durch Manuel Rodríguez in Santiago und den Priester Orihuela in Concepción, wurden vernichtet. Was sich auch nicht geändert hat, ist die Abhängigkeit unseres Landes. Die spanische Herrschaft wurde bald abgelöst durch die Vorherrschaft der englischen Unternehmer und diese wiederum durch die Hegemonie des US-amerikanischen Kapitals vor einem Jahrhundert. Das gesellschaftliche Leben in der Republik Chile wurde immer durch die Macht der nationalen und der ausländischen Oligarchie bestimmt. Diese Herrschaft ist zwar von schweren wirtschaftlichen, sozialen und politischen Krisen erschüttert worden, aber immer gelang es, die ihre Macht bedrohenden gesellschaftlichen Kräfte zu spalten, die plebejischen Aufstände zu unterdrücken und die bürgerliche Opposition, die Mittelschichten und sogar Teile der einfachen Bevölkerung für sich zu gewinnen. Zahlreiche Bürgerkriege, Unterdrückung, Massaker und Militärregierungen füllen die Seiten der wirklichen Geschichte unseres Landes mit Blut. Von Kindheit an wurde uns der Mythos eingeredet, Chile sei »die Schweiz Amerikas«, sei europäisch geprägt, friedlich und achte die Demokratie, aber das war bereits lange vor der Diktatur Pinochets eine riesengroße Lüge.

Wir lernten nun einen anderen wichtigen Aspekt der Geschichte kennen, der nicht in den Schulbüchern steht: Die Geschichte der einfachen Menschen, der Indios, der Plebejer, der Heruntergekommenen und Kleinkriminellen, der Bauern und Landarbeiter, der Handwerker, Bergarbeiter und Arbeiter, der immer und ewig Armen – die Geschichte der nie erreichten Volkssouveränität. Jedes Mal, wenn die Herrschaft der Oligarchie durch eine Wirtschaftskrise oder durch innerbürgerliche Widersprüche geschwächt wird, taucht diese unterirdische Kraft der Geschichte wieder auf und stellt die Macht der »dort oben« in Frage. Diese Rebellion hat unterschiedliche Ausdrucks- und Kampfformen angenommen, mit verschiedenen Forderungen und Bündnispartnern, aber es ist ein und dasselbe Subjekt, wenn auch mit vielfältigen Gesichtern: Es ist das unterdrückte und ausgeschlossene Volk. Und immer sind die Rebellen durch das Eingreifen der »ruhmreichen« chilenischen Streit- und Polizeikräfte unterdrückt worden.

Diese eigentliche Geschichte zeigte uns, dass in unserem Land zwei politische Kulturen existieren. Die hermetische Politik der oberen Zehntausend: Eine elitäre Politik, in der bis auf den heutigen Tag immer die gleichen Familiennamen auftauchen (hin und wieder kooptieren sie einen Aufsteiger, damit es nicht heißt, sie seien undemokratisch). Es mag sich um eine zivile oder Militärregierung handeln, um ein gewähltes oder mit dem Zeigefinger bestimmtes Parlament, um mehr oder weniger freie Wahlen, mehr oder weniger Parteien, aber wer regiert, das sind die, die den Reichtum besitzen – Chilenen und Nicht-Chilenen, die Politiker und Verwaltungsbürokraten, die ihnen zu Diensten sind, die Besitzer der großen Kommunikationsmedien sowie die religiösen beziehungsweise ideologischen Heilsprediger, welche die Aufgabe haben, zu legitimieren, zu verwirren und zu unterhalten, und schließlich die für das Bestrafen mittels Gesetz oder Waffengewalt zuständige Knüppeltruppe. Untereinander machen sie die Politik der diskreten Absprachen in den Sitzungsräumen des Parlaments, der »Lobbyisten« in den Hinterzimmern der Ministerien, des Medienhype, der durch Staatsgelder und Spenden von privaten Firmen finanzierten Wahlkämpfe, des Geplauders bei Botschaftsempfängen (insbesondere der US-amerikanischen) und der Kasinos der hohen Offiziere.

Die andere ist die politische Kultur von unten, die in völlig anderen realen und sozialen Räumen stattfindet. Ihre Wurzeln reichen in die Marginalität, die immer die

Kehrseite des oligarchischen Systems war, in die Gemeinschaft der Ausgeschlossenen und Unterdrückten. Es hat immer eine Gegenkultur des Misstrauens in das herrschende System gegeben: In den Indianer-Reservaten, in den Hütten der Tagelöhner und in Verstecken der Banditen in der Zeit der traditionellen Haziendas, in den Bergarbeiterlagern, den Fischerbuchten, den ärmlichen Mietshäusern und Elendsvierteln, in den Höfen der Fabriken und Gefängnisse. Auch den Reden der herrschenden Politiker traute man nicht. Es gab eine jahrhundertealte Überzeugung, dass die dort oben niemals freiwillig die herrschende ungerechte Ordnung ändern würden, das Grundgefühl der Solidarität unter den Ausgeschlossenen und die geheime Hoffnung, dass sie eines Tages aus eigener Kraft eine bessere Welt aufbauen würden.

Diese das System überschreitende Kultur wurde fast immer verleugnet und versteckt, aber sie kann mit unverhoffter Kraft hervorbrechen, wie die Geschichte unseres Landes zeigt. Wie Luis Emilio Recabarren[5] Anfang des 20. Jahrhunderts, nahm sich die MIR vor, eine landesweite politische Kraft zu schaffen, mit einem die verschiedenen Forderungen zusammenfassenden Programm, einer revolutionären Strategie, eine Organisation, die diesen Kampf für die Souveränität der einfachen Leute von unten effektiv führen konnte, einen Kampf, der in unserem Land immer unterschwellig präsent war.

Die Vorstellungen der MIR hinsichtlich der revolutionären Politik, ihr Engagement an der Seite der Unterdrückten und Ausgeschlossenen, ihr mit dem System brechender Ansatz, die Ablehnung der Klassenversöhnung und der elitären Politik, ihr Streben nach Volksmacht kann man nur vor dem Hintergrund des Verschmelzens eines modernen, rationalen, im Marxismus wurzelnden politischen Diskurses mit den tief in der Geschichte des Landes verwurzelten Eigentümlichkeiten und der rebellischen Haltung der plebejischen sozialen Schichten Chiles verstehen. Was dieses so geschmiedete revolutionäre Bewusstsein fest verankerte, war ein eminent ethisch geprägtes Politikverständnis.

Als ich anfing, diesen Artikel zu schreiben, sah ich einige Erklärungen und Texte durch, die von der Nationalen Leitung der MIR vor und während der Regierungszeit der *Unidad Popular* herausgegeben worden sind. Seit langer Zeit hatte ich sie nicht mehr in der Hand gehabt und als ich sie nun wieder las, fiel mir auf, dass das Politikverständnis der MIR ganz stark aus diesen Texten spricht, und zwar in drei Kommunikationsdimensionen.

Die erste kommunikative Dimension, die ins Auge fällt, da sie den größten Teil der Texte ausmacht, ist eine explizite Sprache, die dazu auffordert, eine eingreifende Analyse der konkreten Ereignisse der Tagespolitik vorzunehmen und selbige auch anleitet. Zu diesem Zweck werden strikt die Kategorien der marxistischen Erkenntnistheorie verwendet und sehr rationale Schlussfolgerungen gezogen, beziehungsweise Handlungsvorschläge gegeben.

Es gibt eine zweite kommunikative Dimension, üblicherweise in der Einleitung oder der Überschrift der Texte, an die gesellschaftlichen Subjekte gerichtet, die dann im folgenden Text aufgerufen werden, sich mit Nachdruck zu Wort zu melden und sich in zu Bewegung zu setzen, wobei ihre revolutionäre Identität bestätigt wird. Diese zweite kommunikative Dimension verwendet eine explizit auf die Zielgruppe gerichtete Sprache, verbunden aber mit einer impliziten Sprachebene, welche auf ein neues Identitätsgefühl abzielt, in der Hinsicht, dass die Stunde gekommen sei, die Fähigkeit zur Zerstörung der unterdrückerischen Gesellschaftsordnung unter Beweis zu stellen und auch den souveränen Aufbau eigener, gerechterer, gleichberechtigter, freierer Formen des gemeinschaftlichen Lebens zu beginnen.

Die dritte kommunikative Dimension schließlich teilt sich nicht über die explizite Sprache mit, prägt aber den gesamten Text. Es ist die feste ethische Überzeugung, die das stützt, was angeprangert oder gefordert wird, eine klare Folgerichtigkeit zwischen der vorgeschlagenen Analyse und Praxis, ein Gefühl, dass das, worüber berichtet wird, auch stimmt, und schließlich das entschlossene kollektive und persönliche Engagement im weiteren Verlauf der propagierten Aktion. Diese Texte wurden im Namen eines Leitungskollektivs publiziert, sie verweisen jedoch eindeutig auf die typische Art Miguels zu denken, zu fühlen, zu handeln, welche die Führerschaft der MIR sehr stark geprägt hat.

Es ist wichtig anzumerken, dass diese revolutionäre politische Linie sich nicht auf die Diskursebene beschränkte, sondern auch unsere politische Praxis bestimmte. Wenn ich später auf die Erfahrung der bewaffneten Aktionen zu sprechen komme und von der Beteiligung der MIR an den Massenmobilisierungen erzähle, wird man feststellen, dass dieses revolutionäre Denken mit marxistischem Werkzeug, diese aufwühlende Emotionalität, diese guevaristische Ethik sich in den Organisationsformen wiederfindet, in den Formen eines neuen Miteinander-Umgehens, in den Aktionen.

Diese Mischung war nicht immer harmonisch im Fluss, manchmal kam es zu Reibereien und Spannungen in der revolutionären Organisation. Aber sowohl in der MIR als auch an der Basis anderer Parteien der Linken und in den Massenorganisationen entstanden sehr starke solidarische und herzliche Beziehungen.

Ich möchte darauf hinweisen, dass wir uns damals all dieser Dimensionen der revolutionären Politik nicht bewusst waren. Wir haben sie einfach praktiziert. Unser Hauptaugenmerk lag auf der praktischen politischen Aktion. Erst mit der Zeit ist mir durch viel Erinnern und Nachdenken über den langen zurückgelegten Weg klar geworden, dass für den revolutionären Kampf nicht nur die Ebene der Vernunft wichtig ist, sondern auch die der Ethik und Gefühle.

Eine neue revolutionäre Generation

Die erste Leitungsgeneration der MIR übernahm die wichtige Aufgabe, die Erinnerung an frühere revolutionäre Erfahrungen und Vorstellungen der chilenischen Volksbewegung wach zu halten und den neuen Generationen zu vermitteln – und zwar über Jahrzehnte. Aber es war auch eine Generation, die, von wenigen Ausnahmen abgesehen, das extrem ideologisierte und sektiererische Militanzgehabe nicht überwunden hat. In der Theorie bekannten sie sich zur Notwendigkeit des Aufstands, aber in der Praxis haben sie die aufständischen Aufgaben nicht ausreichend umgesetzt. Sie rechtfertigten das damit, es müsse gewartet werden, bis die Massen sich erheben, andernfalls würden wir dem Irrtum der Fokustheorie verfallen. Direkte Massenaktionen wurden zu selten angeschoben. Das reformistische Gefangensein in der Institutionalität wurde kritisiert, aber auch sie orientierten die Politik der MIR schlussendlich an den Wahlkampagnen.

Wir als neue Generation der MIR stürzten uns mit dem Enthusiasmus der Jugend in die Vorbereitung des bewaffneten Kampfes, in die Radikalisierung der Studentenbewegung, nahmen Verbindung mit anderen sozialen Organisationen auf und versuchten, noch mehr Jugendliche für die Sache der Revolution zu gewinnen.

Im Jahr 1966 hatte die MIR eine beachtliche Präsenz in der Universität von Concepción und den umliegenden Provinzen erreicht. In der Katholischen Universität und der Universität von Chile in Santiago wuchs unser Einfluss langsamer. Von den Unis aus begannen wir jungen MIRisten die Verbindung zu den Elendsviertelbewohnern, den Mapuche-Gemeinschaften von Arauco, den Minen- und Industriearbeitern herzustellen. Zwei Jahre nach der Gründung der MIR bildeten wir als neue Generation die absolute Mehrheit in der Organisation und konnten 1967 auf unserem Kongress die Mehrheit des Zentralkomitees erobern, und Miguel Enríquez wurde zum Generalsekretär gewählt.

Ab diesem Jahr begann in Chile eine Wirtschaftsrezession, wodurch die christdemokratischen Reformen gestoppt wurden. Die »Revolution in Freiheit« verlor die anfänglich vorhandene Unterstützung der Massen. Die strukturelle Krise der oligarchischen Gesellschaftsordnung erreichte ihren Tiefpunkt, von einer Lösung konnte keine Rede sein. Die herrschende Klasse spaltete sich in einen Sektor, der das christdemokratisch-bürgerliche Reformprojekt weiterführte, und der andere, größere Teil wurde durch die Nationale Partei repräsentiert, in der sich 1966 die Rechte zusammengefunden hatte. Dieser Flügel setzte auf eine stärkere und direktere Unterordnung unter den Imperialismus, auf eine Beendigung des staatlichen Interventionismus, eine strikt marktwirtschaftliche Ausrichtung der Wirtschaft und die Wiederbelebung der kapitalistischen Akkumulation durch eine verschärfte Ausbeutung der Arbeiter und die Konzentration des Reichtums.

Obwohl die Frei-Regierung der nun folgenden Massenmobilisierung durch Repression Einhalt zu gebieten versuchte, konnte sie nicht verhindern von den Massen überrannt zu werden. Im Süden begannen die Mapuche mit dem Niederreißen der Zäune, sich das Land wieder anzueignen, das ihnen geraubt worden war. Das war der Funke, der sehr schnell eine Reihe von Landbesetzungen durch Bauern und Landarbeiter im ganzen Land auslöste. Auch in den Städten gab es Landbesetzungen und die Organisierung von Siedlungen obdachloser Menschen. Die Studentenbewegung für eine Universitätsreform und die studentische Beteiligung an der Universitätsverwaltung ergriff alle Provinzen. Es gab ständig Demos auf den Straßen, Streiks, Betriebsbesetzungen, es streikten die Lehrer, die Beschäftigten des Gesundheitswesens, die Bankangestellten, die Angestellten des Öffentlichen Dienstes, die Bergarbeiter. Die Kathedrale wurde besetzt, und einmal kam es sogar gegen Ende der Frei-Regierung zu einer Art Arbeitsniederlegung bei den Soldaten des Tacna-Regiments. All das waren klare Anzeichen dafür, dass in drei Jahren das gesamte Herrschaftssystem und selbst der Staatsapparat aus den Fugen gerieten.

Die Herausforderung, welche diese Beschleunigung der sozialen Kämpfe für die Revolutionäre bedeutete, war enorm. Binnen kürzester Zeit musste eine Avantgarde gebildet werden, die in der Lage war, einen rasenden Prozess der Akkumulation revolutionärer Kraft der Massen anzuleiten und die Führungsrolle der traditionellen Linken innerhalb der Massenbewegung zu überwinden. Gleichzeitig musste der beginnenden Offensive der Regierung und der Rechten gegen den Ansturm der sozialen Bewegung, der Medienhetze und der Repression etwas entgegengesetzt werden. Mitte des Jahres 1968 hatten die meisten führenden Mitglieder der MIR das Universitätsstudium abgeschlossen, geheiratet und begannen, als Akademiker zu arbeiten. Aber die politische Arbeit erforderte unsere ganze Aufmerksamkeit, und daher beschlossen wir »Berufsrevolutionäre« zu werden. Wir taten einen weiteren wichtigen Schritt: Wir bereiteten Untergrundbedingungen vor, um mit Enteignungsaktionen, logistischen Operationen und bewaffneter Propaganda zu beginnen. Bereits Anfang 1969 hatten wir parallel zur offen arbeitenden, offiziellen Nationalen Leitung der MIR eine nationale Untergrundleitung. Die Streitigkeiten mit der alten Generation und auch mit einigen jüngeren Mitgliedern, die am traditionellen Politikstil festhielten, spitzten sich zu. Im Juli 1969 trennten wir uns von diesen Leuten. Dieser Bruch fiel mit einer Aktion der MIR in Concepción zusammen: Genossen entführten einen Journalisten, der wegen seiner Lügen besonders verhasst war, und ließen ihn nackt im Hof der Universität zurück. Das war der Vorwand für die christdemokratische Regierung, eine Welle der Repression gegen die nationale Leitung und Kader der MIR zu entfesseln. Von diesem Moment an bekannten wir uns öffentlich zu unseren Enteignungsaktionen und der bewaffneten Propaganda und trieben direkte Selbstverteidigungsaktionen der Massen voran. Es begann etwas, was wir die erneute Gründung der MIR nennen könnten, denn die MIR wurde zu einer politisch-militärischen Untergrundorganisation, die den bewaffneten Kampf mit der politischen Arbeit in den sozialen Massenorganisationen verbinden wollte. In allen Regionalstrukturen bildeten sich die so genannten GPM, *Grupos Político-Militares*, politisch-militärische Gruppen, das waren Organisationsstrukturen in einem bestimmten Gebiet mit einer entsprechenden politischen, operativen und technischen Infrastrukturbasis, die jeweils getrennt voneinander arbeiteten, jedoch einer gemeinsamen Leitung unterstellt waren. Die MIR hörte auf, eine Organisation von Hobbyaktivisten zu sein und verpflichtete sich ganz und gar der Umsetzung ihrer revolutionären Strategie. Wichtig ist der Hinweis, dass der Wunsch nach einer Veränderung der Verhältnisse breite Teile der chilenischen Jugend ergriffen hatte und sogar die Klassenschranken überwand. Die chilenische Gesellschaft, die in den 1950er-Jahren eminent konservativ und heuchlerisch in ihren Gewohnheiten und Wertvorstellungen gewesen war, erlebte Mitte der 1960er-Jahre eine gewaltige Veränderung. Wir jungen Leute machten uns früh von unseren Eltern unabhängig und waren in Fragen der Liebe freier und offener. Wir begriffen, dass der Sinn des Lebens nicht nur darin bestand, zu arbeiten und Geld zu verdienen, um möglichst viel konsumieren zu können; dass die Leute wichtig waren aufgrund dessen, was sie waren und taten, nicht aufgrund dessen, was sie besaßen. Es gab auch Gruppen von Leuten, die einen Weg der individuellen, inneren Wandlung propagierten, um mit der bürgerlichen Mentalität zu brechen. Die bekannteste dieser Richtung war *Silo*, aus der später die Humanistische Partei hervorging. Aber die Mehrheit der jungen Leute schlug den Weg des sozialen Engagements ein und schloss sich einer der diversen Parteien der Linken an beziehungsweise arbeitete in sozialen und kulturellen Organisationen mit. Die MIR war der radikalste Ausdruck dieser Richtung.

Die Jugend der 1960er-Jahre war stark libertär ausgerichtet. Wir waren entschlossen, eine bessere Welt zu erkämpfen und fürchteten uns nicht davor, in großen Dimensionen zu denken. Wir waren bereit, für unsere Utopie zu kämpfen, und fühlten uns fähig, das Unmögliche zu erreichen. Wenn in einer historischen Etappe – egal wann – ein solcher Geist die Jugendlichen beseelt, dann bildet sich eine neue revolutionäre Generation heraus.

Revolutionäre Abkürzungen

In Zeiten, in denen die Massenbewegungen eine Flaute oder eine verlängerte Stagnation erleben und die revolutionären Bewegung sich auf dem Rückzug oder in der Isolation befinden, ist deren Präsenz im sozialen Leben und der nationalen Politik eher schwach. Gewöhnlich kommt es in diesen Zeiten zu internen Krisen, die Bewegung spaltet sich in Kleingruppen auf, die sich häufig wegen ideologischer und politischer Unterschiede bekämpfen und in den meisten Fällen keine wirkliche Verbindung zum Klassenkampf haben. Diese Splittergruppen tendieren dazu, ihr politisches Leben auf die eigene Gruppe auszurichten, sich in Diskussionen und Reflexionen ausschließlich auf sich selbst zu beziehen und über eine nur geringe taktische Initiative zu verfügen. Diejenigen, denen es gelingt, die Selbstzentrierung zu überwinden, entwickeln dann eine soziale Aktivität vor Ort. Es gelingt ihnen zwar sich im Stadtteil, der Schule oder in der Fabrik zu verankern, sie nehmen jedoch nur schwer Einfluss auf die politischen, gesellschaftlichen Dynamiken auf regionaler oder nationaler Ebene. Ihre politische Kraft bleibt kleinteilig, das Anwerben (neuer Mitglieder) funktioniert lediglich über den direkten Kontakt von Person zu Person und über langwierige ideologische Arbeit. In dieser Situation befanden sich die revolutionären Gruppen in Chile am Ende der 1950er- und zu Beginn der 1960er-Jahre.

Damit die revolutionären Gruppen vom langsamen, kleinteiligen Wachstum zu einer schnellen Stärkung der Kräfte kommen, ist es notwendig, dass sich bessere soziale und/oder politische Bedingungen ergeben. In unserem Fall geschah dies, als das Projekt der christdemokratischen Regierung Revolución en Libertad (Revolution in Freiheit[6]) in die Krise geriet und ab 1967 die Massenmobilisierungen begannen, auf die wir uns im ersten Kapitel bezogen haben. Aber die verbesserten Bedingungen allein waren nicht ausreichend, sondern das aktive Eingreifen der revolutionären Bewegung in die aktuellen sozialen und politischen Widersprüche war ebenso notwendig. Allerdings haben wir erst 1969 eine interne Reorganisierung durchgeführt und damit begonnen, aktiv in die nationale Politik einzugreifen. Dadurch gelang uns bei der Ausweitung der revolutionären Kämpfe ein Sprung nach vorn.

Es würde hier zu weit führen, die unterschiedlichen Organisationserfahrungen der MIR in dieser Zeit aufzurollen. Ich möchte hier lediglich hervorheben, dass es einer der herausragenden Züge von Miguel Enríquez als Anführer der MIR war, sich um die Ausbildung eines sich stetig vergrößerndes Kontingents von Kadern zu kümmern, die das Rückgrat der revolutionären Bewegung bildeten. Viele Genossen und Genossinnen, die zugleich erfahrene OrganisatorInnen waren, bauten in diesen Jahren eine richtige Kaderschmiede auf. Aber sie kümmerten sich nicht nur um den internen Aufbau, sondern waren Kader mit großem Schwung, mit einer großen Fähigkeit für geschicktes taktisches Eingreifen in die Tagespolitik. Es gelang ihnen als führenden Kadern, unsere Politik in unterschiedlichen Bereichen, in denen sich der revolutionäre Kampf zu verbreitern begann, aktiv zu implementieren.

Um die revolutionären Kräfte zu stärken, war es selbstverständlich notwendig, dass die Zellen der MIR, die es mittlerweile in unterschiedlichen Regionen des Landes gab, in die sozialen Bewegungen eintauchten, um die Massenmobilisierungen voranzutreiben. Aber wir verstanden, dass das nicht genug war, um Kräfte zu akkumulieren und einen Sprung nach vorn zu tun. Wir mussten etwas versuchen, was Miguel eine »Abkürzung auf dem revolutionären Weg« nannte, und diese »Abkürzung« bestand aus bewaffneten Propaganda-Aktionen, also Versorgungs- und Enteignungsaktionen sowie direkten Massenaktionen. Bewaffnete Propaganda-Aktionen, die wir als »beispielhafte Aktionen« verstehen und die darauf beruhen, revolutionäre Initiativen zu entwickeln, um in die soziale Dynamik und die politische Konjunktur einzugreifen, sind ein taktisches Werkzeug. Es sind Aktionen, die im politischen Sinne so absolut eindeutig sind, dass es auch den herrschenden Medien trotz größter Anstrengungen nicht gelingt, sie zu diskreditieren, denn sie sprechen für sich selbst. Es sind politische Gesten, die eine symbolische Kraft entwickeln und durch die die Sympathie der Bevölkerung zu gewinnen ist, da sich viele mit ihnen identifizieren können und sie für gerecht, angemessen und notwendig befinden. Vorzugsweise sollten sie für die Massenbewegung nachahmbar sein oder zumindest ein großes Potential zur Schaffung von Bewusstsein haben und die sozialen Mobilisierungen stärken. Diese »beispielhaften Aktionen« produzieren einen qualitativen und quantitativen Sprung bei der revolutionären Kräftegewinnung und erreichen in kürzester Zeit, wozu die kleinen Splittergruppen Jahre gebraucht hätten.

Die Frage des bewaffneten Kampfes

Die Bank lag an der Straßenecke Bilbao, kurz vor Tobalaba. Miguel bat mich, einen genauen Plan des Gebäudes und der gesamten Umgebung zu erstellen: Welche Leute dort arbeiteten, der Standort des Tresors, des Büros des Managers und des Sicherheitsschranks; wo die Schlüssel aufbewahrt wurden, das Sicherheitssystem, der Zeitpunkt polizeilicher Kontrollgänge, die angrenzenden Geschäfte und die Telefonzellen, von denen aus die Polizei informiert werden könnte, die Schule gegenüber – einfach alles. Ich erhielt Unterstützung von James und Javier, die eine Observationsgruppe und eine Wohnung mit Blick auf das Gebäude organisierten. Während eines ganzen Monats sondierten wir die Bewegungen in der Bank und ihrer Umgebung. Nach diversen Besuchen aus vorgeschobenen Gründen entwarfen wir einen Plan des internen Betriebsablaufes. Um die Sicherheitsleute zu überraschen und zu verhindern, dass Alarm geschlagen wurde, zogen sich Miguel, Luciano und andere Genossen Anzug und Krawatte an, wie es zu jener Zeit die Zivilpolizei tat, und Guajiro (Victor Romeo) verkleideten wir als Polizist, der während der Operation die Tür bewachen sollte. Dem Guajiro gefiel die Pistole nicht, die die Polizei normalerweise mit sich führte, und obwohl wir ihm davon abrieten, trug er einen Revolver versteckt unter der grünen Uniform, der ihm genau in dem Moment, als er die Bank betrat, an der Innenseite der Hosen herunterrutschte und auf den Boden fiel. Obwohl das nicht geplant war, half es, die Angestellten der Bank abzulenken, da sie gebannt auf die Waffe schauten, die über den Boden rollte. Als sie die Blicke hoben, stand vor ihnen eine Gruppe von Männern, die falsche Polizeiausweise schwenkten und riefen: »Untersuchungspolizei: Devisenkontrolle!« Laut Plan sollte Miguel in diesem Augenblick mit einem Satz auf den Schalter springen, eine Waffe ziehen und alle auffordern, sich auf den Boden zu legen. Unseren vorherigen Nachforschungen zufolge war der Schalter hüfthoch, allerdings war der Genosse, der diese Angaben gemacht hatte, ein großer dünner Typ. Miguel, der weder groß noch athletisch war, schaffte es nicht, auf den Schalter zu springen. Darum schwang sich Luciano mit einem Satz auf die Theke und fragte lachend, um Miguel zu ärgern: »Soll ich dir helfen?«

Nach nur wenigen Minuten waren alle Genossen mit vollen Geldsäcken auf dem Weg nach draußen. An den Fenstern der gegenüberliegenden Schule hatten sich einige Mädchen versammelt, die bemerkten, dass da etwas Ungewöhnliches vor sich ging. Als Miguel und Luciano auftauchten, erkannten sie diese von den Titelbildern der Zeitungen wieder. Luciano, der den Ruf eines Frauenhelden hatte, blieb stehen, um mit den Mädchen zu reden, die johlten und applaudierten. Dabei hob er beide Hände, mit denen er die vollen Geldsäcke hielt. Ein Sprichwort sagt, wer zuletzt lacht, lacht am besten. Miguel drehte sich um und sagte zu ihm in einer Mischung aus Ernst und Lachen: »Es reicht. Mach dich nicht zum Clown, komm jetzt!« Darauf wurde Luciano rot, beide stiegen in das wartende Auto, in dem ich am Steuer saß. Weitere Genossen warteten in einem zweiten Auto und am Ende der Karawane stand ein drittes Auto. Wir fuhren so schnell los, dass die Reifen auf dem Asphalt quietschten, während einige Genossen halb aus den Fenstern hingen, um mögliche Reaktionen zu überwachen. An der nächsten Ecke machte ich eine Vollbremsung und somit auch der Rest des Konvois. »Was ist los? Warum hast du angehalten?«, fragte Miguel hochgradig besorgt. Ich zeigte auf die Ampel, die auf rot stand, und erklärte: »Wir können Banken ausrauben, aber wir sollten auf die Verkehrsregeln achten.« Alle brachen in schallendes Gelächter aus.

Die Nachricht, dass die MIR Enteignungen von Banken vornahm, hatte eine große Wirkung auf die öffentliche Meinung. Was bewegte junge Leute, Kinder oder Familienangehörige von angesehenen Persönlichkeiten aus Politik, Wissenschaft und Wirtschaft, die selbst Akademiker beziehungsweise bekannte Studentenführer oder hervorragende Studenten waren, dazu, Banken auszurauben? Warum ließen sie, wo ihnen doch die Türen zu den höchsten Kreisen in Politik, Wissenschaft und Geschäftswelt offen standen, diese Zukunft hinter sich und überschritten Gesetze, um mit den Waffen eine Volksrebellion herbeizuführen? Die Rechte nannte uns Castro-Anhänger und behauptete, eine vom Ausland gesteuerte Subversion hätte nun Chile erreicht. Die Regierung bezeichnete uns als linke Gewalttäter oder wild gewordene Terroristen. Die Kommunistische Partei nannte uns Abenteurer und Provokateure. Andere Teile der Linken distanzierten sich politisch von den durchgeführten Aktionen, meinten aber, dass wir anständige junge Leute seien. Mein Onkel Salvador Allende zum Beispiel sandte mir eine Schuhschachtel. Als ich sie öffnete, fand ich einen neuen 45er-Colt darin und einen Zettel, auf dem stand: »Du hast diesen Weg gewählt, sei konsequent damit.«

Die Frage des bewaffneten Kampfes war eine Sache, die wir schon seit Beginn der 1960er-Jahre bearbeiteten. Aus dem Wissen um die wahre Geschichte unseres Landes zogen wir bedeutende Schlüsse: Der oligarchische Staat Chile wurde begründet und hält sich auf der Grundlage des Gewaltmonopols. Immer wenn die Unterdrückten und Ausgegrenzten rebellierten und die oligarchische Ordnung verändern wollten, wurden sie vom bewaffneten Teil des Staatsapparates unterdrückt. In den Aufständen und Bürgerkriegen kämpften die Unterdrückten als Untergebene der herrschenden Klasse, und nachdem man sie als Kanonenfutter benutzt hatte, wurden sie nicht mehr beachtet und ihre Interessen verraten. Wenn die Unterdrückten auf eigene Faust kämpften oder gegen die auf ihre sozialen Forderungen folgende Repression Widerstand leisteten, mangelte es ihnen an Einheit, Vorbereitung, Organisation und der notwendigen Bewaffnung, um zu siegen. Wie viel soziale und politische Schlagkraft die Basisbewegungen auch entwickeln, um einen revolutionären Umsturz herbeizuführen, wenn sie nicht über eine militärische Kraft zur Unterstützung ihres Kampfes verfügen, werden sie niemals siegen. Die soziale und politische Realität in Chile Ende der 1960er-Jahre bestätigt diese historischen Lektionen. Die christdemokratische Regierung setzte immer mehr Repression ein, um die sich ausbreitende Mobilisierungen der Bevölkerung für Veränderungen im Zaum zu halten: In Santiago, in den nordchilenischen Städten El Salvador und Copiapó sowie im Süden in Puerto Montt wurden viele Demonstranten umgebracht. Die alten christdemokratischen Politiker vergessen gern, dass unter ihrer Regierung in den 1960er-Jahren eine systematische Gewalt gegenüber den Massenbewegungen begann. Der Staat begann mit US-amerikanischer Unterstützung, den Aufstandsbekämpfungsapparat aufzubauen: Im Heer wurden die Kompanien der schwarzen Barette gegründet, die Marine bildete eigene Spezialkräfte aus, und bei der Polizei wurde eine mobile Einsatzgruppe ins Leben gerufen.

Die zunehmende Spaltung der herrschenden Klasse eröffnete der traditionellen Linken die Möglichkeit, bei den Präsidentschaftswahlen von 1970 zu gewinnen. Aber darauf zu vertrauen, dass die herrschende Klasse in Chile die demokratischen Institutionen respektieren würde, war eine Unverantwortlichkeit. Wir waren sicher, dass sie auf rechte bewaffnete Gruppen und auf das Militär zurückgreifen würden, um jedwede Linksregierung zu stürzen, die ihre Interessen beeinträchtigen würde, und um die revolutionäre Massenbewegung zu zerschlagen. Wir meinten, dass die Linke die militärische Frage nicht aussparen dürfe, und dass wir in den sozialen Bewegungen dazu aufrufen sollten, unsere eigene Handlungs- und Reaktionsfähigkeit auszubauen, um die Fortschritte im Prozess der revolutionären Umwälzungen zu verteidigen. Leider zeigt die Geschichte, dass unsere Befürchtungen und Vorstellungen gerechtfertigt waren.

Zu Beginn der 1970er-Jahre war es unser Anliegen, mit den wenigen geliehenen oder gekauften Pistolen, Schrotflinten und Gewehren schießen zu lernen. In der Gegend von San Felipe und Los Andes hatten wir Kontakte zu alten Minenarbeitern, die uns zeigten, wie man Sprengungen mit Dynamit vornimmt. Wir stiegen durch die abschüssige Bergschlucht Cajón del Maipo hinauf, um bei einer geschützten und vereinsamten Wasserstelle zu campen und dort unsere Kampfausbildung zu absolvieren.

Ab 1967 entschieden wir uns für die Strategie des Volkskrieges und wendeten uns gegen die irrige Interpretation des revolutionären kubanischen Guerillakrieges, die zu jener Zeit zirkulierte und als Fokustheorie bekannt wurde. Wir glaubten, dass – wenn alle objektiven Bedingungen für eine Revolution vorhanden seien – es ausreichen würde, mit einer Gruppe von Guerilleros in die Berge zu steigen oder bewaffnete Untergrundaktionen in den Städten durchzuführen, um die subjektiven Bedingungen der Unterstützung aus der Bevölkerung zu schaffen und dann durch eine schnelle und kämpferische Ausweitung der revolutionären militärischen Macht die bürgerlichen Truppen zu vernichten.

Des Weiteren lehnten wir auch die »Aufstandskonzepte« ab, die alles auf einen massiven Übertritt der Mehrheit der Armee in das revolutionäre Lager setzte. Unserer Auffassung nach hatten sich die lateinamerikanischen Staaten in der Aufstandsbekämpfung zunehmend perfektioniert, darunter auch der chilenische Staat. Die herrschenden Eliten hatten gelernt, alle ihnen zur Verfügung stehenden Mittel, ihre ökonomische, politische, ideologische und militärische Macht gegen die Aufstände der Bevölkerung einzusetzen. Der revolutionäre Aufstand kann nicht siegen, wenn er sich gegenüber einem Gegner, der über einen technischen, militärischen und logistischen Vorteil sowie über viel mehr Ressourcen und Kommunikationsmittel verfügen wird, allein auf die militärische Kraft stützt. Daraus schlossen wir für unsere strategische Konzeption des Volkskrieges, dass es eine politisch-militärische Strategie sein musste. Das hieß, sowohl bei der strategischen Akkumulation der Kräfte als auch bei taktischen Interventionen immer eine enge Verbindung von sozialer Mobilisierung, politischer Aktion, kommunikativer Präsenz (Propaganda) und dem Gebrauch von Waffen herzustellen.

Wir hatten vorausgesehen, dass die chilenische Bourgeoisie und ihre US-amerikanischen Verbündeten auf den Einsatz von Gewalt setzen würden, um ihre Macht und ihre Privilegien zu verteidigen. Daraus ergab sich die Dringlichkeit, militärische Kräfte aufzubauen, die die Errungenschaften der sozialen und revolutionären Bewegungen verteidigen konnten. Wir hatten auch bereits begonnen, uns in militärischen Fragen vorzubereiten, und bemühten uns, in der restlichen Linken ein Bewusstsein über die Notwendigkeit zu schaffen, damit auch sie sich vorbereiteten. Aber wir konnten uns nicht allein in einen Krieg stürzen, also allein gegen die regulären Streitkräfte kämpfen. Der Wunsch nach Veränderung hatte sich im Volk ausgebreitet, wir wurden Zeugen der Ausweitung der Mobilisierung und der Radikalisierung der Massen. Aber die Mehrheit der Bevölkerung glaubte an Veränderungen innerhalb des politisch-parlamentarischen Systems. Darüber hinaus wuchs täglich die Hoffnung, dass Salvador Allende die Präsidentschaftswahlen gewinnen würde, und breite Teile der Basisbewegung vertrauten darauf, dass der Präsident der Republik die versprochenen Reformen durchsetzen könnte. Damals hatte das politische System noch nicht seine Legitimität verloren. Hätten wir uns in einen Krieg gestürzt, hätte das uns nur politisch isoliert und wahrscheinlich die Ablehnung der Basis eingebracht.

Darum entschieden wir uns, keine Aktionen gegen Polizei und Armee durchzuführen, aber wir nutzten die Waffen, um uns die notwendigen Mittel für den revolutionären Kampf anzueignen, um über den institutionellen Rahmen hinausgehende politische Aktionen zu fördern, und um die direkten Aktionen und Selbstverteidigung der Basis zu unterstützen. Auf diesem Weg konnten wir die Sympathie und Unterstützung der Linken und der radikalisierten Massen gewinnen, erste Schritte zur Kräftebündlung erzielen und Erfahrungen bei der Durchführung bewaffneter Aktionen sammeln. Dies förderte in einigen Teilen der Massenbewegung das Bewusstsein, dass es notwendig und möglich ist, direkte Fortschritte zu machen und gleichzeitig selbst die sozialen Kämpfe zu verteidigen.

Wir begannen Enteignungsaktionen gegenüber den Banken durchzuführen, da wir für unsere politischen Aktivitäten immer mehr Geld benötigten. Zu den ersten Enteignungen bekannten wir uns nicht öffentlich. Miguel war immer sehr vorsichtig bei der Planung der Aktionen, so dass wir den Überraschungsmoment sehr gut auszunutzen verstanden, und unsere souveräne Taktik verhinderte bewaffnete Zusammenstöße, und dass Angestellte oder Wachen zu Schaden kamen. Er sagte: »Wir sind keine Terroristen. Wir sind Revolutionäre.« Als bekannt wurde, dass die MIR Banken überfiel, ging es Miguel vor allem darum, die Gründe für diese Aktionen zu erklären, darüber zu informieren, dass das geraubte Geld für militärische Ausgaben und zur Unterstützung sozialer Organisationen verwendet wurde. Er bat um ein geheimes Treffen mit Darío Sainte Marie (Volpone), dem Eigentümer der Verlagsgruppe Clarín, der eine der größten Zeitungen herausgab. Er schlug ihm vor, ihm alle Informationen über unsere Aktionen vorab zukommen zu lassen, wenn im Gegenzug die Zeitung gerecht über die Aktionen berichtete. Einen Monat später haben wir eine Filiale der Bank der Arbeit in Vega Poniente enteignet und die Titelüberschrift von Clarín war: »Die Jungs von der MIR kamen vorbei, um ihren Monatslohn abzuholen!« Der Artikel enthielt detaillierte Beschreibungen, wie wir im Jeep zur Bank kamen, dass wir mit Armeeuniformen bekleidet waren, um angeblich die Szenerie vorheriger Überfälle nachzustellen, dann die diensthabenden Wachleute ohne Gewalt überlisteten und schließlich das Geld an obdachlose Menschen verteilten.

Parallel dazu haben wir die bewaffneten Propagandaaktionen zur Unterstützung der Arbeiterkonflikte, der Landbesetzungen, der Organisierung von Selbstverteidigungsbrigaden der Massen und die direkten Aktionen vorangetrieben. Wir haben mit der klandestinen Arbeit in der Armee begonnen und dazu familiäre und soziale Verbindungen unserer Mitglieder in diesen Institutionen genutzt. (Bei einigen Gelegenheiten hat sich Luciano Cruz sogar in Militärkasernen verstecken können.) Bei der Unterwanderung und Observierung von Militär und Polizei und auch bei den Rechten und ihren paramilitärischen bewaffneten Gruppen, die von US-amerikanischen Geheimdiensten unterstützt wurden, hatten wir wichtige Fortschritte gemacht.

Der sozial-revolutionäre Kampf

Die konservative Presse hat die MIR nur als bewaffnete Gruppe beschrieben, aber das war völlig falsch. Mehr als neunzig Prozent der Mitglieder der MIR waren mit vielfältigen sozialen und revolutionären politischen Aktivitäten beschäftigt. Wir waren immer davon überzeugt, dass das zentrale Moment, um revolutionäre Kräfte zu sammeln, die Mobilisierung der Massen für ihre eigenen Interessen ist. Ausgehend von den ökonomischen und sozialen Forderungen, die direkt mit dem alltäglichen Leben der Bevölkerung verbunden sind, können die Revolutionäre dazu beitragen, das Bewusstsein der Massen zu entwickeln. Sie können über die Formen kapitalistischer Herrschaft, die Ausbeutung und Diskriminierung der Armen durch die Bosse und Bürokraten aufklären. Sie können die Organisierung sowie massive Kämpfe fördern, um so die Institutionen der ungerechten Gesellschaftsordnung zu hinterfragen.

Die Kämpfe für die Universitätsreformen und studentische Mitbestimmung, deren konzeptioneller Hintergrund eine Universität im Interesse der Bevölkerung ist, haben wir nicht erfunden. Was wir gemacht haben, war, die Studierenden aufzufordern, parallel zum Kampf für eine neue Art von Universität in die Elendsviertel, die Dörfer, die Gewerkschaften hineinzugehen, um auch dort eine revolutionäre politische Linie voranzutreiben.

Auch das »Niederreißen der Zäune ihres von Grundbesitzern enteigneten Landes« durch die Mapuche war nicht unsere Idee.[7] Sie entschieden selbst, das geraubte Gemeindeland zu besetzen, da sie die ewigen Prozesse vor Gericht leid waren, in denen nichts gewonnen oder entschieden wurde. Wir haben an den ersten Aktionen teilgenommen und ihre Wiederholung unterstützt, weil wir verstanden, dass die Mapuche nicht nur ein Stück Land wiedereroberten, das ihnen gehört, sondern dass ihr Kampf darüber hinaus dazu dient, ihre Identität und Würde als Volk zu stärken und wiederzuerlangen. Ich erinnere mich an Jorge Fuentes, der als einer der ersten MIRisten an den Mobilisierungen in Arauco teilnahm und uns von der Notwendigkeit überzeugte, ihre traditionellen Praktiken zu respektieren. Er berichtete uns, dass die jungen Mapuche sehr kämpferisch seien, dass sie aber die Zustimmung der Gemeindeobersten und Heilerinnen für die Aneignungsaktionen einholen müssten. Er berichtete weiter, dass die Gründung der ersten Milizgruppen den Kampfgeist stärkte, da sie als Kontinuität des Widerstands der Ahnen angesehen wurden. Es sei notwendig, dass unsere Propaganda der Sprache der Mapuche eine große Bedeutung beimesse, und wie herzlich unsere Companeros seit ihrer Beteiligung an den Besetzungen in den Mapuche-Gemeinden aufgenommen würden. Damals verstanden wir noch nicht, wie berechtigt und notwendig der Kampf der Mapuche für Autonomie und die Errichtung eines multinationalen Staates ist. Wir glaubten, dass im globalen revolutionären Prozess ihre Identität und Würde respektiert würden.

Ein Bündnis zwischen Mapuche-Bauern und chilenischen Landarbeitern wurde sehr wichtig, da die Großgrundbesitzer, die ihnen das Land entrissen hatten, nun versuchten, die armen Weißen gegen die Mapuche aufzubringen. Aber das Bündnis entstand: Beide Gruppen vereinigten sich, um das gesamte Land zu besetzen und von der Regierung deren Enteignung zu fordern. Bis heute haben diese Forderungen ihre Gültigkeit nicht verloren: Das Bündnis zwischen den Mapuche und den chilenischen Armen ist grundlegend, damit beide Sektoren – brüderlich verbunden – ihre Ziele erreichen können.

Die Landbesetzungen durch die Bewohner von Elendsvierteln wurden schon in den 1950er-Jahren von den traditionellen linken Parteien praktiziert und in den 1960er- und 1970er-Jahren fortgesetzt. Der Unterschied zu den Landbesetzungen, an denen die MIR ab 1969 teilnahm, bestand darin, dass parallel zur Aneignung von Land und einem Dach über dem Kopf die Entwicklung von neuen Formen des Zusammenlebens vorangetrieben wurde. Die AnwohnerInnen organisierten ihre eigene Selbstverteidigung und die Formen von Volksgerichtsbarkeit, schafften die Kriminalität sowie die Misshandlung von Frauen und Kindern ab. Ein solidarischer Umgang mit Problemen der Versorgung, Gesundheit, Erziehung und Freizeit entwickelte sich. Es entstanden Formen lokaler, direkter Demokratie. Diese besetzten Gebiete wurden zu Zentren revolutionärer Mobilisierung, wohin auch Bewohner aus anderen Stadtteilen kamen, um aus den Erfahrungen zu lernen, und um Unterstützung für eigene Besetzungen zu bekommen.

Ungefähr seit dem Jahr 1969 gelang es der MIR, Einfluss auf die Arbeiter, insbesondere der kleineren und mittleren Industriebetriebe, zu nehmen. Außer Streiks wurden auch einige bewaffnete Aktionen durchgeführt, um die Unternehmer unter Druck zu setzen. Ab Ende 1970 gingen wir dazu über, Arbeiterkontrolle und Fabrikbesetzungen zu propagieren und forderten von der Regierung der *Unidad Popular* (Volkseinheit) die Enteignung der Fabriken. Es ging nicht nur um Lohnerhöhungen oder bessere Arbeitsbedingungen, sondern darum, die Demokratie auf die Unternehmen auszuweiten und für die Vergesellschaftung des Eigentums zu kämpfen. Dies wurde begleitet von der Entwicklung neuer, solidarischer, gleichberechtigter, partizipativer Beziehungen, einer neuen, alternativen Gesellschaftsordnung im Interesse der breiten Bevölkerung, die der in den besetzten Stadtteilen glich.

Die MIR förderte die Ausweitung der gewerkschaftlichen Organisierung unter Angestellten, ArbeiterInnen der Städte und auf dem Land sowie ihre Vereinigung in der *Central Única de Trabajadores de Chile* (CUT = Gewerkschaftsdachverband Chiles). Aber gleichzeitig versuchten wir, die traditionelle Teilung zwischen Gewerkschaften und politischen Organisationen zu überwinden. Wir warben unter den Arbeitern, Stadtteilbewohnern, Bauern, Studierenden etc. dafür, Bewegungen zu gründen, in denen soziale Identität und revolutionäre Politik miteinander verschmelzen könnten. So entstanden die Frente de *Trabajadores Revolucionarios* (FTR – Revolutionäre Arbeiterfront), *Movimiento de Pobladores Revolucionarios* (MPR – Bewegung der Revolutionären Elendsviertelbewohner), *Movimiento Campesino Revolucionario* (MCR – Revolutionäre Bauernbewegung), *Frente de Estudiantes Revolucionarios* (FER – Revolutionäre Studentenfront) etc.[8]

Die Massenpolitik, die die MIR anschob, hatte eine große Wirkung, und das nicht, weil wir so breit in der Bevölkerung verankert waren, sondern weil unsere Praxis des Vorantreibens sozialer und politischer Kämpfe die seit den 1930er-Jahren etablierte bürgerlich-demokratische Ordnung in ihren Grundfesten infrage stellte.

Der Aufschwung und die Ausweitung der Massenmobilisierungen begannen 1967 mit der Studentenbewegung, gefolgt vom Widerstand der Mapuche und den Bewohnern der Armenviertel, breiteten sich dann auf Landarbeiter und die Arbeiter der kleinen oder mittelständischen Betriebe sowie Angestellte und Arbeiter des Öffentlichen Dienstes aus und erreichten schlussendlich den Rest der gewerkschaftlich organisierten Arbeiterklasse. Alles begann in den ärmsten und marginalisierten Bevölkerungsschichten, die weder Raum noch Macht hatten, um über ihr Anliegen auf institutioneller Ebene zu verhandeln, und in denen die klientelistischen Netzwerke der etablierten Parteien schwächer waren. Es ist gewiss kein Zufall, dass die MIR unter den Jugendlichen und in den armen Bevölkerungsschichten am meisten verankert war, sich dort am stärksten entwickelte, und dass die Mobilisierungsformen dieser Sektoren radikaler mit der damals herrschenden politischen und sozialen Ordnung brachen, von deren beschränkten Zuwendungen sie ausgeschlossen waren.

Die marxistisch-leninistischen Lehrbücher behaupteten, dass die Avantgarde des revolutionären Prozesses die industrielle Arbeiterklasse sei, aber die Realität nimmt auf die Lehrbuchmeinung selten Rücksicht. Es gab sogar Teile der Arbeiteraristokratie wie die Minenarbeiter aus El Teniente, die sich der Rechten anschlossen und gemeinsam mit den ständischen Organisationen der Kleinbourgeoisie Aktionen unternahmen, welche die Regierung der *Unidad Popular* destabilisierten.

In kurzer Zeit entwickelte sich die MIR von einer mehrheitlich aus Studenten bestehenden Organisation zu einer Bewegung der Bewohner der Elendsviertel, der Arbeiter, Bauern und Mapuche – einer tatsächlich in der Bevölkerung verankerten Bewegung. Eine neue Schicht von Kadern wurde ausgebildet, deren Führung nun nicht mehr aus der Universität, sondern aus den anwachsenden Bewegungen der Bevölkerung kamen, wie zum Beispiel Alejandro Villalobos, ein in den Armenvierteln beliebter Führungskader, der selbst aus dem Stadtteil Nueva Habana stammte und später von der Militärdiktatur ermordet wurde, oder Moisés Huentelaf, ein junger Vertreter der Mapuchebauern, der im Jahr 1971 auf dem Grundstück Chesque von einer bewaffneten Gruppe der Großgrundbesitzer umgebracht wurde, oder Gregorio Liendo, der 1973 in Neltume bewaffneten Widerstand gegen den Militärputsch leistete, und Miguel Cabrera (Paine), der ebenfalls in Neltume 1980 federführend am Aufbau einer Landguerrilla beteiligt war, und viele andere junge soziale und revolutionäre Anführer.

Als im August 1971 Luciano Cruz absurderweise bei einem Unfall zu Hause ums Leben kam, begleiteten Tausende Bewohner der Armenviertel, junge Arbeiter und Studenten, Bauern und Mapuche seinen Sarg auf einem Marsch durch das Zentrum von Santiago. In diesem Moment zeigte sich, dass die Ärmsten, Ausgegrenzten und besonders die Jugendlichen die MIR ins Herz geschlossen hatten.

Revolutionäre Kommunikation

Ein anderer Aspekt, dem die MIR große Bedeutung beimaß und der den Anstoß für eine bedeutende Entwicklung gab, war die »kommunikative Aktion«, also die Fähigkeit, eine revolutionäre Forderung auszuarbeiten, zu entwickeln und in breiten Teilen der Bevölkerung bekannt zu machen. Wenn wir uns die Reden und die Interviews von Miguel Enríquez, die Erklärungen der Leitung, unsere Veröffentlichungen, radikalen Programme, Plakate und Flyer anschauen, wird deutlich, dass die Kommunikation sich zu einem Dialog mit verschiedenen Ansprechpartnern entwickelte. Mit den marginalisierten Bevölkerungsschichten unterhielten wir einen sie einbeziehenden Dialog, indem unsere Propaganda ihre Ausdrucksweise und Forderungen aufnahm, sie systematisierte, begründete, an den allgemein üblichen Sprachgebrauch anpasste und sie weiter verbreitete. Eine wichtige Erfahrung hatte eines unserer Propaganda-Teams gemacht, welches von einem mexikanischen Genossen angeführt wurde: Sie arbeiteten mit den Bauern und Mapuche zusammen, nahmen ihre Vorstellungen vom revolutionären Kampf, ihre Ausdrücke und ihre Symbole auf, um dann Zeitung, Plakate und Flyer der MCR so zu gestalten, dass sie ihre Themen und Hauptanliegen, ihre Sprache, ihre Symbole und ihre Ästhetik widerspiegelten. Unser ideologischer Kampf bezog sich immer auf die konkrete soziale und politische Situation. Ebenso bezogen wir immer Stellung zu bedeutsamen Ereignissen und hielten den reaktionären und reformistischen Diskursen unsere Position entgegen.

Um diese Art von Kommunikation zu entwickeln, mussten wir eine Fähigkeit zur Intervention auf diesem Gebiet entwickeln. Wir suchten die Zusammenarbeit mit hervorragenden Intellektuellen wie André Gunder Frank, Vasconi, Ruy Mauro Marini (der später Mitglied unseres Zentralkomitees wurde), Teotonio Dos Santos und vielen anderen. Sie halfen uns, unsere revolutionären Vorstellungen theoretisch zu untermauern. Schon früh hat Manuel Cabieses, junger Direktor der Zeitschrift Punto Final (später Mitglied des Zentralkomitees und der Politkommission) mit uns zusammengearbeitet, ebenso José Carrasco (Mitglied des Zentralkomitees), Augusto Carmona, der die Besetzung der Fernsehstation Kanal 9 leitete, Máximo Gedda und Diana Arón sowie viele Journalisten, die in unterschiedlichen Medien arbeiteten und dort eine wichtige Rolle spielten.

Wir legten auch großen Wert darauf, unsere eigene Fähigkeit zur Kommunikation zu entwickeln. In jeder Zelle der MIR gab es einen Verantwortlichen für Agitations- und Propagandaaktivitäten, welche wiederum von lokalen und regionalen Werkstätten (die zumindest über rudimentäre Mittel der Reproduktion verfügten) unterstützt wurden. Agitationsaktionen wurden kontinuierlich durchgeführt. Wir gründeten die landesweit alle zwei Wochen erscheinende Zeitschrift El Rebelde, Monatszeitschriften der Massenbewegungen wie MCR, FTR usw., machten Radioprogramme, Massenevents und organisierten landesweite Kampagnen, in der die Kräfte der MIR und der sozial-revolutionären Organisationen gebündelt wurden. In der Zeit der Unidad Popular bildeten wir eine nationale Struktur, die für kreative Produktionen und Entwürfe für die unterschiedlichen Medien (mündlich, schriftlich, plastisch, audiovisuell, musikalisch usw.) zuständig war und eine eigene MIR-Ästhetik kreierte. Es reichte aus, von weitem ein Plakat der MIR zu sehen, sofort war es durch Grafik und Farben als solches zu erkennen. Wir erwarben eine Druckmaschine und eine Radiostation.

In kurzer Zeit war es der MIR gelungen, eine breite revolutionäre Strömung in der Künstler- und Kulturszene zu schaffen und unter Filmschaffenden, Dichtern und Schriftstellern sowie im Bereich Theater, Tanz, Musik usw. präsent zu sein. Ein enthusiastischer Förderer dieser Linie war Bautista Van Schouwen, der mit absoluter Klarheit wahrnahm, dass bei der Bündelung der revolutionären Kräfte die Kultur eine wesentliche Achse darstellte.

Wenn eine revolutionäre Bewegung wegweisende Ideen sowie die organisatorische und politische Fähigkeit entwickelt, in den konkreten Klassenkampf einzugreifen, wenn Mitglieder und Kader mit taktischer Initiative ausgebildet werden, wenn sie im Bereich der Kommunikation und Kultur aktiv und präsent ist, dann bildet sich da eine wirkliche Führerschaft heraus. Eine kollektive Führerschaft, die aus vielen einzelnen führenden Persönlichkeiten besteht und auf einer politischen Linie und einer gemeinsamen revolutionären Praxis basiert. Aber schon Mitte 1970 waren wir gezwungen, unsere erste wichtige taktische Kurskorrektur vorzunehmen.

Die Präsidentschaftswahlen von 1970

Im März 1970 waren wir gerade mitten in unserer kleinen Offensive von Aktionen bewaffneter Propaganda, die sich immer mehr mit den Massenmobilisierungen verband. Gleichzeitig war die Kampagne für die Präsidentschaftswahlen im vollen Gange. Der herrschenden Klasse gelang es nicht, sich auf einen gemeinsamen Kandidaten zu einigen, es wurden zwei Kandidaten aufgestellt: Die Nationale Partei und die konservativsten Schichten unterstützten die Kandidatur des Ex-Präsidenten Jorge Alessandri, und die Christdemokraten setzten auf Radomiro Tomic. Diese Spaltung begünstigte die Kandidatur von Salvador Allende, der für die *Unidad Popular* antrat. Wir schätzen die Chancen Allendes für gering ein und waren davon überzeugt, dass im Falle seines Sieges die reaktionären Kräfte konspirieren würden, um seinen Amtsantritt zu verhindern. Wir vertrauten nicht darauf, dass Arbeiter und Bauern über Wahlen die Macht erobern und den Sozialismus aufbauen könnten. Aber wir waren auch nicht blind und erkannten, dass breite Sektoren der Bevölkerung Allende unterstützten, dass sie an den »chilenischen Weg zum Sozialismus« glaubten.

Miguel beschrieb später wie folgt die notwendige taktische Veränderung, die durch die Wahlkonjunktur notwendig geworden war und im Mai 1970 vorgenommen wurde: »Aus diesem Grund formulierten wir eine Politik, die generell weder im massiven Aufruf zum Wahlboykott noch in der Sabotage der Wahlen noch der eigenen Beteiligung am Wahlkampf bestand. Zugleich aber erkannten wir an, dass Allende bei den Wahlen die Interessen der Arbeiter repräsentierte und sowohl Tomic als auch Alessandri die Interessen der herrschenden Klasse vertraten. Wir warnten davor, dass einem Wahlsieg von Allende sicherlich eine reaktionäre Gegenoffensive folgen würde und wir in diesem Fall die Errungenschaften der Arbeiter verteidigen würden. Aus diesem Grund haben wir uns die Arbeit und Mobilisierung in den verschiedenen Bereichen der Massenbewegung sowie die Weiterentwicklung unserer operativen, technischen und infrastrukturellen Fähigkeiten vorgenommen und haben gleichzeitig eine Zeitlang weiterhin (bewaffnete) Operationen durchgeführt. Im Falle eines Wahlsieges Allendes bereiteten wir einen Plan zur Verteidigung vor und vertieften deshalb unsere Beziehungen zu anderen linken Organisationen.«

Seit Dezember 1969 hatten wir mit Allende über seine Tochter Tati Kontakt. Abgesehen davon, dass sie die engste Vertraute des zukünftigen Präsidenten war, im Untergrundnetzwerk der bolivianischen ELN mitgearbeitet hatte, als die Guerilla des Che aufgebaut wurde, und dass sie sich als Medizinstudentin in Concepción mit Miguel angefreundet hatte, war Beatriz Allende meine liebste Kusine. Außerdem übernahm die Abgeordnete Laura Allende, meine liebe Mutter, eine Verbindungsrolle. Sie vermittelte uns Unterstützer, als wir im Untergrund waren, mietete geheime Zufluchtshäuser an und ermunterte junge Sozialisten aus ihrem Viertel, sich der MIR anzuschließen. Der dritte »Verschwörer« war Osvaldo Puccio, alter und treuer Privatsekretär Allendes, dem ein großes Haus mit drei Stockwerken in der Calle Santo Domingo gehörte, wo sich die Leitung der MIR versteckte und versammelte. Einmal, nach einer Enteignungsaktion in einer Bank bat mich Miguel, das erbeutete Geld im Haus von Osvaldo zu verstecken.

Als ich bei ihm mit einem Koffer voller Geld ankam, bemerkte ich mehrere Autos und einige Bewegung im unteren Stockwerk des Hauses, aber da Besuch nichts Ungewöhnliches war, machte ich mir keine Gedanken und stieg die hintere Treppe zum dritten Stockwerk hinauf, wo wir ein kleines Apartment für unsere Tätigkeiten nutzen konnten. Ich war gerade dabei das Geld zu ordnen, als Osvaldo sehr aufgeregt hereinstürmte, beim Anblick des Geldes die Augen aufriss und zischte:»Flaco! Mach bloß keinen Krach und komm nicht auf die Idee hinunterzugehen, denn im Wohnzimmer sitzt der Doktor (er meinte Allende) mit Patricio Rojas (Christdemokrat und zu diesem Zeitpunkt Innenminister der Regierung Frei, das heißt, der dafür zuständig war, uns zu verfolgen.)«

Allende bewertete das Verhalten der MIR gegenüber den Präsidentschaftswahlen positiv, meinte aber, dass die bewaffneten Aktionen seiner Kandidatur schadeten. Deswegen beschloss er, sich mit Miguel zu treffen und ihn zu bitten, diese Aktionen zu unterlassen. Die Genossen trafen sich mit Allende in einem Viertel etwas außerhalb von Santiago und luden ihn ein, in ihr Auto zu steigen. Nach einigen Kontrollen, um sicher zu gehen, dass ihnen niemand folgte, erreichten sie das Haus, in dem Miguel und andere Leitungsgenossen sie bereits erwarteten. Miguel erklärte ihm Sinn und Zweck der Enteignungen in der politischen Arbeit und der militärischen Ausbildung der MIR, womit Allende natürlich nicht einverstanden war und zu bedenken gab, dass diese seine Präsidentschaftskandidatur beeinträchtigen könnten. Im Verlauf der Unterhaltung äußerte Miguel unsere Befürchtung, dass die Rechte ein Attentat auf ihn verüben könnte, und Allende bat darum, dass die MIR ihm eine kleine Gruppe von Genossen mit militärischer Ausbildung zur Verfügung stellen möge, um seine Sicherheit zu gewährleisten. Dies taten wir in den folgenden Tagen. Als Allende dann begann, bewacht von unseren bewaffneten Genossen durchs Land zu reisen und Wahlkampf zu machen, fragte ein Journalist, wer sie seien. Der Präsidentschaftskandidat antwortete: »Eine Gruppe persönlicher Freunde. (*Grupo de Amigos Personales* – GAP)« So entstand die GAP, die Leibwache Allendes. Weiterhin wurde mit Allende vereinbart, dass sich die MIR an Aufklärungsaktivitäten beteiligen und mit der Sozialistischen und der Kommunistischen Partei bei der Planung der Verteidigung des Wahlsieges zusammenarbeiten würde.

Im Juli setzen wir die bewaffneten Aktionen aus und widmeten uns mehr den Aufgaben der Recherche sowie der militärischen Ausbildung. Parallel dazu stärkten wir die Bewegung organisatorisch über eine Unterstützung der Massenmobilisierung für ökonomische Forderungen. Kurz vor dem September informierte die Leitung der MIR die Öffentlichkeit, dass es ihren Aktivisten freistünde, für den Kandidaten der Unidad Popular zu stimmen, wenn sie es wollten.

Allende gewann die Präsidentschaftswahl, allerdings sehr knapp mit nur 39.000 Stimmen Vorsprung vor seinem Kontrahenten Alessandri. Eine Volksmenge füllte die Alameda vor dem Sitz der Studentenvereinigung Chiles, alle feierten und riefen: »Wer nicht springt, ist eine Mumie (= ein Rechter)!« Der Innenminister der Frei-Regierung, Rojas, genehmigte gemeinsam mit General Camilo Valenzuela, dem militärischen Oberbefehlshaber von Santiago, diese Demonstration der Linken. Gleichzeitig wurde jedoch die Veröffentlichung der Auszählungsergebnisse verzögert, um Alessandri als Gewinner dastehen zu lassen und eine Auseinandersetzung zu provozieren, welche den Einsatz und die Repression der Armee gerechtfertigt hätte. Alessandri, ein eingebildeter Oligarch der alten Schule, stimmte [dem Plan] jedoch nicht zu. Es folgte eine Zeit großer sozialer Unruhe. Die Rechte schürte die Angst vor dem kommunistischen Terror und verbreitete Panik bei der Bourgeoisie, so dass einige begannen, das Land zu verlassen. Es organisierten sich bewaffnete Gruppen wie zum Beispiel Patria y Libertad (Vaterland und Freiheit) und andere Sektoren der Ultrarechten, die öffentlich zum Staatsstreich aufriefen. Die Christdemokraten versuchten erfolglos, den Kongress zu überzeugen, Alessandri als gewählten Präsidenten auszurufen, damit dieser dann zurücktreten und den Weg freimachen könnte für eine Wiederwahl des (Ex-Präsidenten) Frei. Als dies nicht gelang, organisierte und finanzierte die US-amerikanische Regierung in Komplizenschaft mit Mitgliedern der Armee und *Patria y Libertad* eine

Verschwörung. Die bestand aus einer Serie von Sabotageakten und Attentaten sowie der Entführung des Generals René Schneider, Oberbefehlshaber der Armee, der zur verfassungstreuen Strömung innerhalb der Armee gehörte, welche das Wahlergebnis anerkannte. Diese Taten sollten der MIR und anderen angeblichen »links-terroristischen« Gruppen in die Schuhe geschoben werden und dann einen militärischen Einsatz rechtfertigen, der den Amtsantritt Allendes verhindert sollte. Der Informationsgruppe der MIR unter Leitung von Luciano gelang es durch Unterwanderung von *Patria y Libertad*, die Verschwörung aufzudecken, einen Teil der für die 21 erfolgten Attentate und Sabotageakte Verantwortlichen zu identifizieren sowie herauszufinden, dass der Militärcoup für den 22. Oktober geplant war. Am 21. Oktober veröffentlichten wir detaillierte Informationen zur geplanten Verschwörung in einer Sonderausgabe der Zeitschrift *Punto Final*, welche die Regierung zwangen, gegen *Patria y Libertad* vorzugehen, was wiederum einen Rückzug des Militärs zu Folge hatte. Was wir nicht rechtzeitig aufdeckten, war die geplante Operation gegen General Schneider. Am 22. Oktober um acht Uhr morgens wurde er ermordet.

Aber der Militärputsch war gescheitert und den Oberbefehl übernahm Carlos Prats, der ebenfalls dem verfassungstreuen Flügel der Armee zugerechnet wurde. Nach Verhandlungen mit den Christdemokraten, die in einem Statut zur Garantie der Verfassungsrechte mündeten – unserer Meinung nach ein unnötiges Zugeständnis der Regierung der *Unidad Popular* – ratifizierte der Kongress den Wahlsieg Allendes, und dieser trat am 3. November 1970 die Präsidentschaft an.

Damit endete eine schwierige politische Situation, aus welcher, glaube ich, die MIR ganz gut herausgekommen ist. Wir hatten begriffen, dass – obwohl die Herrschaft der Oligarchie in eine Krise geraten war, obwohl das Wirtschaftsmodell ausgereizt war und der soziale Widerstand sich ausweitete – das politische System weiterhin über so viel Legitimität verfügte, dass der Klassenkampf vermittels eines Wahlprozesses ausgetragen wurde, bei dem wir nicht außen vor bleiben durften. Wir verstanden es, die politische Lage richtig einzuschätzen, und verhinderten so eine politische Isolierung von der sich ausbreitenden Bewegung, die sich mit den Positionen Allendes identifizierte. Dabei behielten wir trotzdem unser politisches Profil und hielten auch an unserem strategischen Schwerpunkt der Akkumulation gesellschaftlicher und militärischer Kraft fest, indem wir einen permanenten ideologischen Kampf führten. Wir lernten, taktisch zu manövrieren, eine politische Kunst, die den revolutionären Bewegungen, die von Natur aus zur Prinzipientreue neigen, schwerfällt. Aus diesen Erfahrungen gingen wir gestärkt hervor.

Eine vor-revolutionäre Periode

Als sich Salvador Allende am 4. November 1970 die Präsidentenschärpe umlegte und mit resoluten Schritten das Parlament verließ, um sich, umringt von der Bevölkerung, zum Regierungssitz *La Moneda* zu begeben, war klar geworden, dass weder »die da unten« das Leben weiterhin so führen wollten wie bisher noch »die da oben« so würden weitermachen können.

In Chile begann eine vor-revolutionäre Periode voller Hoffnung und tragischer Vorahnungen. Die strukturelle ökonomische und soziale Krise des Importsubstitutionsmodells, welche von der scheidenden christdemokratischen Regierung nicht behoben werden konnte, verschlimmerte sich zunehmend. Die herrschende Klasse, bestürzt über den Wahlsieg der Linken und das Scheitern all ihrer Pläne und Verschwörungen, um den Antritt Allendes als Präsident zu verhindern, war gespalten. Die eine Strömung beschuldigte die andere, die Niederlage verursacht zu haben, insgesamt waren die Herrschenden fassungslos und im Rückzug begriffen. Obwohl die Institutionen noch aufrechterhalten wurden, verselbständigten sich die Staatsgewalten mehr und mehr. Während die Unidad Popular dazu überging, die Regierungsgeschäfte zu übernehmen, verschanzte sich die Rechte hinter ihrer Mehrheit im Parlament, am Obersten Rechnungshof und im Gerichtswesen. Die Streitkräfte ihrerseits nahmen eine abwartende Haltung ein und bemühten sich, hinter der Fassade der Verfassungstreue die eigenen Reihen geschlossen zu halten.

Demgegenüber ging »da unten« die Mobilisierung der Millionen Armen und Ausgeschlossenen nun erst recht los, zumal sie sich nun durch den Triumph der Linken berechtigt sahen, auf der kompromisslosen Erfüllung ihrer historischen Forderungen nach Arbeit, Brot, Wohnung, Land, Gesundheitsversorgung, Bildung, Souveränität zu bestehen … Jede soziale Schicht begann, sich von den traditionellen Vermittlerinstanzen zu befreien und als eigenständiger Akteur auf der gesellschaftlichen Bühne direkt ihre Interessen zu vertreten, wodurch der Klassenkampf an nie erlebter Schärfe gewann.

Die Reaktionäre haben immer versucht, ihren blutigen Militärputsch als heilige demokratische Mission zur Niederschlagung der marxistischen Diktatur zu rechtfertigen. In Wirklichkeit hat es jedoch in der Geschichte unseres Landes noch keine Epoche mit so weitreichenden demokratischen Freiheiten gegeben wie in der Regierung Salvador Allendes. Alle verfolgten und eingesperrten AktivistInnen der MIR wurden durch den Präsidenten am 31. Dezember 1970 amnestiert. Ein großer Teil der an diesem Tag vom Leben im Untergrund und in den Gefängnissen befreiten MIRisten feierte das neue Jahr und die wiedergewonnene Legalität bei unserem guten Freund

Osvaldo Puccio[9]. Das Verhältnis zum Präsidenten und zu anderen Mitgliedern der *Unidad-Popular*-Regierung, das sich im Zusammenhang mit »konspirativen« Angelegenheiten entwickelt hatte, wurde nun zu einer politischen Beziehung. Ab Dezember 1970 entstand zwischen UP (*Unidad Popular*) und MIR, was Miguel Enríquez als »informelle faktische Allianz« bezeichnete, begleitet jedoch von einigen Schwierigkeiten. Die Kommunistische Partei (KP) positionierte sich in scharfer Diskrepanz gegen die MIR, was sich auch in aggressiven Gesten einiger ihrer Anführer und Mitglieder äußerte. Im Gegensatz dazu hatten wir mit der Sozialistischen Partei (PS) und anderen Organisationen der UP ein freundschaftliches und kooperatives Verhältnis.

Nachdem am 2. Dezember 1970 eine kommunistische Brigade unseren Genossen Arnoldo Ríos in Concepción ermordet hatte, herrschte bei den Mitgliedern beider Organisationen ein Klima verschärfter Konfrontation. Allende intervenierte und forderte die KP auf, mit den Aggressionen aufzuhören, die Tat zu verurteilen und zu sanktionieren sowie eine von Respekt und Verständnis geprägte Beziehung zur MIR aufzubauen. Bei einem von ihm geleiteten Treffen wurde vereinbart, dass eine gemischte Delegation aus KP-MIR unverzüglich in einem Auto des Präsidenten nach Concepción aufbrechen sollte, um dort ein Atmosphäre des Miteinander herzustellen und politische Gespräche in Gang zu bringen.

Die MIR in die Regierung?

Bei einer Zusammenkunft zu Beginn des Jahres 1971 im Haus des Präsidenten bat Allende – zum Erstaunen von Miguel und den anderen Genossen, die ihn begleiteten – , dass die MIR sich in die UP eingliedern und unser Generalsekretär der Regierung als Gesundheitsminister angehören solle. Trotz ihrer so unterschiedlichen strategischen Visionen hatte sich zwischen Allende und Miguel ein sehr respektvolles Verhältnis entwickelt, da beide – trotz unterschiedlicher politischer Positionen – das Konzept der moralischen Integrität und persönlichen Konsequenz teilten. Außerdem verband sie politische Intelligenz und ein entschiedener Sinn für Humor, was in gegenseitiger Sympathie mündete. Miguel verstand sofort, dass das Angebot nicht nur ein geschickter politischer Schachzug des Präsidenten war, um die Opposition links von der Regierung zu neutralisieren. Das Angebot des Gesundheitsministeriums, das Allende selbst als junger sozialistischer Anführer in der Regierung Pedro Aguirre Cerda bekleidet hatte, war gleichzeitig auch eine Geste der Zuneigung. Mit viel Feingefühl sagte ihm Miguel, dass wir einen Großteil seines Programms teilten. Tatsächlich ermöglichte es die Erfüllung lang ersehnter Forderungen der Bevölkerung: Arbeitsplätze und gerechter Lohn für die Arbeiter, Land für die Bauern, Befriedigung der Grundbedürfnisse der gesamten Bevölkerung, soziale Sicherheit, besonderes Augenmerk auf die Versorgung der Kinder, würdige Wohnungen und urbane Infrastruktur, angemessene Gesundheitsversorgung, Urlaub, volksnahe Erholungs- und Sportaktivitäten etc. Die UP nahm Aufgaben in Angriff wie beispielsweise die Verstaatlichung der Kupferminen und anderer Bodenschätze, die sich in den Händen des ausländischen Kapitals befanden, die staatliche Steuerung des Finanzsystems, des Außenhandels, der großen Zwischenhändlerfirmen und der strategischen Industriemonopole sowie die Agrarreform, die dem Großgrundbesitz ein Ende bereiten sollte. Hinter all diesen Maßnahmen standen auch wir. Das Programm der UP hatte das Ziel, den Staat in einen Staat im Interesse der Bevölkerung zu verwandeln. Im UP-Programm stand, dass eine »Volksversammlung« gewählt werden müsse, und Allende selbst wollte die Entfaltung von »Volksmacht« vorantreiben, die er als Ausweitung der Teilhabe der Bevölkerung an den wirtschaftlichen, gesellschaftlichen und kulturellen Belangen des Landes verstand. Durch eine neue politische Verfassung sollte die massive Einbeziehung der Bevölkerung in die Machtausübung institutionell verankert werden.

Aber Miguel erklärte Allende auch klipp und klar, dass wir nicht mit seiner Strategie übereinstimmten, den Übergangsprozess zum Sozialismus innerhalb der herrschenden Gesellschaftsordnung zu vollziehen. Unserer Meinung nach würde die herrschende Klasse das Ende ihrer Privilegien und die Transformation des bürgerlichen Staates auf der Grundlage eines antiimperialistischen, antimonopolistischen, gegen den Großgrundbesitz gerichteten und basisdemokratischen Programms, mit dem er als Präsident angetreten war, nicht hinnehmen. Miguel sagte, wir seien uns sicher, dass das Kleinbürgertum sich mit den Großgrundbesitzern sowie der nationalen und ausländischen Großbourgeoisie zusammenschließen würde, um gemeinsam der Volksregierung entgegenzutreten. In dieser Konfrontation würden sie die verfassungsmäßige Ordnung nicht achten, sondern auf Gewalt zurückgreifen, um ihn zu stürzen. Wir vertrauten nicht darauf, dass die Streitkräfte verfassungstreu bleiben würden, und waren überzeugt, dass die Rechte trotz der jüngsten Misserfolge weiterhin mit dem Offizierskorps konspirieren würde. Im günstigsten Falle könnte es gelingen, einen Teil der Streitkräfte auf die Seite der Bevölkerung zu ziehen, aber auch dies würde die bewaffnete Auseinandersetzung letztlich nicht verhindern.

Wir erkannten an, dass die Volksregierung eine Position teilweiser Macht innehatte und von dieser aus entscheidende Impulse für den revolutionären Prozess geben konnte. Unsere Strategie basierte jedoch auf der direkten Mobilisierung der Massen und auf dem autonomen Aufbau von Volksmacht, einschließlich einer eigenen militärischen Struktur, die seine Regierung verteidigen würde. Miguel schloss damit, ihm persönlich und im Namen der MIR für das Angebot zu danken. Wir hielten es jedoch weiterhin für besser, von einer unabhängigen Position aus mit ihm zu kooperieren. Unser Beitrag möge als »kritische Unterstützung« verstanden werden. Wir würden ihn jedoch niemals öffentlich kritisieren, ohne ihm vorher im direkten Gespräch unsere Differenzen darzulegen. Miguel versprach Allende, dass er immer auf uns zählen könne, wenn es darum gehe, die Errungenschaften des Volkes voranzutreiben und der Reaktion die Stirn zu bieten. Er versicherte ihm, dass wir an seiner Seite stehen und ihn als Präsident des Volkes verteidigen würden. Diese Politik und Praxis vertrat die MIR unverändert während Allendes gesamter Regierungszeit. Der Präsident selbst gab kurz vor seinem Tod in Gesprächen mit seiner Tochter Tati, meiner Mutter und anderen nahen Mitstreitern an, dass er sich sehr gewünscht hätte, Miguel und seine Genossen in der Regierung zu haben, da sie zu ihm immer eine respektvolle, offene, uneigennützige und konsequente Beziehung gepflegt hätten.

Wir nutzen die Ausweitung der demokratischen Freiheiten, um uns voll in die Massenmobilisierungen zu stürzen. Nach den direkten Aktionen der Mapuche und durch den Schwung der Revolutionären Bauernbewegung (*Movimiento Campesino Revolucionario* – MCR) entstand eine Welle von Landbesetzungen, die später als »heißer Sommer« 1971 bekannt wurden. In Santiago und Concepción unterstützen wir gewerkschaftliche Mobilisierungen, Fabrikbesetzungen und trieben die Entstehung einiger neuer, aus Landbesetzungen entstandener Siedlungen von Obdachlosen voran. Weiterhin nutzten wir unsere Beteiligung an den Sicherheitsmaßnahmen zum Schutz des Präsidenten, um unsere militärische, logistische und aufklärungstechnische Ausbildung stillschweigend voranzutreiben. Wir legten verstärkt Wert auf unsere Kontakte zu den demokratischen Sektoren des Militärs sowie auf Selbstverteidigung und Massenmilizen. Die MIR verbreitete sich mit Organisationsstrukturen im gesamten Land, und wir verbesserten unsere Fähigkeit der Kommunikation.

Mehr werden, aber nicht vereinnahmt werden

Das erste war das beste und offensivste Jahr der UP-Regierung. Die Verstaatlichung der Bodenschätze, die Enteignung großer Monopolunternehmen und die staatliche Kontrolle der Banken und des Außenhandels wurden umgesetzt. In den rechtlich durch die vorherige Regierung vorgegebenen Grenzen (Enteignung des Großgrundbesitzes mit mehr als achtzig Hektar bewässerungsfähiger Bodenfläche) wurde die Agrarreform durchgeführt beziehungsweise vertieft. Die Wirtschaftspolitik von Pedro

Vuskovic war sehr erfolgreich: Das BIP stieg um 8,3 %, ein Wachstum, das zweieinhalb Mal höher lag als das des Vorjahrs. Die Arbeitslosenrate fiel auf 4 %, den niedrigsten Wert, an den man sich in Chile erinnerte, die Inflation reduzierte sich auf 22 %, und der Anteil der Lohnempfänger am Gesamteinkommen stieg auf 59 %, was eine offenkundige Steigerung des Konsumniveaus und die gesellschaftlichen Ausgaben zur Folge hatte. Auf der politischen Ebene errang die UP 1971 bei den Gemeindewahlen 50,86 % der Stimmen, eine Steigerung von 13 % gegenüber den Präsidentschaftswahlen des Vorjahres. Der Stimmengewinn kam zum Großteil von den Ärmsten aus ländlichen und städtischen Regionen. Für die UP herrschten günstige Bedingungen, um über ein Plebiszit eine tiefgreifende Reform der politischen Institutionen zu verabschieden, das Parlament durch eine Volksversammlung zu ersetzen, welche ein neues Konzept zur nationalen, auf Bürgerbeteiligung gestützte Verteidigung hätte erarbeiten sowie vergesellschaftete und gemischte Wirtschaftsformen verfassungsrechtlich absichern können. Warum die UP-Regierung diese Möglichkeit nicht genutzt hat, habe ich nie verstehen können.

Die informelle Allianz zwischen UP und MIR verschlechterte sich allmählich ab dem zweiten Halbjahr 1971, vor allem weil die von uns und radikalen Teilen der UP vorangetriebenen direkten Mobilisierungen über das Regierungsprogramm hinausgingen. Die KP machte sich ein weiteres Mal daran, die MIR öffentlich zu attackieren, und ihre indirekten Angriffe gegenüber dem linken Flügel der UP wurden zur Gewohnheit. Der Chilebesuch des Kommandanten Fidel Castro zügelte die Polemik. Fast den ganzen November bis Anfang Dezember reiste Fidel, bejubelt von der Menge, im Land umher und spornte durch sein Beispiel und seine Worte die revolutionäre Stimmung an. Zur Gewährleistung der Sicherheit der Veranstaltungen und Rundfahrten des Kommandanten stimmte sich die MIR mit den kubanischen Sicherheitskräften ab. Als Genossen der politischen Kommission der MIR hatten wir die Möglichkeit, einige Male mit Fidel zu sprechen, der unablässig auf der Notwendigkeit bestand, die Einheit der Linken zu bewahren. Auf einem dieser Treffen sagte er zu Miguel: »Die Kunst der Revolution ist die Kunst, die Kräfte zu bündeln … bündeln … bündeln … und bündeln.« Miguel antwortete ihm schnell: »Ja, Kommandant, es ist die Kunst zu vereinen, aber nicht vereinnahmt zu werden.« Beide fassten die komplexe taktische Situation zusammen, in der wir uns als Revolutionäre während der restlichen Zeit der UP befanden. »Wie kann die Einheit der Massen bewahrt werden, um die Kräfte für die Auseinandersetzung mit dem gemeinsamen Feind zu bündeln? Und wie kann man gleichzeitig den Reformismus überwinden und Kräfte für die Eroberung der Macht sammeln oder zumindest, um die Kontinuität des revolutionären Kampfes zu sichern?«

Die Reaktion übernimmt die Initiative

Im Dezember 1971 begannen die reichen Dämchen der Oberschicht mit ihren Protestaktionen, indem sie auf leeren Kochtöpfen herumschlugen. Die Schickeria errichtete Barrikaden und provozierte Chaos auf den Hauptverkehrsstraßen in den besseren Vierteln von Santiago. Es gab immer mehr Sabotageakte und Attentate bewaffneter rechter Gruppen. Die Christdemokratie präsentierte ein Verfassungsreformprojekt, um die Weiterentwicklung des vergesellschafteten Wirtschaftssektors einzuschränken. Im März 1972 trafen sich führende Vertreter der Oppositionsparteien und der Unternehmerschaft, um Maispastete[10] zu essen und ein Komplott gegen die Regierung zu schmieden, das einen umfassenden Plan zum Zivilen Ungehorsam beinhaltete. Im selben Monat wurde auch eine Verschwörung der Generäle Canales, Hiriart und mittlerer Offiziere aufgedeckt und zerschlagen. Im April brach die Partei der Radikalen Linken (*Partido de Izquierda Radical* – PIR – eine Abspaltung der Radikalen Partei) mit der Regierung und die Opposition organisierte den ersten »Marsch der Demokratie.« Die Reaktion begann, die Initiative zu übernehmen.

Obwohl die Wirtschaftspolitik der Regierung während des Jahres 1971 gute Resultate erzielt hatte, begann im ersten Halbjahr 1972 ein wirtschaftlicher Abstieg. Im Grunde war die Wirtschaftspolitik der UP eine Weiterentwicklung des klassischen Modells von Importsubstitution anhand einer Politik der Einkommensumverteilung (allerdings radikaler als die christdemokratische »Revolution in Freiheit«), was die Binnennachfrage ansteigen ließ. Mitte des Jahres 1971 waren die Löhne im Vergleich zum Vorjahr um 55 % gestiegen, während die Preise nur um 9 % zugelegt hatten. Die zunehmende Nachfrage führte zur Kapazitätsauslastung des bis dahin nicht voll ausgeschöpften Wirtschaftsvolumens und erzielte im Verlauf des Jahres 1971 eine Produktionssteigerung von 16 % in der Industrie und 6 % in der Landwirtschaft. Die Regierung hoffte, durch die Binnennachfrage, die Rückinvestition der aus der Verstaatlichung des Kupfers gewonnenen Mittel, Auslandskredite und Überschüsse der verstaatlichen Betriebe ein ausgeglichenes Wirtschaftswachstum beibehalten zu können. Aber es kam anders. Die nordamerikanischen Firmen hatten angesichts der drohenden Verstaatlichung die einfache Kupferproduktion bis an die äußerste Grenze des Möglichen gesteigert. Um nun 1971 das Produktionsniveau halten zu können, wären weitaus größere Investitionen nötig gewesen. Dazu kamen der Lieferboykott für Anlagen und Ersatzteile sowie der sinkende Weltmarktpreis für Metalle, wovon die wichtigste staatliche Einnahmequelle empfindlich getroffen wurde. Die Regierung der USA begnügte sich nicht damit, die internationalen Kredite zu sperren, sondern verhängte außerdem ein Embargo für chilenisches Kupfer. Auch das sozialistische Lager ersetzte die verschlossenen Kreditquellen nicht. Schließlich verzeichneten die verstaatlichten Unternehmen Gewinneinbußen, da sie die Löhne erhöht und die Preise ihrer Produkte beibehalten hatten. Unweigerlich steuerte die Wirtschaft auf ein wachsendes Ungleichgewicht zwischen stagnierender Produktionskapazität und explodierender Nachfrage zu. Statt zu investieren, zogen es die Unternehmer vor, ihre Gewinne aus Spekulations- sowie Schwarzmarktgeschäften und dem von der CIA finanzierten Boykott zu ziehen. Ab 1972 wurden zunehmend Versorgungsengpässe spürbar.

Diese ökonomischen Schwierigkeiten ließen die Differenzen in der Leitung der UP offen zutage treten. Der reformistische Sektor, dem Allende, die KP, ein Sektor der sozialistischen Partei, Teile der Bewegung der Einheitlichen Volksaktion (*Movimiento de Acción Popular Unitaria* – MAPU), die Radikale Partei (PR), die sozialdemokratische Partei (PSD) und die Unabhängige Volksaktion (Acción Popular Independiente – API) zuzuordnen waren, verfocht die Notwendigkeit einer »Konsolidierung, um vorwärtszukommen.« Diese Politik bestand darin, nicht über das Regierungsprogramm hinauszugehen, die »extremistische« Politik der direkten und mit dem herrschenden System brechenden Mobilisierungen zu beenden, die Arbeiterbewegung auf einen Kampf für die Steigerung der Produktion einzuschwören, über Sparmaßnahmen die exzessive Nachfrage zu bremsen, die Mittelschicht und die gemäßigten Strömungen innerhalb von Bourgeoisie und Militär zu beruhigen, um so zu verhindern, dass sie sich den Putschisten anschlossen. Des Weiteren wurde eine Verständigung mit der christdemokratischen Partei (*Partido Demócrata Cristiano* – DC) angestrebt, vorzugsweise ihre Einbindung in die Regierung, was eine Konsolidierung der Regierung ermöglichen sollte. Der linke Sektor der UP, dazu gehörten Vuskovic und die Mehrheit der PS, Jacques Chonchol und ein Flügel der MAPU sowie die erst kurz zuvor gebildete christliche Linke (*Izquierda Cristiana* – IC), schlug dagegen vor, »Ohne faule Kompromisse voranzuschreiten.« Damit war gemeint, gestützt auf die Massenmobilisierung, die Kontrolle über alle Schlüsselbereiche der Wirtschaft zu übernehmen, da dies die einzige Möglichkeit war, die Schlacht um die Produktion und gegen die Unterversorgung zu gewinnen. Dabei sollte die Unterstützung der Bevölkerung erhalten bleiben und gleichzeitig die wirtschaftliche Machtbasis der Bourgeoisie untergraben werden. Man hoffte, die demokratischen Teile der Streitkräfte gewinnen zu können und den Volksblock auf die unvermeidliche Konfrontation mit der vereinten Reaktion vorzubereiten.

Ab Anfang 1972 propagierten wir von der MIR die Notwendigkeit, das unzureichende Programm der UP durch ein neues, an den Interessen der Bevölkerung orientiertes Programm zu ersetzen. Die zehn grundlegenden Punkte waren: Sofortige Beschlagnahme aller nordamerikanischen Investitionen als Antwort auf ihren Wirtschaftsboykott und ihre Einmischung in die Vorbereitungen eines Putsches; die Enteignung aller Schlüsselunternehmen aus Industrie, Handel und Bau; die Ausweitung der Agrarreform auf Grundstücke über vierzig Hektar; Arbeiterkontrolle über alle Unternehmen des noch bestehenden privaten Sektors; Appell an die Truppe, einfache Soldaten, demokratische Unteroffiziere und Offiziere, den Vorbereitungen eines Putsches entgegenzutreten und sich dem Volk anzuschließen; Auflösung des Parlaments und Bildung von Organen der Volksmacht, ausgehend von den Kommunalen Räten der Arbeiter und Bauern. Das Problem war nicht, dass wir »fieberhafte Extremisten« waren, sondern dass die reformistischen Sektoren in ihrem Eifer, ein illusorisches Bündnis mit der Bourgeoisie zu schließen, die wirtschaftlichen, sozialen und politischen Reformen behinderten und ihre Unterstützerbasis in der Bevölkerung schwächten. Ein Beispiel: Die Agrarreform auf Grundstücke zu beschränken, die größer als achtzig Hektar waren, bedeutete, dass nur 15 % der Bauern einen Vorteil davon hatten, aber die restlichen 75 % der Hunderttausenden von landlosen Bauern, Zeitarbeiter, Arbeitslosen und Kleinbauern kein Land bekamen. Außerdem verblieben so 44 % des ertragreichsten und maschinell bewirtschafteten Landes in den Händen der Agrarbourgeoisie, und das zu einem Zeitpunkt, als die Großgrundbesitzer eine Lebensmittelknappheit provozierten und auf dem Schwarzmarkt spekulierten. Wie wollte man diese Knappheit bekämpfen, die hauptsächlich die unteren und mittleren Schichten der Bevölkerung betraf, wenn das Gros der Konsumgüter produzierenden Industrie und die Warenverteilung in den Händen einer Bourgeoisie verblieb, die die Regierung boykottierte? Wie wollte man ideologisch gegen die Reaktion kämpfen, wenn von ihr mehr als 70 % der Medien kontrolliert wurden? Die MIR vertrat die Position, anstelle unnützer Zugeständnisse an die Opposition sollten Reformen und Maßnahmen ausgeweitet werden, die der Bevölkerung nützten, da diese den einzigen Rückhalt der Regierung bildete. Einheit und Organisierung der unteren Schichten mussten vorangetrieben werden, um die Grundlagen der bürgerlichen Macht zu untergraben.

Obwohl sich unsere Differenzen mit der reformistischen Sektoren der UP stetig verschärften, blieb die MIR dabei, einen Bruch mit ihnen zu vermeiden und gemeinsam mit ihnen die Regierung gegenüber den Putschbestrebungen zu verteidigen, jedoch unabhängig davon die Bündelung der revolutionären Kräfte voranzutreiben. Wir begannen eine Offensive der Bündnisse mit den linken Sektoren der UP, mit denen es eine wachsende Übereinstimmung auf lokaler Ebene und eine ganz ähnliche

Einschätzung der im Lande notwendigen Politik gab, so dass wir eine Politik des »Pols des revolutionären Zusammenschlusses« verfolgten.

In der Versammlung von El Arrayán im März 1972 gelang es der Linken in der UP zwar, scheinbar die Mehrheit zu halten, und Vuskovic blieb Verantwortlicher für die Wirtschaftspolitik, allerdings ohne reale Handhabe zu ihrer Umsetzung. Im Mai gab es kurzfristig Gespräche zwischen MIR und UP, die aber aufgrund erneuter Verhandlungen der Regierung mit der Christdemokratie abgebrochen wurden. Auf dem Kongress von Lo Curro im Juni setzte der reformistische Sektor sich durch, Vuscovic wurde durch Orlando Millas (KP) ersetzt, welcher eine Sparpolitik einführte, die die Inflation hochschnellen ließ und die wachsenden Versorgungsengpässe nicht beheben konnte. Der Unmut in den mittleren und unteren Schichten wuchs. Die Gespräche mit der DC scheiterten, und die Opposition verfolgte weiter ihre Strategie, Regierungsinitiativen mit Hilfe institutioneller Hürden zu behindern, den zivilen Aufstand gegen die staatlichen Einrichtungen zu proben, Attentate und Sabotageakte durchzuführen und zum Militärputsch aufzustacheln.

Aber auch die direkten Massenmobilisierungen gingen weiter, ebenso die Radikalisierung der linken Sektoren. Am 22. Juli tagte die Volksversammlung von Concepción unter Beteiligung von PS, MIR, MAPU, IC, PR und zahlreichen sozialen Organisationen als Ausdruck einer entstehenden autonomen regionalen Volksmacht. Dieser Schritt wurde von der KP und auch von Präsident Allende persönlich hart kritisiert. Die Gereiztheit der reformistischen Sektoren gegenüber der MIR nahm dergestalt zu, dass im Morgengrauen des 5. August das aus einer Besetzung hervorgegangene Armenviertel Lo Hermida von 400 Kriminalpolizisten und bewaffneter Polizei überfallen wurde. Sie drangen dort ein, schossen um sich, verletzten und töteten Anwohner und verhafteten Hunderte BewohnerInnen. Der Plan, der von kommunistischen und sozialistischen Spitzenpolitikern und leitenden Angestellten der Polizei vorbereitet worden war, sah eine gleichartige Aktion in einem anderen, unter der Leitung der MIR befindlichen Armenviertel namens Nueva La Habana vor. Dies rief jedoch den massiven Protest eines Großteils der sozialistischen und kommunistischen Aktivisten hervor. Präsident Allende griff ein und verurteilte das Geschehen. Er besuchte das Lager, um sich mit den BewohnerInnen zu treffen, und traf politische und administrative Maßnahmen, um die repressiven Pläne der Hardliner des reformistischen Sektors zu unterbinden.

Die UP und die Regierung verloren immer mehr die Initiative im Kampf gegen die bürgerliche Reaktion. Hyperinflation, Lebensmittelknappheit und Schwarzmarkt breiteten sich weiter aus; es gab zahlreiche terroristische Anschläge der Rechten; lautstarke Aufmärsche, Demonstrationen und die Agitation der Opposition nahmen ständig zu; die Umsturzkampagne in Presse und oppositionellen Radios war massiv und unverhüllt. In diesem Zusammenhang startete die Reaktion, vereint im »Verband der Demokratie« (*Confederación de la Democracia* – CODE), mit Unterstützung und Finanzierung der nordamerikanischen Regierung ihre erste große Offensive: Den Unternehmerstreik vom Oktober 1972. Ihre Speerspitze dabei war die Vereinigung der Transportunternehmer, in der 45.000 LKW-Unternehmer organisiert waren, jedoch schlossen sich auch der Verband der Handel- und Gewerbetreibenden, Akademiker, Industrieunternehmer und Großagrarier sowie bedeutende Teile der Mittelschicht dem auf einen Umsturz zielenden Streik an.

Klassenversöhnung oder Volksmacht

Der Unternehmerstreik legte das gesamte Land auf unbegrenzte Zeit lahm, um die Regierung zu destabilisieren und eine chaotische Situation herbeizuführen. Dadurch sollte das Militär dazu gebracht werden, unmittelbar einzugreifen, die Regierung zu stürzen und die bürgerliche Ordnung wieder herzustellen. Zwar erreichte die Reaktion ihre umstürzlerischen Ziele nicht, jedoch hatte der Streik schwerwiegende Auswirkungen. Auf der ökonomischen Ebene beeinträchtigte er die bereits angeschlagene Versorgung des Landes schwer, auch wenn es nicht gelang, die industrielle und landwirtschaftliche Produktion lahmzulegen, da die Arbeiter dazu übergingen, Land und Fabriken zu besetzen. Des Weiteren bildeten sich immer mehr »Räte der Volksversorgung« (*Juntas de Abastecimiento Popular* – JAP), die besonders auf lokalem Niveau für die Lebensmittelverteilung sorgten. Das wichtigste Ergebnis dieses Streiks war die soziale Polarisierung, da sich nun viele Angehörige der Mittelschichten der bürgerlichen Reaktion anschlossen. Aber auch der überwiegende Teil der Arbeiterklasse und der Armen radikalisierte sich. Sie besetzten nicht nur Fabriken und Land, sondern machten auch die Erfahrung, dass sie ohne Fabrikbesitzer produzieren konnten, was zu einer erheblichen Stärkung ihres Selbstwertgefühls und ihrer revolutionären Fähigkeiten führte. Es entstanden Selbstverteidigungskomitees, die Arbeiter verschiedener Industriebetriebe in den Städten bildeten, so genannte »Industriegürtel«, und auf dem Land weiteten sich die Kommunalen Kommandos aus. So entwickelten sich an der Basis elementare Formen von Volksmacht.

Als Antwort auf den »Forderungskatalog Chile«, den die Reaktionäre als Plattform ihres politischen Umsturzprogramms erhoben, stellten die Arbeiter den »Forderungskatalog des Volkes« auf, der im Wesentlichen den Vorschlag einer Revolutionierung des UP-Programms aufnahm, den die MIR seit Anfang des Jahres propagierte.

Die vielseitige radikale und kämpferische Mobilisierung der Arbeiter ließ den Unternehmerstreik scheitern und schaffte sehr günstige Bedingungen, um in der Sammlung revolutionärer Kräfte schnell voranzukommen, die reformistische Führung zu überwinden und die Grundlagen der Macht der Reaktion anzugreifen. Wir unterstützten die Bildung von Kommunalen Kommandos, die auf lokaler Ebene die Mobilisierung der verschiedenen Schichten der Landbevölkerung vereinen und Grundsteine für die Bildung von regionalen Volksversammlungen legen sollten. Wir förderten die Entwicklung von Selbstverteidigungsmilizen, von Arbeiterkontrolle, der JAP etc. Wir setzten uns für die Verbreitung und die Diskussion des »Forderungskatalogs des Volkes« ein. Wir verdoppelten unsere Arbeit und die demokratische Agitation innerhalb der Armee, aber es war klar, dass die MIR allein nicht genügend Kraft hatte, um die revolutionäre Situation optimal zu nutzen. Auch die UP-Linke hätte sich mit Entschiedenheit am Aufbau der Volksmacht beteiligen müssen. Aber die starke Opposition der reformistischen Sektoren ließ sie zögern. Diese unterstützten zwar die Ausweitung der Industriegürtel, weigerten sich aber, die Organisierung lokaler Kommunaler Kommandos auf dem Land oder die Einberufung von regionalen Volksversammlungen zu befördern, wo die Bevölkerung hätte zusammenkommen und ihre Macht unabhängig von der Regierung entfalten können, um so den parlamentarischen Institutionen und der Staatsjustiz etwas entgegenzusetzen.

Die Reformisten entschieden sich für die Demobilisierung der Massen, indem sie dazu aufriefen, die Fabriken den privaten Fabrikbesitzern zurückzugeben und die bestehende Ordnung zu achten. Die Regierung bat die Opposition, eine Art Waffenstillstand bis zu den Parlamentswahlen im März 1973 einzulegen, von deren Ergebnissen man erwartete, dass sie die systemimmanente Rechtmäßigkeit des Reformprozesses der UP bestätigen würden. Im November berief der Präsident Allende verschiedene Generäle als Garanten der Verfassungsmäßigkeit und des sozialen Friedens ins Kabinett. Auf Druck der Militärs und im Einvernehmen mit der parlamentarischen Opposition verabschiedete die UP ein Gesetz zur Waffenkontrolle, das vermeintlich dazu da war, gegen die zivilen bewaffneten Gruppen vorzugehen, welche durch ihre Attentate, Sabotageakte und ihre bewaffneten Auseinandersetzungen mit der UP die Gewalt verursachten. Wir haben diesen reformistischen politischen Schritt kritisiert, weil er Verwirrung innerhalb der Volksbewegung stiftete, die reaktionäre Subversion nicht aufhielt und vor allem den Militärs eine führende Rolle im politischen Leben des Landes verlieh. Was für ein historisches Paradox! Es war die traditionelle Linke selbst, die die Vormundschaftsfunktion der Streitkräfte begünstigte, die sich später unter der Pinochet-Diktatur als das verfassungsrechtlich abgesegnete Rückgrat des neuen Aufstandsbekämpfungsstaates hervortaten. Diese Funktion haben sie bis heute beibehalten.

Die MIR beschloss, bei den parlamentarischen Wahlen nicht außen vor zu bleiben und die Kandidaten der PS und der IC zu unterstützen, die unserer Politik am nächsten standen. Wir nutzten die Monate der Wahlkampagne, um Werbung für den »Forderungskatalog des Volkes« zu machen, uns für die Kommunalen Kommandos, die Volksversammlung und für eine Arbeiterregierung einzusetzen, die den Staat als Hebel zur Unterstützung des Volkskampfs nutzt. Es war eine Art kritischer Beteiligung an diesem Wahlkampf, der das Land politisch polarisierte. Dennoch ließen wir uns nicht von unserem strategischen Schwerpunkt der unabhängigen Sammlung der revolutionären Kräfte und dem Aufbau von Volksmacht abbringen. Die Arbeiter der Textilfirma Hirmas kamen dem Aufruf der Regierung, die besetzte Fabrik zurückzugeben, nicht nach, bildeten Arbeiterkommandos und trieben die Arbeiterselbstverteidigung voran. Sie brachten an der Vorderseite der Fabrik ein riesiges Schild an, auf dem stand: »Lasst uns diese Scheißregierung verteidigen!« Ihre Worte und Praxis fassten die revolutionäre Taktik zusammen.

Das Ende der *Unidad Popular*

Halten wir in der Darstellung der heftigen Klassenkämpfe Ende 1972 inne, um – wenn auch nur sehr oberflächlich – einige Aspekte der Konzeption und organisatorischen Praxis der MIR während der *Unidad-Popular*-Regierung zu beleuchten.

Die historischen Erfahrungen lehren uns, dass die vorrevolutionären Perioden meist kurz sind, da sie entweder schnell in revolutionäre Situationen mit dem anschließenden Sieg der Volksmacht umschlagen oder in den Beginn einer konterrevolutionären Periode münden, in der die bürgerlich-reaktionären Kräfte die Oberhand gewinnen. Der chilenische Fall war atypisch: Die vorrevolutionäre Periode dauerte fast zwei Jahre an, ohne dass es eine Entscheidung gab. Wie Miguel Enríquez nach den Ereignissen vom Oktober 1972 analysierte, reicht es nicht mehr aus, die »revolutionäre Avantgarde« sein zu wollen. Eine enge, organische Verbindung zu den Massen und speziell zur Arbeiterklasse war notwendig. Es war der MIR gelungen, unter den Armen auf dem Land und in der Stadt stetig an Einfluss zu gewinnen, also in Schichten, in denen das Ansehen der traditionellen Linken nicht groß war. Aber in der Arbeiterklasse war es unserer Organisation erst kürzlich gelungen, Fuß zu fassen. Denn genau in dieser Schicht war die traditionelle Linke am stärksten verankert und anerkannt. Daher war die Rolle, welche die linke Strömung in der Sozialistischen Partei

(PS) bei der Bündlung der revolutionären Kräfte in der Arbeiterklasse spielte, zentral. Leider übernahmen ihre Führer niemals konsequent die Aufgabe, die Volksmacht zu errichten. Sie trafen nie die endgültige Entscheidung, mit dem Reformismus (und den eigenen systemimmanenten Interessen) zu brechen, um sich mit der MIR und anderen radikalisierten Schichten zu verbinden und eine starke revolutionäre Avantgarde aufzubauen.

Unsere organisatorische Schwäche wurde durch die Entwicklung der Massenorganisationen, die wir »Zwischenfronten« nannten, etwas kompensiert: Durch die FTR (städtische Arbeiter), die MCR (Bauernorganisation), die MPR (Armenviertelbewohner), FER (Studentenorganisation) etc. So entstand eine Dualität in der Organisation. Auf der einen Seite war die MIR, eine zentralisierte politisch-militärische Partei mit einer pyramidenförmigen Struktur. Sie bestand zur Hälfte aus hauptberuflichen oder fast hauptberuflichen Aktivisten, war bezüglich der Rekrutierung sehr selektiv und anspruchsvoll und stand über die Zwischenfronten mit den Massen in Verbindung. Auf der anderen Seite waren diese Zwischenfront-Organisationen stark in den Sektoren der Massen, aus denen sie entstanden, verwurzelt. Sie agierten offen, nicht konspirativ, sehr flexibel in ihren organisatorischen Strukturen und bezüglich der Anforderungen bei der Rekrutierung; ihre Mitglieder verstanden sich als MIRisten.

In der Praxis traten beide Strukturen als eine einzige politische Organisation auf, zusammengehalten einerseits durch die Dynamik der vertikalen vereinheitlichenden Parteiführung und andererseits durch die demokratischere Dynamik, die Ausdruck der Vielfalt der sozialen Schichten war, in denen die »Zwischenfronten« verankert waren. Zu Beginn der vorrevolutionären Zeit wird die MIR nicht mehr als 3.000 Mitglieder gehabt haben. 1973 hatte die »Partei« eine Mitgliederzahl von annähernd 10.000, und in den »Zwischenfronten« waren insgesamt mehr als 30.000. Alle zusammengenommen, waren in MIR-Strukturen zwischen 40.000 und 45.000 Personen organisiert, und der Einfluss auf die Massen reichte noch viel weiter.

Ab 1972 fing in der MIR die Diskussion über die Notwendigkeit an, unsere Organisation der jetzigen Phase anzupassen. Es gab keine Führungsprobleme, da keine Zweifel an Miguels Legitimität bestanden und die Organe der kollektiven Leitung erweitert worden waren. Außerdem waren führende Genossen rekrutiert worden, die großen Rückhalt in der Basis hatten. Es fand ein konstanter interner Informationsaustausch statt, und es gab Diskussionen auf allen Ebenen. Aber diese Bestrebungen, den Zentralismus zu verringern und die interne Demokratie zu steigern, waren nicht ausreichend.

Neue Offensive der Putschisten

Bei den Parlamentswahlen vom März 1973 erreichten weder die Regierung noch die Opposition das gewünschte Ergebnis. Die UP errang mit 44 % der Stimmen eine beachtliche Unterstützung, nicht jedoch die Kontrolle über das Parlament. Die innerhalb der UP tonangebenden Sektoren setzten weiterhin auf eine Allianz mit den Christdemokraten, um auf diese Weise eine Zentrumsregierung zu bilden und rechte wie linke Extremisten zu isolieren.

An der Spitze der DC wurde Renán Fuentealba von Patricio Aylwin abgelöst. Aylwin repräsentierte den harten Kern jener, die den »Vormarsch des Marxismus« mit allen Mitteln, einschließlich ziviler Unterwanderung und des Eingreifens des Militärs, stoppen wollten. Dies bedeutete, dass die Reaktion in ihrer Gesamtheit auf den Staatsstreich setzte. Im April, nachdem die Minenarbeiter von El Teniente in den Streik getreten waren und gen Santiago marschierten, starteten die reaktionären Gruppen eine neue Offensive und begannen offen zum Umsturz und militärischen Ungehorsam aufzurufen.

Wir für unseren Teil riefen die Linke und die Massen auf, der Offensive der Rechten mit einer revolutionären Gegenoffensive zu begegnen. Mit der direkten Mobilisierung der Massen sollte die Macht der Bourgeoisie geschwächt und die des Volkes verteidigt und gestärkt werden. Zudem hofften wir, die demokratischen Teile der Armee für uns zu gewinnen. Außerdem intensivierten wir während dieser Monate die Zusammenarbeit und die Bündnisse mit den linken Gruppen der UP in den Massenorganisationen und auf regionaler Ebene.

Als Verantwortlicher der MIR für die demokratische Arbeit in der Armee war ich dafür zuständig, ein Treffen in einem alten Landhaus der Nähe von Puente Alto zu organisieren, bei dem Miguel, der Generalsekretär der PS, Carlos Altamirano, der Generalsekretär der MAPU, Oscar Guillermo Garretón, sowie eine Delegation von demokratischen Unteroffizieren und Marinesoldaten zusammenkamen. Diese hatten sich in Opposition zu den umstürzlerischen Offizieren innerhalb der Marine zusammengeschlossen. Sie bestätigten, was wir schon wussten: In allen bewaffneten Gliederungen mehrten sich die aufrührerischen Aktivitäten der Putschisten. Gleichzeitig jedoch gab es Offiziere und vor allem Unteroffiziere und Soldaten, die mit der Regierung sympathisierten und sich den Putschisten entgegenstellten. Uns war diese Situation innerhalb der Streitkräfte bekannt, da wir seit 1969 Beziehungen zu progressiven Militärs unterhielten. Viele von ihnen traten der MIR als Aktivisten bei und kämpften später gegen die Diktatur. Einige von ihnen, wie der Heeresleutnant Mario Melo Pradenas, ein Unteroffizier der Marine, Carlos Díaz Cáceres, der junge fröhliche Gefreite der Luftwaffe namens Enrique Reyes Martínez und andere demokratisch gesonnene Militärs opferten in diesem Kampf ihr Leben. Die Mehrheit der dem Putsch ablehnend gegenüberstehenden Soldaten, mit denen wir in Kontakt standen, waren keine Mitglieder der MIR. So erinnere ich mich mit Achtung und Respekt an den Oberst Ominami, welcher für das Arsenal des Luftwaffenstützpunktes El Bosque zuständig war. Er bat meine Mutter, die Abgeordnete Laura Allende, um ein Treffen, um ihr von den umstürzlerischen Aktivitäten einiger hoher Offiziere der Luftstreitkräfte zu berichten. Sie riefen zum Aufstand gegen die Regierung auf und setzten demokratisch gesonnene Offiziere in Schlüsselpositionen ab, wobei diese keinerlei Unterstützung von der Regierung erhielten. Im Laufe der Unterhaltung, zu der meine Mutter auch mich einlud, bat der Oberst Ominami meine Mutter, den Präsidenten von dieser Situation zu unterrichten. Gemeinsam mit Offizieren, die wie er bereit waren, die Regierung zu verteidigen, bat er zudem um eine Unterhaltung mit Allende. Der Präsident stimmte weder diesem noch anderen Treffen zu, um die er von Offizieren und Unteroffizieren gebeten wurde. Seine Linie bestand immer darin, das militärische Oberkommando zu respektieren und sich nicht in die Institutionen der Armee einzumischen.

Ich erzähle dies, weil ich nicht mit jenem historischen Pessimismus übereinstimme, laut welchem es keine Alternative zu diesem Vorgehen gegeben hätte, weil schließlich die verfassungstreuen Offiziere die einzigen waren, welche die Putschisten hätten stoppen können. Damit will ich keineswegs die demokratische Konsequenz und Loyalität mit dem verfassungsmäßigen Präsidenten kleinreden, die General Carlos Prats und die Handvoll Offiziere bewiesen, die ihm folgten. Die *Unidad Popular* hätte sich auf diese hohen Offiziere stützen können, und zudem hätte sie eine nicht geringe Zahl von Offizieren mittleren und niedrigen Ranges unterstützen und organisieren können, ganz zu schweigen von der enormen Masse einfacher Soldaten, die der Regierung mit Sympathie gegenüberstanden. Prats und die verfassungstreuen Kommandanten hätten so einen soliden Rückhalt gehabt.

Ich hatte während dieser Zeit das Privileg, mich mit dem großen Sozialisten Alberto Bachelet unterhalten zu dürfen, und traf zudem zahlreiche Oberste, Majore und Kommandanten, die mit Allende und seiner Partei sympathisierten. Sie waren der Ansicht, die Regierung müsse offensiver gegen die aufrührerischen Offiziere vorgehen und eine Zusammenarbeit der demokratischen Militärs mit den sozialen Organisationen koordinieren, damit diese im Fall eines Putsches mit Waffen der Armee ausgestattet werden könnten. Dem Innenministerium unterstanden die uniformierte Polizei – Carabineros – und die Zivilpolizei, in der die Regierung einen größeren Rückhalt hatte. Man hätte diese Institutionen stärken und mit Vertrauenspersonen besetzen können, um so ein Gegengewicht zum Verteidigungsministerium zu schaffen. Zudem existierte das Gesetz zur Zivilverteidigung von 1945, welches die Organisierung von Bürgerwehren und ihre Koordination mit den polizeilichen und militärischen Institutionen für Katastrophenfälle vorsah. Die Regierung hätte dieses Gesetz nutzen können, um Formen der Selbstverteidigung für ihre Anhänger zu schaffen.

In der Stadt wie auf dem Land standen Tausende von Werktätigen bereit, die Waffen zur Verteidigung der Volksregierung in die Hand zu nehmen. Bei verschiedenen Gelegenheiten baten wir den Kommandanten Fidel Castro, uns mit Waffen bei dem Aufbau von Volksmilizen zu unterstützen. Castro antwortete uns jedes Mal, dass er dazu gern bereit sei, wenn der Präsident Allende dies autorisiere – was nie geschah. Von ein paar Kleinwaffen und Unterweisungen zum persönlichen Schutz und zur Bewachung von Gebäuden abgesehen, tat die Regierung nichts, um eigene militärische Befehlsstrukturen auszubilden oder die Bewaffnung des Volkes zu unterstützen. Hätte man sich um den Aufbau dieser Strukturen gekümmert, so hätte die Volksregierung ein Potenzial zur Selbstverteidigung zur Verfügung gehabt, sowohl in den Institutionen als auch – und vor allem – in der Kampfbereitschaft des organisierten Volkes.

Nun wird argumentiert, dass dies zu einer Spaltung des Militärs und zum Ausbruch eines Bürgerkrieges geführt hätte. Doch die Geschichte hat uns gezeigt, dass die ablehnende Haltung der Reformisten gegenüber der Bewaffnung des Volkes zur Verteidigung seiner Regierung, die Einbindung von Militärs in die Regierung, die Konzessionen an die Reaktionäre wie beispielsweise die Rückgabe beschlagnahmter Unternehmen, das Waffenkontrollgesetz usw. den Putsch nicht verhindert haben. Die Putschisten konnten darüber hinaus, gestützt von der gesamten Reaktion, einen blutigen Krieg gegen die unbewaffnete Volksbewegung entfesseln. So fiel es Miguel, Arturo Villabela und mir zu, den strategischen Plan zum politisch-militärischen Widerstand gegen die Putschisten zu erarbeiten, der im Februar 1972 vom Zentralkomitee der MIR angenommen wurde. Wenn man sich diesen aus heutiger Sicht und mit dem Wissen um den Verlauf der Geschichte anschaut, wird schnell klar, dass der Plan an der grundlegenden Unsicherheit leidet, welche kennzeichnend für die Strategie der MIR während der vorrevolutionären Periode war.

In dieser schwierigen Lage sah unser Plan die Organisation von Kräften vor, welche in verschiedenen Territorien und unter diversen Bedingungen aktiv werden konnten. Unser Problem bestand jedoch darin, dass ein effektives und offensives Vorgehen gegen die Putschisten und letztlich ihre Zerschlagung nur im urbanen Raum möglich war. Hierzu würden große Gruppen von regulären Milizen in Koordination mit den demokratischen Truppenteilen nötig sein, die wir aus den bewaffneten Institutionen herausbrechen könnten, und all dies im Rahmen der massenhaften Organisierung von Volksmacht. Wenn wir jedoch im Gegensatz dazu annahmen, dass keine Zeit für eine effektive Akkumulation von Kräften zur unmittelbaren Bezwingung der Putschisten bliebe, bedeutete dies, dass wir uns auf eine defensive Strategie festlegen mussten. Das implizierte, all unsere Anstrengungen auf die Vorbereitung eines Rückzugs in ländliche Gegenden zu konzentrieren, wo günstigere Bedingungen für den Widerstand von irregulären Guerillaeinheiten bestünden, während gleichzeitig Untergrundgruppen in den städtischen und stadtnahen Gebieten operieren könnten. Zudem mussten wir uns auf politischen und ideologischen Widerstand unter extrem repressiven Bedingungen vorbereiten, was für eine vollkommen offen agierende Massenbewegung alles andere als einfach ist. Unser gravierender strategischer Fehler war es, uns weder für den einen noch für den anderen Weg zu entscheiden und uns für beide Optionen vorzubereiten. Uns fehlte schlichtweg Zeit, um ausreichend Kräfte zu sammeln, um in all diesen Szenarien gleichzeitig aktiv zu werden.

So zerfaserten wir unsere ohnehin begrenzten Kapazitäten und organisierten uns auf eine theoretisch-künstliche Weise, wodurch unsere taktische Effizienz sowohl in der einen als auch in der anderen Richtung geschwächt wurde. Es gibt leider Momente im Klassenkampf, in denen der Mittelweg keine Lösung darstellt.

Ende 1972 gründeten fünfzehn Generäle – jeweils fünf aus Heer, Marine und Luftwaffe – eine Verschwörergruppe. Im Mai des Jahres 1973 beschlossen sie, im Juni gegen die Regierung zu putschen. Sie konnten dabei auf die Unterstützung durch die erste, zweite und vierte Heeresdivision sowie Teile der Marine, der Luftstreitkräfte und der Carabineros zählen. In der dritten, in der Hauptstadt angesiedelten Division hingegen waren die verfassungstreuen Offiziere noch stark. Das Komplott wurde vom militärischen Geheimdienst SIM aufgedeckt, der den Oberkommandierenden des Heeres informierte, welcher die sofortige Festnahme mehrerer Offiziere für den 25. und 26. Juni anordnete. Dies hatte den Rückzug der Verschwörer zur Folge. Doch am 29. Juni rebellierte das Zweite Panzerregiment unter Major Souper, und eine Reihe Panzer und Panzerwagen bewegte sich in Richtung Stadtzentrum. Mit Hilfe bewaffneter Zivilisten von der faschistoiden Organisation »Vaterland und Freiheit« attackierten sie den Regierungssitz *La Moneda* und das Verteidigungsministerium, aus dem sie die festgenommenen Offiziere befreiten. Während aus der Moneda das Feuer erwidert wurde, mobilisierte General Prats die loyalen Einheiten und umzingelte die Aufständischen. Nur von zwei Offizieren begleitet, ging Prats auf die Panzer zu und forderte sie zur Aufgabe auf. Ein einziger Panzer trat die Flucht an, der Rest kapitulierte. Die

Revolte des Panzerregiments hatte intensive Beratungen der umstürzlerischen Offiziere zur Folge, von denen einige den Aufständischen zu Hilfe eilen wollten. Verhindert wurde dies durch die regierungstreuen Militärs, allen voran die Unteroffizieren und die einfache Truppe. Trotzdem war die Situation extrem gespannt, da man nicht absehen konnte, wie die Einheiten anderer Divisionen reagieren würden und ob die Putschisten nicht doch Unterstützung von weiteren Teilen der Streitkräfte erhalten würden. Gegen 11:30 Uhr trafen die Generäle Prats und Sepúlveda sich mit dem Präsidenten in der Moneda, um ihn über die Situation zu informieren.

Wir Mitglieder der Politischen Kommission trafen uns in einem speziell dafür ausgesuchten Haus, ebenso wie die mittlere Führungsebene und die Einheiten der MIR an ihren jeweiligen Sammelorten zusammenkamen. Miguel telefonierte mit General Prats, um ihm unsere volle Unterstützung beim Kampf gegen die Putschisten zuzusichern, so diese benötigt würde. Er berichtete ihm außerdem, dass wir einen Panzer gesehen hatten, der sich vom Stadtzentrum entfernte. Prats, noch wütend wegen der Flucht des Panzers, befahl Miguel, das Fahrzeug zu stoppen, wenn er es finde. Miguel gab einer Einheit der MIR den Auftrag, den Panzer zu stellen, was ob der Langsamkeit der Mobilisierung nicht gelang. Unsere Einheiten waren mit schlechten Kommunikationsmedien ausgestattet, die Mitglieder arbeiteten und lebten in verschiedenen Teilen der Stadt, und ihre Bewaffnung erhielten sie von einer logistischen Einheit, welche sich um die geheimen Waffenverstecke kümmerte. Ebenso langsam voran ging die Koordination der Armeeangehörigen über unser geheimes Netzwerk, denn diese waren in den Kasernen zusammengezogen worden, was den Kontakt erschwerte. Auf diese Weise traten die taktischen Schwächen unserer sozusagen »im Reagenzglas« entwickelten Strategie offen zutage.

Allende kündigte an, notfalls Waffen an die Bevölkerung auszugeben, und die Reaktion des Volkes auf seinen Aufruf im Juni, sich gegen den Putschversuch zu mobilisieren und die Arbeitsstellen zu besetzen, war beeindruckend. Hunderte von Fabriken, Schulen, Ländereien, Ämtern und anderen Stellen im ganzen Land wurden besetzt, was von einer großen kämpferischen Entschlossenheit zeugte. Unzählige Arbeiter, Studierende und Stadtteilbewohner versammelten sich vor dem Präsidentenpalast und forderten eine Bestrafung der Putschisten. Unsere Genossen in der Armee informierten uns, dass die umstürzlerischen Offiziere im Rückzug begriffen seien und die regierungstreuen Armeeangehörigen darum baten, zur Offensive gegen die Putschisten übergehen zu dürfen. An diesem Nachmittag trafen wir uns mit Miguel und anderen Leitungsmitgliedern, um zu analysieren, ob nicht wir selbst die Initiative ergreifen sollten, indem wir die uns nahe stehenden Militärs mobilisierten, Waffen an die Milizen ausgäben, militärische Einheiten – soweit möglich – besetzten und die Putschisten festnähmen. Wenn dies gelingen sollte, musste noch in derselben Nacht gehandelt werden, um so die Verunsicherung der Putschisten auszunutzen. Miguels Sorge war, dass ein solcher Schritt die große Gefahr barg, dass die Regierung und das Militär uns unterdrücken und die Linke der UP uns nicht unterstützen würden, was uns politisch völlig isolieren würde. Uns blieb keine Zeit, die uns nahe stehenden Teile der Linken zu konsultieren. Nie hatte die Massenbewegung ein solches Maß an Kampfbereitschaft erreicht, und wir waren uns sicher, dass die radikalsten Sektoren begeistert reagieren würden. Aber wir konnten die Augen nicht vor der Tatsache verschließen, dass Allende und die reformistischen Gruppen weiterhin einen starken Einfluss auf die Massenbewegung besaßen und in der Lage waren, die weniger radikalisierten Sektoren zu bremsen oder sogar gegen uns aufzubringen. Wenn wir Erfolg hätten, würden wir mit großer Geschwindigkeit Kräfte akkumulieren und eine revolutionäre Situation heraufbeschwören, wenn wir uns aber irrten, würde dies einen enormen Rückschritt bedeuten. Diese Zweifel bewegten uns dazu, zu warten. Manchmal denke ich, wir taten das Richtige, in anderen Momenten denke ich, dass wir aufgrund dieser Entscheidung die strategische revolutionäre Initiative verloren haben.

Die Schlussoffensive

Nachdem der Putschversuch des Panzerregiments überstanden war, kehrte die Regierung zur selben Politik zurück und versuchte weiterhin, einen Konsens mit den Christdemokraten zu erzielen. Im Sinne dieser Annäherung machte die Regierung der DC große Zugeständnisse: Die Massen wurden demobilisiert, die Arbeiter wurden aufgerufen, die besetzten Fabriken zurückzugeben, die lokalen Organisationen des Volkes wurden angegriffen, und man gestattete der Armee, die besetzten Ländereien und Fabriken mit Gewalt zurückzuerobern sowie ganze Stadtviertel auf der angeblichen Suche nach Waffen zu durchkämmen und so die Massenbewegung einzuschüchtern. Dem Aufruf des Kardinals Raúl Silva Henríquez nach einem Dialog der nationalen Versöhnung folgend, trafen sich Ende Juli Allende und Aylwin. Doch den Christdemokraten waren die Zugeständnisse der Regierung nicht genug, stattdessen forderten sie die Bildung eines mehrheitlich mit Militärs besetzten Kabinetts sowie Autonomie für die Armee, um die institutionelle Ordnung wiederherzustellen. Im Grunde hieß das, den Präsidenten um seine eigene Kapitulation zu bitten – eine Art legaler Putsch also.

Derweil hatten sich die reaktionären Gruppen zu einer neuen Offensive gegen die Regierung zusammengetan. Attentate und Sabotageakte terroristischer Gruppen häuften sich und blieben dank des stillschweigenden Einverständnisses der Armee ungesühnt. Am 26. Juli wurde der Marineadjutant und Freund des Präsidenten, Major Arturo Araya, ermordet. Die Fuhrunternehmer begannen einen erneuten unbegrenzten Streik, dem sich Händler und Freiberufler anschlossen. Der Unternehmerstreik wurde von intensiven parlamentarischen Anfeindungen und umstürzlerischen Pressekampagnen begleitet, aus den USA kam großzügige finanzielle und logistische Unterstützung für die Putschisten. Die Regierung verlor nicht nur jegliche Kontrolle über die Wirtschaft, die zwischen Hyperinflation und Versorgungsengpässen dahinsiechte, sondern war auch außerstande, effektiv gegen die reaktionäre Subversion vorzugehen.

Am 17. Juli hielt die MIR eine kämpferische Massenveranstaltung im Theater Caupolicán ab. Neben Miguel Enríquez sprach auch Carlos Altamirano. Die tiefgreifenden Widersprüche zwischen den sich um Allende scharenden Reformisten und der Linken der *Unidad Popular* hatten zu einem virtuellen Kollaps dieser Parteienkoalition geführt. Die Sozialistische Partei und MAPU radikalisierten ihren Diskurs und lehnten jeden Versuch einer Allianz mit den Christdemokraten kategorisch ab. Stattdessen warben sie offen für die Schaffung einer alternativen Volksmacht, die Auflösung des Kongresses und die Bewaffnung des Volkes. Die Vereinigung der revolutionären Strömungen jenseits der UP schien eine reale Möglichkeit zu sein, und die MIR gewann an politischer Bedeutung. Gleichzeitig rief die unentschlossene Politik der Regierung Hilflosigkeit, Verwirrung und schließlich eine immer größer werdende Enttäuschung beim Volk hervor. Die Mobilisierung der Massen, welche mit dem Aufstand des Panzerregiments ihren Höhepunkt erreicht hatte, fiel von Juli an rapide ab. Insofern kann man diesen Moment als Beginn der konterrevolutionären Periode betrachten.

Von der Verhängung einiger absurd leichter Strafen abgesehen, tat die Regierung nichts gegen die Armeeangehörigen, die den Putschversuch vom Juni zu verantworten hatten. Dies ermutigte die Umstürzler, ihre Aktivitäten wieder aufzunehmen. Nachdem der Dialog zwischen der UP und den Christdemokraten geplatzt war, wurden im August drei Generäle, unter ihnen Prats, ins Kabinett aufgenommen, was die Agitationsarbeit der Putschisten innerhalb der Streitkräfte noch verschärfte. Anfang August veranlasste das Oberkommando der Marine die Kasernierung der Truppen und ließ mehr als Dreihundert regierungstreue Unteroffiziere und Marinesoldaten festnehmen und brutal foltern. In anderen Teilen der Armee wurden die demokratischen Armeeangehörigen ersetzt, entlassen oder mit Strafen versehen.

Unter den demokratischen Offizieren, Unteroffizieren und der einfachen Truppe sank die Moral zusehends, da die Regierung sie weder beschützte noch gegen die auftrumpfenden Putschisten vorging. Mitte August stellten die Befürworter eines

Der letzte Marsch der Unidad Popular am 4. September 1973: Mut, Hoffnung, Solidarität und die zuver-
sichtlichen Gesichter derer, die unter der Allende-Regierung ein neues Leben angefangen haben.

… Wenige Tage später beginnt die Vernichtungsoperation der Militärmacht der Bourgeoisie, mitorganisiert und vorangetrieben von der US-Regierung unter Richard Nixon und Außenminister Henry Kissinger. Auch in der BRD wird der Putsch gegen den demokratisch gewählten Präsidenten von Politikern und Medien begrüßt.

Putsches sowohl in der Marine als auch in den Luftstreitkräften die Mehrheit in den jeweiligen Oberkommandos. Die Mehrheit der Generäle des Heeres hingegen wollte Allende dazu drängen, entweder durch seinen Rücktritt oder die Einberufung eines Militärkabinetts, die Macht an die Armee abzugeben. Die Christdemokraten warben für diese Form des »weichen Putsches« in der Hoffnung, Eduardo Frei würde als Senatschef dann die Macht zufallen. Die Anhänger eines »harten Putsches« waren noch in der Minderheit. Doch beide Strömungen taten sich zusammen, um die von Prats geführten verfassungstreuen Generäle zu verdrängen, die für den Respekt der Institutionen und der Autorität des Präsidenten eintraten. Als Instrument hierzu diente ihnen die Provokation einiger Ehefrauen von Offizieren, die vor dem Haus des Oberkommandierenden seinen Rücktritt forderten. Als Prats die Generäle um Unterzeichnung eines Dokuments anhielt, mit dem ein Ausgleich erzielt werden sollte, weigerte sich über die Hälfte, ihre Unterschrift zu leisten. Prats trat daraufhin mit sofortiger Wirkung von seinen Funktionen zurück, um so die Einheit der Armee zu wahren. Ersetzt wurde er durch Augusto Pinochet. Am selben Tag, dem 22. August 1973, stimmten die Christdemokraten und die Rechte für eine Resolution des Parlaments, gemäß der die Regierung für »unrechtmäßig« erklärt wurde. Die Würfel waren gefallen.

Von Juli an intensivierten wir in einem erneuten Rennen gegen die Zeit die Vorbereitungen für einen Rückzug der Leitungsstrukturen der MIR und unseres begrenzten militärischen Apparats in ländliche Gebiete. Wir mussten einsehen, dass die Bedingungen für eine revolutionäre Gegenoffensive nicht mehr gegeben waren. Dabei gaben wir die Idee nicht auf, den radikalsten Teil der Massen im beginnenden urbanen Widerstand zu begleiten und uns dann mit erhöhter Kraft und Legitimität zurückzuziehen. Im August mussten wir jedoch feststellen, dass die Demoralisierung und Verfolgung der demokratischen Offiziere und Unteroffiziere innerhalb der Armee so groß war, dass wir bei der Beschaffung von Waffen nicht auf sie zählen konnten.

Wir selbst brachten es auf nicht mehr als Zweihundert Kriegswaffen, weswegen wir von der Armee und den für die Sicherheit der Regierung zuständigen Gruppen abhängig waren.

Ende August veranlasste der Marinestaatsanwalt neben der Fortführung der Repression innerhalb der Marine auch die Amtsenthebung von Altamirano und Garretón und stellte Haftbefehle gegen Miguel und andere Genossen aus, die innerhalb der Armeestrukturen tätig gewesen waren. Dies zwang uns in den Untergrund und begrenzte unseren Handlungsspielraum weiter. In dieser Zeit stellte die Regierung ihr elftes Kabinett auf, in dem vier wenig relevante Kommandanten der Armee fungierten. Wir wussten, dass der Präsident Allende in den kommenden Tagen in einer verzweifelten Aktion zu einem Plebiszit aufrufen wollte, das er wahrscheinlich verlieren würde. Dies gestattete die Annahme, dass es zu einem »weichen Putsch« kommen würde und so die institutionelle Fassade gewahrt bliebe, während die Repression gegen die revolutionären Gruppen und die Massenbewegung weiter zunehmen würde. Doch innerhalb des Militärs setzten sich die Befürworter des »harten Putsches« durch, den sie am 11. September zur blutigen Wirklichkeit werden ließen. Für den 12. September hatte Allende geplant, auf einer Veranstaltung an der Staatlichen Technischen Universität das Plebiszit bekannt zu geben.

Der Militärputsch

Da die Marinegerichte Haftbefehle gegen die Leitung der MIR erlassen hatten, trafen wir uns an wechselnden Orten und schliefen in sicheren Quartieren. Jene Nacht verbrachte ich in einer Wohnung, die James (Patricio Munita Castillo) besorgt hatte und niemandem sonst bekannt war. Als ich mich morgens früh duschte, rief James mir zu, dass über Funk Truppenbewegungen gemeldet würden. Im Eiltempo machten wir uns auf zu einem Haus, in dem die zentralen Kräfte der MIR zusammen kamen, und von dort setzte ich mich mit den Genossen in Verbindung, die in unserem Netzwerk in der Armee arbeiteten. Sie informierten mich, dass sie seit letzter Nacht von Bewegungen der Marinesoldaten aus Valparaíso und der Truppen aus Los Andes wüssten, und es so schien, als sei die Sache diesmal ernst. Unsere Genossen in den Streitkräften waren mobilisiert worden und es war unmöglich, sie zu kontaktieren. Miguel hatte mich beauftragt, mich in einer solchen Situation sofort zur kubanischen Botschaft zu begeben, was ich, begleitet von Arturo Villabela und einem Genossen der militärischen Abteilung, auch tat. Dort standen eine Gruppe bewaffneter Rechter und Carabineros, die im Begriff waren, Barrikaden aus Holz und leeren Tankkanistern zu bauen, um so den Durchgang zu verhindern. Ich steuerte den Kleintransporter, hinten saßen Arturo und unser Genosse. Wir hielten vor der Barrikade und baten um Durchlass, doch einer der bewaffneten Zivilisten näherte sich unserem Fahrzeug, erkannte mich und schrie, seine Waffe auf uns gerichtet: »Das ist Pascal Allende, die sind von der MIR!« Meine Begleiter reagierten schnell und eröffneten das Feuer auf die Carabineros und die bewaffneten Zivilisten, während ich Vollgas gab und wir über die Pedro-de-Valdivia-Straße Richtung Süden flohen. Unser Wagen wurde zwar von Schüssen durchsiebt, aber keiner von uns verletzt.

Wir machten uns auf den Weg zu einem Haus in San Miguel, wo die Politische Kommission zusammengekommen war. Auf der Straße waren etliche Autos und Genossen unterwegs. Wir kamen zeitgleich mit einem Transporter voller Waffen an, die sozialistische Genossen aus dem Haus des Präsidenten in der Tomás-Moro-Straße besorgt hatten. Als ich Miguel fand, telefonierte er und gab Anordnungen an die Genossen, doch die Schwierigkeiten andere zu kontaktieren, ließen ihn beinahe verzweifeln. Wir bekamen die Information, dass die Putschisten die Hauptverkehrsadern der Stadt kontrollierten und Straßensperren aufbauten, was den Transport der wenigen Waffen, die wir besaßen, unmöglich machte und den Aufbau der operativen Einheiten stark beeinträchtigte. Einige Fabriken waren von kampfbereiten Arbeitern besetzt worden, die nun auf Waffen warteten, welche jedoch niemals ankamen. Die große Mehrheit der Massenbewegung aber war misstrauisch, niedergeschlagen und verängstigt. Die Radiostation der MIR war um sieben Uhr morgens besetzt worden. Miguel hatte es zudem nicht geschafft, in Kontakt mit den Provinzen zu treten. Er berichtete mir aber, dass es ihm gelungen war, in der *Moneda* anzurufen und mit Beatriz Allende zu sprechen. Über sie hatte er dem Präsidenten angeboten, eine Truppe bewaffneter Kämpfer zu senden, damit er sich ins Industrieviertel zurückziehen könne, wo bessere Bedingungen für den Widerstand herrschten. Präsident Allende ließ Tati ausrichten, dass er die *Moneda* unter keinen Umständen verlassen würde, selbst wenn er dort sterben müsste, und nun sei es an Miguel, weiterzumachen … Ich für meinen Teil berichtete Miguel, dass alle Einheiten der Armee mobilisiert worden seien, und dass laut unseren Genossen, die für die Koordination mit den uns verbundenen Militärangehörigen zuständig waren, alle Versuche der Kontaktaufnahme fehlgeschlagen seien und wir nicht auf deren Hilfe zählen könnten.

Miguel und Humberto Sotomayor machten sich dann auf in Richtung Indumet-Fabrik, die relativ nah lag. Dort hatten sich Arnoldo Camú, Rolando Calderón und ein Kontingent bewaffneter sozialistischer Genossen versammelt. Miguel, der die Koordination der Widerstandsaktionen in die Hand nehmen wollte, hatte sich schon früh mit den Anführern der Sozialistischen Partei und einem Leiter der Kommunistischen Partei getroffen; dieser hatte erklärt, die KP wolle zunächst abwarten, ob die Militärs das Parlament schließen würden oder nicht, um danach den weiteren Verlauf ihrer Aktionen zu beschließen. Die Genossen informierten uns, dass Carlos Altamirano ein wenig später komme, weswegen Miguel beschloss, ebenfalls später wiederzukommen, um ihn zu treffen. Arturo Villabela, Humberto Sotomayor und ich begleiteten ihn. Auf dem Weg trafen wir León, einen für die Logistik zuständigen Genossen, den Miguel anwies, uns zu folgen. Bei Indumet angekommen, sagte man uns, Altamirano sei noch nicht da. Nur wenige Minuten, bevor eine Einheit der Carabineros am Haupteingang der Industrieanlage auffuhr, kam Rafael Ruiz Moscatelli zusammen mit anderen Genossen an. Sie hatten noch weitere Waffen aus dem Haus des Präsidenten mitgebracht, die sie unter den Sozialisten verteilten. Dann begann plötzlich eine intensive Schießerei mit den Carabineros. Da wir nur Pistolen bei uns trugen, gaben die Genossen uns einige Kalaschnikows. Miguel und andere Genossen schoben ein paar Fahrzeuge zusammen, um so den Eingang zu blockieren und sich verschanzen zu können.

Uns wurde schnell klar, dass es nicht nur unmöglich sein würde, die Putschisten zurückzutreiben, sondern dass wir zudem Gefahr liefen, von ihnen eingekesselt zu werden. Deswegen beschlossen wir, einen Ausbruch über die Rückseite zu wagen. Wir bildeten einen kleinen Trupp, den Miguel anführte. Um ihn zu beschützen, wichen wir nicht von seiner Seite, und uns folgte eine Gruppe Sozialisten. Kaum auf der Straße, standen wir den Gewehrläufen eines Trupps von Carabineros gegenüber, die versuchten, den Kessel zu schließen, was ein Feuergefecht auf kurze Distanz und ohne Deckung zur Folge hatte. Instinktiv eröffneten wir das Feuer schneller als die Carabineros, weswegen wir ihnen einige Verluste beibringen konnten. Der Großteil der uns folgenden Leute zog sich in eine Fabrik zurück, die sich auf der gegenüberliegenden Straßenseite befand. Unter ihnen war auch unser Genosse León, der wenig später an diesem Ort starb. Miguel, der um jeden Preis den Kessel aufbrechen wollte, um sich mit dem Rest der Leitung der MIR zu treffen, befahl uns vorwärts zu rennen, und so überquerten wir unter Beschuss der Carabineros die Straße in Richtung auf das Armenviertel La Legua. Da keiner von uns das Stadtviertel kannte, hielten wir schließlich direkt vor einer Kaserne der Carabineros an. Diese hatten sich mit Maschinengewehren verschanzt und eröffneten sofort das Feuer auf uns. Glücklicherweise waren sie keine guten Schützen, und wir konnten bei diesem zweiten Schusswechsel unverletzt entkommen und schließlich in der Bevölkerung untertauchen.

Nachdem wir ein Auto, das wir auf dem Weg fanden, beschlagnahmt hatten und zum dritten Mal auf den Feind gestoßen waren (diesmal handelte es sich um eine Straßensperre von Soldaten der Luftwaffe, die nicht auf uns schossen), gelangten wir über Nebenstraßen zu dem Haus, in dem sich Bautista van Schouwen, Edgardo Enríquez und andere Genossen der Leitung befanden. Es war schon nach vier Uhr nachmittags. Die Genossen berichteten uns, dass *La Moneda* bombardiert worden war, und es hieß, Präsident Allende sei gestorben. Er hatte sein Wort gehalten und sich den Putschisten nicht ergeben. Miguel setzte sich mit bleichem Gesicht, erschüttert, und hielt den Blick fest auf das Gewehr gerichtet, das auf seinen Beinen lag. Er fiel in ein langes Schweigen, das wir mit ihm teilten.

Die Nachrichten, die wir im Laufe des Nachmittags erhielten, zeigten, dass es nur vereinzelt und unkoordiniert Widerstand gab, Widerstandsnester in einigen Fabriken.

Heckenschützen hatten sich im Zentrum und in einigen Universitäten versteckt, doch sie waren nicht in der Lage, den blutigen Putsch und die massive Repression zu stoppen, die gegen die Volksbewegung in Gang gesetzt wurde. Uns blieb nichts anderes übrig als so geordnet wie irgendwie möglich in den Untergrund zu gehen, um von dort aus den Widerstand gegen die Militärdiktatur zu reorganisieren. Wie Miguel sich später erinnern sollte: »wenngleich wir alle von Wut und Ohnmacht gepackt wurden, zwangen uns die objektiven Bedingungen zum Rückzug«

Der Krieg gegen das Volk beginnt

Die Putschisten riefen eine Ausgangssperre aus. Als es am Abend des 11. Septembers dunkel wurde, waren die Straßen des Stadtviertels San Miguel menschenleer. Das einzige Geräusch, das wir hörten, war das dumpfe Grollen der Militärtransporte, die Truppen und Gefangene über die nahe gelegene Gran Avenida beförderten. Wir, die Mitglieder der politischen Leitung der MIR, verließen das gemeinsame Quartier und schlichen durch die schützende Dunkelheit der Nacht zu verschiedenen geheimen Unterkünften. Zusammen mit Bautista van Schouwen, Edgardo Enríquez und anderen Genossen verbrachten wir diese erste Nacht schlaflos, achteten auf die Geräusche der auf den Straßen patrouillierenden Militärfahrzeuge und unterhielten uns flüsternd, um nicht die Aufmerksamkeit der Hausbesitzer auf uns zu ziehen, die sicherlich ebenso wach und achtsam wie wir waren. Am nächsten Morgen begab ich mich zum Haus von Mario, einem öffentlichen Angestellten und Allende-Anhänger. Er und seine Familie empfingen mich sehr herzlich und halfen mir lange Zeit, im Untergrund überleben zu können. Jahre später wurden sie festgenommen, gefoltert und des Landes verwiesen. Wie sie gab es unzählige Personen und Familien, die unter großer Gefahr und mit viel Mut und Selbstlosigkeit den Verfolgten der Diktatur halfen. Diese Helfer sind die anonymen Helden, derer selten gedacht wird, die aber den Grundstein legten im langen Kampf gegen die Diktatur.

Nachdem die Militärs die unmittelbar gegen den Putsch gerichteten Widerstandsherde beseitigt hatten, setzten sie in den nächsten Wochen eine massive Repression und eine gigantische Operation zum Aufspüren von Führungspersonen und Aktivisten der linken Parteien in Gang. Tausende Wohnungen wurden gestürmt und Fabriken, Universitäten, Ämter und Wohnviertel durchkämmt. Im Fernsehen und in der Presse wurden Fotos und Listen der Verfolgten veröffentlicht und die Bevölkerung zum Verrat aufgerufen. Mehr als Hunderttausend linke oder des Links-Seins verdächtigte Chilenen (und auch Hunderte Ausländer) wurden in den ersten Wochen verhaftet und in Militäreinrichtungen oder Fußballstadien festgehalten, wo sie verhört, gefoltert und viele von ihnen erschossen wurden.

Auf dem Land war der Widerstand gegen den Putsch ebenfalls schwach. Es gab jedoch einige linke Gruppen, die sich in bergige Gebiete zurückzogen, nach Río Negro in den Bergen an der Küste von Osorno, Nahuelbuta, Rahue Alto und Panguipulli, wo eine Gruppe der MIR unter Leitung von Gregorio Liendo sich ein Gefecht mit den Carabineros lieferte. Andere überquerten die Bergkette und gingen nach Argentinien. Der Terror dehnte sich auf die ländlichen Gebiete aus, wo neben den Uniformierten auch private Trupps von Landbesitzern an der Repression teilnahmen.

Es wird wohl nie exakte Zahlen darüber geben, wie viele Chilenen am Tag des Putsches und in den folgenden Monaten ermordet wurden. Internationale Organisationen gehen davon aus, dass es fast 15.000 sind. Man schätzt zudem, dass mehr als 150.000 Menschen verhaftet wurden, allein in den Konzentrationslagern wurden 45.000 Menschen festgehalten. Zehntausende wurden des Landes verwiesen oder suchten Asyl in ausländischen Botschaften (allein im ersten Monat der Diktatur stellten die Botschaften mehr als Zehntausend Geleitbriefe aus), Hunderte flohen über die Grenze in die Nachbarländer. Auf die physische folgte die institutionelle Repression. Vom ersten Moment an unterstützte der Oberste Gerichtshof den Putsch und legitimierte die Militärjunta, indem die zivile Gerichtsbarkeit der willkürlichen Militärjustiz untergeordnet und das Recht auf Habeas Corpus zunichte gemacht wurde.[11] Am 12. September erklärte die Militärjunta alle öffentlichen Angestellten für kündbar; am 17. wurde der Gewerkschaftsdachverband CUT verboten; am 24. wurde der Kongress aufgelöst, am 1. Oktober die Rektorate aller Universitäten mit Militärs besetzt und am 8. Oktober sämtliche linken Parteien verboten. Allein im öffentlichen Dienst wurden 5.000 Angestellte entlassen; 5.000 Akademiker und Angestellte sowie mehr als 20.000 Studierende wurden aus den Universitäten ausgeschlossen. Niemand weiß, wie viele Fabrik- und Landarbeiter auf die Straße gesetzt wurden. Und es ist niemals gezählt worden, wie viele Autos beschlagnahmt, wie viele Häuser geplündert und wie viele Geschäfte, Felder und andere Besitztümer von den Militärs und den rechten Putschisten geraubt wurden. Und schließlich wurde auch nie genau ermittelt, wie unter dem Schlagwort »Privatisierung« Staatseigentümer geplündert wurden, wie sich die hohen Offiziere und die ihnen verbundenen Unternehmer die Taschen voll stopften und unglaublich bereicherten.

In der gesamten Geschichte der Republik, ja selbst in der Kolonialgeschichte, hat es in unserem Land keinen vergleichbaren Genozid gegeben, nie zuvor wurden solch brutale Methoden der Repression angewandt, wurde eine solch umfassende institutionelle Verfolgung betrieben und ein so großer Raub sozialer Güter verübt wie in der Zeit der Militärdiktatur. Dieser Krieg gegen das Volk wurde nicht nur von der politischen und ökonomischen Rechten gutgeheißen und unterstützt, sondern ebenfalls von führenden Christdemokraten. Patricio Aylwin rechtfertigte den Putsch, indem er Allende mit Hitler verglich, und der Expräsident Frei Montalva dankte den Militärs öffentlich dafür, »das Vaterland gerettet« zu haben. Es gab sogar führende Vertreter der Kirche, welche Gottes Wort in den Dreck zogen, um offen die fürchterlichen Verletzungen der Menschenrechte ihres Volkes zu rechtfertigen. So ist es nicht verwunderlich, dass sie alle versuchen, den Mantel des Schweigens und des Vergessens über diese schreckliche Realität zu breiten, indem sie Vergebung für die Verbrechen und Versöhnung mit den Verbrechern einfordern. Das Unglaubliche ist, dass sie dabei Unterstützung von den Regierungsvertretern und politischen Führern der Koalition der Parteien für Demokratie (*Concertación de Partidos por la Democracia*)[12] erhalten, die einst Mitglieder der Unidad Popular und Genossen der Opfer dieses wahrhaftigen Krieges gegen das Volk waren.

Der Beginn des Volkswiderstands

Nach dem Putsch konzentrierten wir uns darauf, die MIR zu reorganisieren. Es war keine leichte Aufgabe, in den Untergrund als Bewegung zu gehen , die sich unter Bedingungen großer demokratischer Freiheiten und einer offenen politischen und sozialen Aktivität entwickelt hatte. Was uns zugute kam, war die Erfahrung im Untergrund in den Jahren 1969 bis 1970, die Tatsache, dass wir auch während der Regierung der UP einige Sicherheitsvorkehrungen getroffen hatten, und dass wir vor dem Putsch sichere Quartiere, Waffendepots, falsche Papiere und andere für die Untergrundarbeit wichtige Dinge vorbereitet hatten. Doch all das reichte nicht aus, um die Sicherheit der nationalen und regionalen Leitungen sowie Hunderter von der Diktatur verfolgter Aktivisten zu garantieren. Miguel ging mit seinem Beispiel voran: Ausgestattet mit Papieren, die ihm eine neue Identität als gesetzter Sachverständiger und Mitglied der rechten Nationalen Partei gaben, elegant gekleidet, ohne Bart und mit gelocktem Haar, fuhr er, begleitet von Carmen Castillo, mit dem Wagen hin und her, besorgte den Genossen geheime Quartiere und brachte sie von Ort zu Ort. Er organisierte Treffpunkte und Kontakte, überbrachte Nachrichten zwischen den Mitgliedern der Leitung, orientierte diese bei der Organisierung im Untergrund, dem konspirativen Wiederaufbau der Parteistrukturen und der Wiederaufnahme des Kontakts mit sozialen Organisationen und zu den Provinzen. Miguel plante die Beschaffung neuer Waffen und die

Restrukturierung des Widerstands, die Kontakte mit anderen linken Parteien und den Sektoren der Christdemokraten, die den Putsch ablehnten, um so antidiktatorische Allianzen aufzubauen. Er stellte auch Verbindungen zum Ausland her, um die Unterstützung von außen zu kanalisieren. Und insbesondere kümmerte er sich um die Konstituierung der Revolutionären Koordinationsjunta des Südkegels Lateinamerikas (*Junta de Coordinación Revolucionaria del Cono Sur* – JCR), die uns mit den (bewaffneten Gruppen) PRT-ERP aus Argentinien, den Tupamaros aus Uruguay und dem ELN aus Bolivien vernetzte.

Gegen Ende des Jahres 1973 war es der Politkommission und dem Gros der nationalen Leitung sowie einigen Hundert Aktivisten aus den mittleren Führungspositionen und der Basis gelungen, die Aktivität im Untergrund zu stabilisieren und die Restrukturierung der MIR voranzutreiben. Selbst eines unserer größten Probleme, die Reorganisierung der vielen führenden Aktivisten und Basisaktivisten, die aus den Provinzen nach Santiago geflohen und in den so genannten »Kolonien« zusammengefasst waren, löste sich nach und nach, indem sie auf andere Regionen des Landes verteilt wurden, wo man sie nicht kannte.

Mit der Zeit konnte man sich eine genauere Vorstellung von der massiven und brutalen Repression machen, aber in den ersten Wochen war es schwer abzuschätzen, inwieweit sie die Massenbewegung, die anderen linken Parteien und unsere eigene Organisation selbst getroffen hatte. In diesen ersten Wochen wusste und glaubte man wenig. Es kursierten Gerüchte, General Carlos Prats sei im Begriff, die demokratischen Teile der Armee wieder zu organisieren. Es wurde behauptet, der Generalsekretär der Sozialistischen Partei, Carlos Altamirano, befinde sich weiterhin im Untergrund. Auch wenn Corvalán Ende September festgenommen worden war, hieß es, dass die Kommunistische Partei sich unter der Leitung des zweiten Sekretärs, Víctor Díaz, reorganisieren würde. Wir erhielten Nachrichten darüber, dass die Basis der linken Parteien weiterhin großen Kampfeswillen zeigte, dass Gruppen von Arbeitern Sabotageakte in ihren Fabriken durchführten, dass die Bevölkerung Netzwerke zur Selbsthilfe aufbaute. In den Konzentrationslagern organisierten sich die Genossen in großer Einheit und seien ungebrochen. Unserer Einschätzung nach hatte die Repression die Massenbewegung zwar in die Defensive gezwungen und ihre Organisationen stark beeinträchtigt, aber nicht in die Knie gezwungen. Außerdem beobachteten wir in Teilen der Mittelklasse, die den Putsch zunächst unterstützt hatten, dass die anfängliche Euphorie der Ernüchterung mit dem Militärregime wich. Das ließ uns darauf hoffen, dass innerhalb der sozialen Basis der Putschisten Widersprüche aufbrechen würden und es bald möglich wäre, das Kleinbürgertum dem demokratischen Block näher zu bringen und den diktatorischen Block aufzubrechen. Die Deklaration, mit der die christdemokratischen Politiker Tomic, Leighton und Fuentealba den Militärputsch verurteilten, war ein ermutigendes Zeichen. Wir vertrauten darauf, dass die lange demokratische Tradition der Mittelklasse, die gewerkschaftliche Tradition, der hohe Politisierungsgrad des Volkes und das Gewicht der politischen Parteien Faktoren seien, die den Aufbau eines breiten Blocks gegen die autoritäre Regierung ermöglichten. Und schließlich begeisterte uns auch die weltweite Ablehnung der Militärregierung und die riesige internationale Solidaritätsbewegung mit dem antidiktatorischen Kampf.

Unserer Einschätzung nach hatte die MIR trotz der großen Repression die Möglichkeit, der Widerstandsbewegung einen revolutionären Charakter zu geben. Wir meinten, der Fall der Regierung der *Unidad Popular* sei das Ende der Reformisten, nicht aber der Revolutionäre. Tatsächlich hatte die revolutionäre Politik an Legitimität innerhalb der Volksbewegung gewonnen. Heute aber denke ich, dass wir uns irrten: Wir erkannten nicht, dass die gesamte Volksbewegung, inklusive der Revolutionäre, mit der Militärdiktatur eine tiefe historische Niederlage erlitten hatte.

Es waren diese Faktoren und Einschätzungen, welche die Führungsriege die Devise ausgeben ließen »Die MIR geht nicht ins Exil / bittet nicht um Asyl«, und uns dazu brachten, alle Anführer und Mitglieder im Untergrund behalten zu wollen. Ich wurde oft gefragt, ob das nicht eine absolut verrückte und verfehlte Politik gewesen sei. Es ist offensichtlich, dass unsere Politik zum Teil der falschen Einschätzung unserer schweren Niederlage sowie der Macht und repressiven Fähigkeiten der Diktatur geschuldet war. Wir irrten auch in dem Glauben, wir könnten in kurzer Zeit unsere Untergrundaktivitäten soweit strukturieren, dass wir die Gesamtheit unserer Bewegung schützen und einen antidiktatorischen Block aufbauen könnten. Gleichzeitig hatte unsere Option aber auch etwas in ethischer und politischer Hinsicht Richtiges. In den auf den Putsch folgenden Wochen ging die Mehrheit der Anführer der traditionellen linken Parteien aus eigener Entscheidung oder auf Geheiß ihrer Parteien ins Exil. Diese Schritte waren verständlich, da sie die einzige Möglichkeit darstellten, dem Gefängnis oder sogar dem Tod zu entkommen, aber es führte auch zu einer allgemeinen Demoralisierung an der Basis der Volksbewegung, die nicht die selben Möglichkeiten hatte, ins Exil zu gehen, und sich folglich verlassen fühlte. In dieser Situation dachten wir, dass es von fundamentaler Wichtigkeit sei, dem Beispiel des Präsidenten Allende zu folgen, der den Putschisten mit einer Waffe in der Hand Widerstand geleistet hatte und niemals die Verantwortung vergaß, die sein Volk ihm gegeben hatte. Wie Allende selbst zu Miguel gesagt hatte: Es lag nun in unseren Händen, den Widerstand fortzuführen und gemeinsam mit dem Volk und dem Rest der politischen Linken eine revolutionäre demokratische Bewegung aufzubauen, um erneut die breiten Alleen der Volkssouveränität zu beschreiten. Unser Fehler aber war es, die Ablehnung des Exils und den Versuch, die verfolgten Aktivisten und Führungskader in Chile zu halten, als strategisches Prinzip festzulegen, wo doch in Wirklichkeit die Machtverhältnisse und die repressiven Bedingungen größere Vorsicht und hohe taktische Flexibilität erfordert hätten. Aber dieser Fehler bedeutet nicht, dass es sich bei der Entscheidung der MIR, auch der KP und von Teilen der Sozialisten, den Widerstand aus dem Untergrund fortzuführen, nicht um eine politisch und moralisch richtige Entscheidung gehandelt hätte. Einige aus der Linken kommende Leute rechtfertigen heute unter dem Einfluss von finanziellen Zuwendungen sowie korrupten, opportunistischen und manipulativen Vorstellungen und Praktiken, die im aktuellen politischen System vorherrschen, ihr Renegatentum, indem sie den Volkswiderstand als eine Politik steriler Heldenpose darstellen. Sie verstehen nicht, dass revolutionäre Politik nicht allein strategische Rationalität und taktische Effizienz verlangt, sondern auch ethisches Handeln, persönliche Konsequenz und Loyalität.

Die Taktik der MIR im Kampf gegen die Diktatur

Mit der Militärdiktatur eröffneten die herrschenden Klassen eine konterrevolutionäre Periode. Sie konnten die wachsende revolutionäre Volksbewegung besiegen (wenn auch nicht vernichten) und die Massenorganisationen durch die Repression komplett lähmen und mundtot machen. Dadurch schafften sie die Bedingungen für die Restrukturierung und Konsolidierung der oligarchischen Herrschaft und den Versuch, die seit zwei Jahrzehnten andauernde Krise des Modells kapitalistischer Akkumulation zu überwinden. Die Kampfbedingungen waren nun vollkommen andere. Im Dezember 1973 stellte die Politkommission mittels eines von Miguel geschriebenen Dokumentes die neue Taktik der MIR für die Periode der Diktatur vor.

Zu diesem Zeitpunkt war klar, dass die Mehrheit des diktatorischen Blocks keinerlei Intentionen besaßen, den alten bürgerlich-demokratischen Staat wieder herzustellen. Dieser war die »normale« Form der Artikulation und Repräsentation der Interessen der verschiedenen bourgeoisen Gruppen gewesen, in dem den mittleren und unteren Schichten der Bevölkerung einige Räume der untergeordneten Mitbestimmung zugestanden worden waren. Stattdessen deutete alles auf die Fortführung des Staates im »Ausnahmezustand« hin, in dem die gesamte Macht der Exekutive, der Legislative und der Judikative in der Militärregierung konzentriert war. Jede Form der

81

Repräsentation durch Wahlen war unterdrückt, die Parteien und sozialen Organisationen aufgelöst worden, so dass der konterrevolutionäre Prozess, gestützt auf Waffengewalt, autonom und rasch vonstatten gehen konnte. Die Fortführung des Kriegszustandes im Innern war nicht nur nötig, um die Politik der Überausbeutung der Arbeiter weiterzuführen und ein Wiederaufleben der revolutionären Volksbewegung zu verhindern, sondern auch, um die Widersprüche aufzulösen, die sich innerhalb des die Diktatur stützenden Blocks zeigten.

Vom ersten Moment an stimmten alle linken Parteien darin überein, eine breite Bündnispolitik gegen die Diktatur voranzutreiben, um so jene Teile der Bevölkerung anzuziehen, die in Widerspruch mit der Diktatur traten. Wir verfolgten jedoch unterschiedliche Schwerpunkte bei der Umsetzung dieser Politik. Die Kommunistische Partei, Teile der Sozialisten und der Radikalen Partei sowie der MAPU waren der Ansicht, dass es vorrangiges Ziel der antidiktatorialen Strategie der Linken sein müsse, die »demokratische Bourgeoisie« (wie sie die Christdemokraten und die »liberale« Rechte nannten) auf ihre Seite zu ziehen. Zu diesem Zweck müssten gewaltsame Aktionen vermieden werden, die diese Sektoren verschrecken könnten. Gerechtfertigt wurde diese Politik mit der Charakterisierung der Regierung als »faschistische Diktatur.« Wir waren anderer Ansicht, denn obwohl die Repression der Junta so brutal war wie die der faschistischen Regime Europas, fehlte ihr die Unterstützung der breiten Masse von Arbeitern, Bauern und Kleinbürgern, die dem historischen Faschismus erst zur Macht verholfen hatten. Im Fall von Chile waren die Volksmassen zwar hart getroffen worden, waren desorganisiert und zurückgezogen, aber sie lehnten die Diktatur ab. Selbst eine wachsende Anzahl von lohnabhängigen Kleinbürgern und Eigentümern, die den Putsch anfangs für gut befunden hatten, distanzierten sich angesichts des Preisanstiegs, der Arbeitslosigkeit und der fehlenden Freiheiten vom Regime. Unserer Ansicht nach ähnelte die Diktatur eher anderen »Gorilla-Diktaturen« in Lateinamerika, also autoritären konterrevolutionären Regierungen, die sich auf das Militär stützten, ohne Rückhalt in der Bevölkerung zu haben. Hinter dieser scheinbar akademischen Diskussion verbarg sich eine wichtige strategische Differenz mit der Kommunistischen Partei. Die Strategie der MIR im Kampf gegen die Diktatur zielte auf den Aufbau einer breiten Widerstandsbewegung des Volkes, dem sich das demokratische Kleinbürgertum anschließen könnte. Zwar widersetzten wir uns nicht einer taktischen Zusammenarbeit mit den Sektoren der Bourgeoisie, die in Widerspruch zur Diktatur traten, doch wir zweifelten daran, dass sie einen aktiven demokratischen Kampf führen und sich einem Block der Linken anschließen würden. Allein die Fortschritte des sozialen, politischen und gewaltsamen Kampfes der Massen gegen die Militärregierung würden es schaffen, die bürgerliche Opposition in einen aktiven Kampf für die Demokratie einzubinden. Schlussfolgernd heißt das, die MIR war der Ansicht, dass der Kampf gegen die Tyrannei der Militärs aus der Kraft des organisierten Volkes hervorgehen müsste, welches weder seine Unabhängigkeit noch die vielfältigen Formen des Kampfes aufgeben sollte, darunter den bewaffneten Widerstand, der eine wichtige Rolle im Sieg gegen die Diktatur spielen würde.

Mit dem Beginn der konterrevolutionären Periode war der Kampf um die Macht in weitere Ferne gerückt. Die programmatischen Ziele waren von nun an der Kampf gegen die Repression, für ein Ende des Kriegszustandes und die Wiederherstellung von Gerechtigkeit, für bessere Lebensbedingungen der Bevölkerung, für demokratische Rechte und Freiheiten, für den Sturz der Diktatur und die Einberufung einer Verfassungsgebenden Versammlung – alles in allem Ziele, »welche das Recht der Mehrheit garantieren, selbst über ihr Schicksal zu bestimmen.« Das bedeutete nicht, unsere revolutionären Ziele aufzugeben, sondern einzusehen, dass wir allein im Kampf für Demokratie strategische revolutionäre Kräfte würden sammeln können. Es würde also von der gesammelten Kraft des Volkes abhängen, ob der Kampf gegen die Diktatur in der Wiederherstellung der formalen Demokratie oder aber in der Eroberung einer revolutionären, auf der Macht des Volkes begründeten Demokratie münden würde.

Als zentrale Aufgabe setzten wir uns die Herstellung der Einheit der Linken innerhalb des Volkswiderstandes. Es ging darum, im Kampf gegen die Diktatur Bündnisse von der Basis aus zu schmieden und sich nicht auf Einverständnisse an der Spitze zu beschränken.

Was die Formen des Kampfes angeht, befürworteten wir eine flexible Anwendung aller Formen. Auch wenn die diktatorische Unterdrückung uns dazu zwang, den illegalen Formen des Widerstands ein sehr viel größeres Gewicht zu geben, missachteten wir nicht die begrenzten Räume für institutionelle und legale Aktivitäten. Wir regten die Gründung geheimer Widerstandskomitees an und gaben der territorialen Dimension neue Wichtigkeit, bis hin zum Aufbau von Netzwerken des Widerstands in den Kommunen, die in Zukunft die Kämpfe gegen die Diktatur koordinieren sollten. In Bezug auf den bewaffneten Widerstand legten wir großen Wert auf einen an den Interessen und konkreten Bedingungen der Massen orientierten militärischen Kampf. Damit wollten wir elitäre Aktionen vermeiden, die die Massen vom Volkswiderstand distanzierten.

Die selektive Repression

Nach einigen Wochen stellte die Militärregierung fest, dass sie dank ihrer massiven Repression die Massenorganisationen und einen Großteil der linken Parteien zerschlagen hatte, es ihr jedoch nicht gelungen war, die MIR und die KP zu zerstören, die sich im Untergrund neu formierten. Deswegen musste eine zentralisierte Instanz für Spionage und Anti-Guerilla-Aktionen geschaffen werden, welche die Repression selektiver würde ausüben können. Im November des Jahres 1973 rief Pinochet deshalb den Geheimdienst (*Dirección Nacional de Inteligencia* – DINA) unter Führung des Oberst Manuel Contreras ins Leben. Dieser rekrutierte Hunderte von Mitgliedern der Streitkräfte und versammelte sie in Tejas Verdes, wo sie mit Hilfe von nordamerikanischen, israelischen und brasilianischen Offizieren in Techniken für Überwachung, Festnahme, Verhör und Folter, Infiltrierung, Spionage, Mord und Verschwinden-Lassen, Counterinsurgency und psychologischer Kriegsführung ausgebildet wurden.

Ende November 1973 hatte meine Lebensgefährtin mit Hilfe eines Familienmitglieds ein Häuschen in La Florida gemietet, wo wir unter falscher Identität zusammen mit unserer kleinen Tochter Pepa wohnten. Der treue und geschätzte James (Patricio Munita Castillo), der mir bei den die Sicherheit betreffenden Aufgaben half, gab sich als Bruder von Mary Ann aus, der bei uns zu Besuch war. Zwei oder drei Wochen später bat Miguel mich, Van Schouwen bei uns unterzubringen, da dieser sein sicheres Quartier hatte verlassen müssen. James holte ihn an einem Treffpunkt ab und brachte ihn heimlich im Auto zu unserem Haus in La Florida. Obwohl wir ihm versicherten, dass er bei uns bleiben könne, solange es nötig sei, dass es sich um einen sicheren Ort handle und niemand etwas bemerken würde, wollte Bauchi bald den Aufenthaltsort wechseln. Er hielt es für sehr riskant, dass zwei Mitglieder der Politkommission sich am selben Ort aufhielten. Er bestand so sehr darauf, dass James ihm schließlich anbot, ihn zu einer Kapuzinerkirche zu bringen, wo ein Pfarrer bereit war, ihn aufzunehmen. Als Bauchi sich schon in der Kirche befand, wurde der Pfarrer von Panik ergriffen und bat einen engen Freund um Rat, der war allerdings ein mit den Militärs verbundener Reaktionär. Und dieser zögerte nicht, das Vertrauen seines Freundes zu brechen und die Militärs von der Anwesenheit der »Terroristen« zu unterrichten. In der Nacht vom 13. Dezember stürmten Soldaten die Kirche und nahmen Bauchi und James fest. Unsere Genossen wurden brutal gefoltert und ermordet. Keiner von ihnen verriet das Haus in La Florida, wo ich mich mit meiner Familie versteckt hielt. Der Tod von Bauchi und James war ein herber Schlag für uns, insbesondere für Miguel, denn Bauchi war nicht nur sein Schwager, sondern zudem sein engster Freund und Vertrauter, ein Bruder, der ihn von klein auf im Leben und im Kampf begleitet hatte.

Die erste Festnahme eines Mitglieds der Politkommission bedeutete eine Warnung für uns, auch wenn wir sie als vereinzeltes, fast zufälliges Ereignis ansahen. Doch ab März 1974 traf uns eine ganze Reihe repressiver Schläge: Arturo Villabela (leistete Widerstand und wurde verwundet), Roberto Moreno, Luis Retamal, Ricardo Ruz, Catalán, José, Vilo, Paine und andere Mitglieder wurden von dem Geheimdienst der Luftwaffe (*Servicio de Inteligencia de la Fuerza Aéra* – SIFA) festgenommen und in die Kriegsakademie der Luftwaffe (AGA) gebracht. Es handelte sich längst nicht mehr um zufällige, vereinzelte Schläge, sondern sie offenbarten Schwächen bei unseren Sicherheitsvorkehrungen und die Verwundbarkeit unserer Untergrundorganisation. Im April wurde Víctor Toro festgenommen. Im Mai fiel der Bauernführer Víctor Molfiqueo (»Manque«) zusammen mit sechs weiteren Genossen in Lautaro den Militärs in die Hände; in Temuco wurde eine weitere größere Gruppe von Genossen festgenommen, und wir mussten Rückschläge in der Hauptstadt hinnehmen. Tote und festgenommene Genossen zusammengenommen, hatten wir über vierzig Prozent der Politkommission und des Zentralkomitees verloren.

Im Juni, nach einer sehr kritischen Evaluierung unserer Sicherheitslage, entschied die Politkommission über wichtige Änderungen unserer Untergrundarbeit. Wir kamen zu der Überzeugung, dass wir uns, gemessen an der Situation unserer Organisation, zu ehrgeizige Ziele gesetzt hatten, weswegen wir den Rhythmus unserer Aktivitäten senkten und sehr viel strengere Kommunikations-, Funktions- und Sicherheitsvorkehrungen trafen. Tatsächlich bedeutete dies, die für das zweite Halbjahr 1974 geplante taktische Initiative der bewaffneten Propaganda zu verschieben und stattdessen einen internen Rückzug durchzuführen, um so unsere Untergrundstrukturen zu stabilisieren. Wir beschlossen zudem, unsere Entscheidung bezüglich des Verbleibs der Leitung in Chile zu flexibilisieren. Schon im April hatten wir die Ausreise von Edgardo Enríquez genehmigt, damit er die Auslandsarbeit übernehmen konnte. Im Juni trafen wir die Entscheidung, ein Drittel der Politkommission und des Zentralkomitees ins Ausland zu schicken, um sie so vor der Repression zu bewahren. Ein weiteres Drittel würde in Chile bleiben, um sich exklusiv der Stärkung unserer Sicherheit zu widmen, und lediglich das verbleibende Drittel sollte offensive Aufgaben durchführen. Das Wichtigste aber war, dass die Politkommission die geheime Ausreise von Miguel gegen dessen Willen beschloss. Durch einstimmigen Beschluss wurde ich zum Stellvertreter des Generalsekretärs und Verantwortlichen der Aufgaben innerhalb des Landes gewählt.

Wir entschieden zudem, die Leitung durch neue Kader – wie Dagoberto Pérez und Hernán Aguiló – in der Politkommission und dem Zentralkomitee zu stärken. Es wurden auch Genossen ins ZK geholt, die sich in den Konzentrationslagern befanden, um auf diese Weise den gefangenen Genossen Orientierung zu geben, damit sie den Widerstand über ihre Familien weiterführten. Zum ersten Mal wurde so der Vorschlag gemacht, den Kampf gegen die Diktatur auch von gefangenen Aktivisten aus zu führen.

Miguel akzeptierte zwar formal seinen Rückzug ins Ausland, aber er verzögerte die Übergabe der Leitungsaufgaben. In diesen Monaten war ich mit meiner Familie auf ein Stück Land in La Pintana gezogen. Zur Tarnung hatten wir eine Hühnerzucht. Miguel gefiel es, uns mit seiner Tochter Javiera und meiner Tochter Camila besuchen zu kommen, die mit Pepita spielten, während wir über die Partei sprachen. Wir hatten schon entschieden, die Mädchen ins Ausland zu schicken, so dass wir versuchten, so viel Zeit wie möglich mit ihnen zu verbringen. Miguel liebte Rührei mit Ketchup. Es machte ihm großen Spaß, mit den Mädchen zum Hühnerstall zu gehen und dort die frischen Eier einzusammeln, die er dann zum Frühstück aß. Er konnte ohne Probleme sieben oder mehr Eier auf einmal verspeisen.

Die Kurskorrekturen unserer Untergrundarbeit vermochten nicht, den Schutz unserer Organisation zu verbessern. Im Juni und Juli 1974 mussten wir neue Rückschläge hinnehmen, und diesmal war auch die DINA daran beteiligt. Der Kommandant Edgar Ceballos versuchte, mit Genehmigung der Luftwaffe unsere schwierige Situation zu nutzen, um die Kapitulation der MIR auszuhandeln, indem er unseren inhaftierten und im Untergrund lebenden Führungskadern die freie Ausreise anbot. Anfang August beschlossen wir, uns zum Schein auf Verhandlungen einzulassen, und forderten die öffentliche Anerkennung der Inhaftierung unserer Genossen sowie die Erlaubnis, dass meine Mutter Laura Allende und der Bischof Camus ein Besuchsrecht erhielten, was am 30. August geschah. Nachdem wir diese Ziele erreicht hatten und damit eine Ermordung der betreffenden Genossen für die Regierung schwieriger wurde, informierte die MIR die Öffentlichkeit über die Absichten der SIFA, präsentierte Zeugen, die belegen konnten, dass unsere Genossen am Leben waren, und lehnte jedwede Verhandlung mit der Diktatur kategorisch ab.

Am 21. September gelang es der DINA, Lumi Videla festzunehmen. Am nächsten Tag ging ihnen ihr Gefährte Sergio Pérez ins Netz. Und einen Tag später wurden drei Aktivisten aus derselben Struktur festgenommen, die als Verantwortliche für die Kommunikation mit den regionalen Parteigruppen in sehr engem Kontakt mit Miguel standen. Die Repressionskräfte waren uns auf den Fersen. Sie wussten, in welchen Stadtvierteln Miguel sich aufhielt und wahrscheinlich auch, in welchem Viertel er wohnte, und sie wussten, dass seine Lebensgefährtin Carmen schwanger war. Am 4. Oktober kam Miguel früh zu uns nach La Pintana, um uns zu warnen: Wir sollten nicht zu einem Treffen gehen, auf dem ich Aufträge für offensive Aktionen bekommen sollte. Am Nachmittag fuhr Miguel, begleitet von Humberto Sotomayor, zu einem Treffpunkt nahe des Schwimmbades »Mundt«, wo die DINA schon auf sie wartete. Sie schafften es, sich den Weg aus der Falle freizuschießen.

Der härteste Schlag

Die DINA durchsuchte schon seit Tagen die Stadtviertel im Süden Santiagos in der Annahme, dass Miguel sich dort versteckt hielt. Mit einem Foto von Carmen Castillo in der Hand befragten sie Nachbarn und Ladenbesitzer der Viertel. Am 5. Oktober gelang es ihnen, das Haus von Miguel und Carmen in der Santa-Fe-Straße ausfindig zu machen. Neben Miguel hielten sich dort Humberto Sotomayor und José Bordaz auf. Gegen 13:00 Uhr bemerkte Miguel zwei verdächtige Fahrzeuge, die langsam am Haus entlang fuhren, und gab den anderen Genossen Bescheid, sie sollten sich auf ein Verlassen des Hauses vorbereiten. In diesem Moment kam Carmen zurück, die versucht hatte, ein anderes Quartier zu besorgen. Schon seit Tagen hatten sie gespürt, dass das Haus in Santa Fe nicht mehr sicher war. Als sie zur Garage gehen wollten, um das Haus zu verlassen, griff die DINA an. Carmen erzählt, dass Miguel, mit seinem AK-Gewehr bewaffnet, das Feuer von einem Wohnzimmerfenster aus erwiderte. Carmen selbst schoss mit einem Scorpio-Maschinengewehr vom Schlafzimmer aus. Sotomayor und Bordaz feuerten von anderen Positionen, um sich den Fluchtweg durch den Hinterhof in Richtung der Nachbarhäuser freizuschießen. Nach einigen Minuten hörte das Feuergefecht auf, und Miguel gab Carmen von der Tür aus Zeichen, dass sie über den Hinterhof fliehen sollten. In diesem Moment explodierte eine Granate und verletzte sie. Carmen erinnert sich, dass sie erfolglos versuchte, sich aufzurichten, und Miguel mit blutüberströmtem Gesicht und dem Gewehr in der Hand auf dem Boden des Durchgangs zwischen Haus und Garage liegen sah. Er schaute sie mit wachem Blick an, doch es fiel ihm schwer zu atmen. Sie selber war schwer verletzt und verlor das Bewusstsein, ohne zu wissen, was mit Sotomayor und Bordaz geschehen war. José Bordaz erzählte später, dass Sotomayor, selbst Arzt, ihm sagte, dass Miguel an einem Kopfschuss gestorben sei, und darauf drang, über den zuvor ausgemachten Fluchtweg zu entkommen, was ihnen auch gelang. Carmen kam noch einmal kurz zu Bewusstsein und sah Miguel, der an einer Garagenwand in

Deckung gegangen war und mit blutigem Gesicht konzentriert Richtung Straße feuerte. Eine große Zahl DINA-Agenten unter dem Kommando von Hauptmann Krasnoff Marchenko schoss weiter auf das Haus. Zwei Stunden nach Beginn des Gefechts starb Miguel Enríquez, zehn Kugeln in seinem Körper, allein seinen Feinden gegenüber, ohne sich zu ergeben, konsequent mit seinen revolutionären Überzeugungen, loyal zu seinem Volk und erhobenen Hauptes auf die Geschichte blickend.

Text: Leicht gekürzte deutsche Fassung
Übersetzung: Sherin Abu Chouka, Mechthild Dortmund, Katja Fritsche, Boerries Nehe

Anmerkungen

1   Veröffentlicht in: Punto Final am 11.8.2000 und 13.10.2000.
2   Manuel Cabieses ist Herausgeber der linken Zeitschrift Punto Final, die zweiwöchentlich erscheint. Gegründet am 15. September 1965, von der Militärdiktatur am 11. September 1973 verboten, zwischen 1981 und 1989 im Exil in Mexiko erschienen, ab 1989 erneut in Chile herausgegeben. Sie ist Teil des Voltaire-Netzwerkes. Manuel Cabieses wurde am 13. September 1973 festgenommen, war zwei Jahre in Chacabuco inhaftiert, im Gefangenenlager Melinka in Puchuncaví sowie in Tres Álamos. Er wurde dank einer internationalen Kampagne des Landes verwiesen und verbrachte vier Jahre auf Kuba. Danach ging er als führendes Mitglied der MIR illegal nach Chile zurück und blieb dort bis 1989 im Untergrund. In jenem Jahr übernahm er die Aufgabe, die Zeitschrift Punto Final wieder in Chile zu publizieren.
3   Bauchi war der Spitzname von Bautista Van Schouwen.
4   Bernardo O'Higgins, geboren 1778 in Chillán, Chile, gestorben 1842 in Lima, Peru, war ein Militär und Unabhängigkeitskämpfer in Chile. Von 1817 bis 1823 war er der erste Director Supremo, der erste Oberste Führer des unabhängigen Chile. José Miguel Carrera, geboren 1785 in Santiago de Chile, hingerichtet 1821 in Mendoza, Argentinien, war ein lateinamerikanischer Unabhängigkeitskämpfer, Militär und Politiker.
5   Luis Emilio Recabarren, geboren 1876 in Valparaíso, gilt als der Begründer der chilenischen Arbeiterbewegung und gründete 1912 die Partido Obrero Socialista (POS), die Arbeiterpartei, die Vorläuferin der Kommunistischen Partei Chiles. Kurz nach einer Reise in die Sowjetunion brachte sich Recabarren 1924 in Santiago de Chile um.
6   »Revolución en Libertad« war das Wahlkampfmotto des Präsidentschaftskandidaten Eduardo Frei Montalva, dessen Programm für eine radikale Umwälzung der sozialen Strukturen und die Vorteile der Demokratie warb.
7   Die Mapuche eigneten sich gezielt ihr Gemeindeland durch das Beseitigen der Zäune wieder an, man nannte das Corridas de cerco. Sie unterschieden sich von den vorangegangenen Landbesetzungen dadurch, dass diese BesetzerInnen nicht mehr auf eine Konfliktlösung der Institutionen warteten, sondern eine de-facto-Wiederaneignung des Landes durch die Ansiedlung von produzierenden Gemeinden vornahmen.
8   Diese Organisationen bildeten vier thematische Schwerpunkte innerhalb der MIR. Trotzdem bedeutete die Mitgliedschaft in einer dieser Sektoren nicht automatisch die Mitgliedschaft in der MIR.
9   Osvaldo Puccio Huidobro war Mitglied der MIR und Sohn des persönlichen Sekretärs Salvador

Allendes. Er wurde gemeinsam mit seinem Vater am 11. September 1973 verhaftet, gefoltert und in einem Konzentrationslager auf der Insel Dawson gefangengehalten. Dieses Lager wurde von dem geflüchteten Nazi Walter Rauff aufgebaut. Osvaldo Puccio gelangte 1974 ins Exil zuerst nach Rumänien, später in der DDR. 1984 kehrte er nach Chile zurück und ist heute Mitglied der sozialistischen Partei. Er war als Botschafter und Generalsekretär der Regierung unter Carlos Lagos tätig.

10 Pastel de choclo ist ein in Chile sehr typisches und beliebtes Gericht, bestehend aus einer Schicht Hackfleisch und einer Schicht Maispüree.

11 Der Grundsatz des Habeas Corpus bedeutet, dass freiheitsentziehende Maßnahmen ohne richterliche Anordnung nicht zulässig sind.

12 Die Concertación ist ein Bündnis von Mitte-Links-Parteien, das bei der Volksabstimmung 1989 für das Ende der Diktatur stimmte und seit deren Ende – bis zur Wahl Piñeiras 2009 – alle Präsidenten Chiles stellte.

Tamara Vidaurrázaga Aránguiz

Frauen in Rot und Schwarz

Rekonstruktion der Erinnerung von drei Frauen der MIR 1971-1990
Concepción/Chile 2006

Einführung

Diese Forschungsarbeit bündelt die Erfahrungen von drei Frauen der Bewegung der Revolutionären Linken Chiles (*Movimiento de Izquierda Revolucionaria* – MIR), **Arinda Ojeda, Cristina Chacaltana** und **Soledad Aránguiz**, ausgehend von ihren mündlichen Berichten. Ihre Geschichte gilt in doppelter Hinsicht als »nicht der Rede wert«, was ihnen eine Randposition innerhalb der Geschichtskonstruktionen zuweist, die vom Standpunkt der Herrschenden vorgenommen werden und in Chile vorherrschend sind. Sie sind in doppeltem Sinn, was manche SoziologInnen »Leute ohne Geschichte« nennen. In zweierlei Hinsicht soll hier ein Beitrag zur Wiedererarbeitung des kollektiven Gedächtnisses geleistet werden: Erstens soll mit der Geschichtsvergessenheit gebrochen werden, die in unserem Land nach dem Trauma der Diktatur, der staatlichen Politik des Vergessens und des mit den Militärs ausgehandelten so genannten »Übergangs von der Diktatur zur Demokratie« herrscht. Diese Haltung prägt die offizielle Geschichtsschreibung. In diesem Geschichtsbild kommen die von der Diktatur unterdrückten Gesellschaftsentwürfe nicht vor – Ideale, die bis heute die Konsolidierung des von der Militärdiktatur geerbten politischen und wirtschaftlichen Wertemodells gefährden und noch immer gültige Alternativen zum herrschenden Diskurs darstellen. Zweitens ist es ein Beitrag zur Erinnerungskultur der Frauen, die historisch daran gehindert wurden, an der offiziellen Geschichtsschreibung mitzuwirken.

Ganz wesentlich ist, die Interviewten aus der Opferrolle herauszuholen und sie als umfassende Persönlichkeiten zu begreifen, das heißt als Frauen, die gelitten, aber auch das Leben genossen haben, welche gelernt und alternative Lebensentwürfe entwickelt haben, die sie nicht über Bord warfen, als sie ihre Mitgliedschaft in der MIR beendeten.

Die Interviews wurden zwischen 2002 und Anfang 2003 aus einer Genderperspektive heraus geführt. Auch bei der späteren Auswertung wurde dieser Gesichtspunkt beibehalten, verstanden als kulturelle Konstruktion des Geschlechterunterschieds, in der Gender und Geschlecht eines Individuums seine/ihre jeweilige Position in der Gesellschaft ebenso bestimmen wie die Rollen, die er/sie einzunehmen hat. So entstehen hierarchische Rollenverständnisse, welche das Weibliche – die Frau als dem Männlichen – dem Mann untergeordnet definieren.

Darüber hinaus ist es wichtig, die Bezugslinien innerhalb des weiblichen Gender umzudrehen, weg vom Konkurrenzdenken hin zur Komplizenschaft, denn das ist notwendig für das Empowerment der Frauen als marginalisierter Gruppe innerhalb des patriarchalen Systems. Die Erfahrungen und die Analyse der Berichte dieser drei Frauen der MIR können nicht auf alle Frauen der MIR übertragen werden, erst recht nicht auf alle Frauen der Linken in Chile oder Lateinamerika. Dennoch stimmen die Erzählungen in vielen Punkten sicher mit Reflexionen von anderen Kämpferinnen sowie politischen Aktivistinnen überein, und mehr als eine Leserin wird sich mit der Geschichte von Arinda, Cristina und Soledad identifizieren.

Diese drei Frauen waren von der Zeit der *Unidad Popular* und bis zum Ende der Diktatur in der MIR aktiv. Ihr hohes Maß an politischem Engagement bedeutete, dass sie Vollzeitaktivistinnen waren, nach Europa ins Exil gingen, in Kuba eine militärische Ausbildung absolvierten, illegal nach Chile zurückgingen und den Entschluss fassten, sich nicht der Erziehung ihrer Kinder zu widmen, sondern dem politischen Kampf. Sie waren mit härtester Repression konfrontiert und jahrelang im Gefängnis von Coronel eingesperrt, in der Achten Region. Dort teilten sie den Feminismus miteinander und propagierten ihn auch unter den anderen inhaftierten GenossInnen der MIR und anderer linker Parteien. In diesem Gefängnis waren sie Teil einer Gruppe inhaftierter Frauen, die durch ihre »Regelüberschreitungen« bekannt wurden und dadurch, dass sie Verhaltensweisen in Frage stellten und für neue Umgangsformen zwischen Männern und Frauen wie auch unter Frauen eintraten.

Die Entscheidung, Frauen der MIR zu interviewen, ist in den revolutionären Positionen dieser politischen Organisation begründet: Zum einen vertrat sie die Auffassung, dass die Macht nicht über Wahlen, sondern durch den bewaffneten Kampf zu erobern sei, und zum anderen ging sie bei der politischen, ökonomischen und ideologischen Analyse der Verhältnisse von den spezifischen Eigentümlichkeiten unseres

Landes aus – anders als die Mehrheit der Parteien der traditionellen Linken.

Die Tatsache, dass die MIR keine Massenpartei, sondern eine Kaderpartei war, in der die Mitglieder ausgewählt wurden, und die sich zum bewaffneten Kampf bekannte, bedeutete für die weiblichen Militanten eine noch weiterreichende Grenzüberschreitung des herrschenden Geschlecht-Gender-Systems als nur das politische Engagement. Der beschränkte Zugang zu dieser Organisation und die reale Möglichkeit zu sterben (erst recht in der Zeit der Diktatur) beinhalteten notwendigerweise Änderungen bei den Frauen, die der MIR angehörten, und es gab – verglichen mit den anderen Parteien der damaligen Zeit – relativ viele Frauen in der MIR. Auf der Leitungsebene waren die Frauen allerdings auch in der MIR unterrepräsentiert. Somit bot die MIR Raum für potentielle Wandlungen seiner Militanten, und besonders für die Frauen die Möglichkeit, mit ihrer traditionellen Rolle zu brechen, und vermittelte die Idee der Gleichheit mit den männlichen Genossen. Aus den Erzählungen geht allerdings hervor, dass es sich hier oft nur um die Illusion der Gleichberechtigung handelte.

Drei Aspekte in den Berichten von Arinda, Cristina und Soledad sind besonders hervorzuheben: Die Interviewten sind nicht allein Opfer einer tragischen Periode der Geschichte unseres Landes, sondern haben gleichzeitig verschiedene Erfahrungen gemacht und reflektiert, die einen Beitrag zur Wiederherstellung der von der offiziell akzeptierten Geschichtskonstruktion abweichenden Erinnerung und zur Diversifizierung künftiger anzustrebender Gesellschaftsmodelle leisten können. Mitglied einer solchen Avantgarde-Organisation zu sein, implizierte Überschreitungen und Änderungen auf verschiedenen Ebenen des Lebens, definierte die Mutterschaft neu und anders, führte zu einer doppelten Militanz (Mitglied der MIR und Feministin), wodurch neue Genderbeziehungen aufgebaut werden konnten. Trotz ihrer Eingebundenheit in einen patriarchalen gesellschaftlichen Kontext – von der Kultur und der Gesellschaft bis zur Partei, in der sie aktiv waren – schlugen die interviewten Frauen eine Bresche für Änderungen und stellten sich den hegemonialen Machtverhältnissen entgegen, sowohl in ihren Diskursen und in ihrer Praxis zur Änderung der Gesellschaft als auch im Hinblick auf ihre feministische Theorie und Praxis.

Die Berichte werden in chronologischer Abfolge vorgestellt und umfassen den Zeitraum von 1971 bis 1990, unterteilt in die folgenden Phasen: Beginn der Mitgliedschaft, Putsch und Repression, Exil und Ausbildung in Kuba, Untergrund in Chile und Inhaftierung.

Die im O-Ton belassenen und nicht »korrigierten« Interviewtexte sind kursiv gedruckt.

Maria Soledad Aránguiz Ruz (links), Arinda Graciela Ojeda Aravena (mitte), María Christina Chacaltana Pizarro (rechts), MIRistas, die in der Zeit der Unidad Popular bis zum Ende der Diktatur politisch aktiv waren und den Kampf gegen die Diktatur führten. Alle drei wurden nach ihren Verhaftungen (zwischen 1981 und 1984) in geheime Folterlager verschleppt und misshandelt. Plakat oben: Solidariätsgruppe CAMUR, Hannover.

Chile: Erinnern und Vergessen nach der Diktatur

In Chile hat sich seit Beginn des so genannten politischen Übergangs ein Mantel des Schweigens ausgebreitet, so als wäre der Gedächtnisverlust der Preis, der für die Beendigung der Diktatur vereinbart worden wäre. Viele soziale AktivistInnen haben das sogar öffentlich bekundet – und betonen noch heute die Notwendigkeit des Vergebens durch Vergessen als die beste Möglichkeit, diese Etappe unserer Geschichte zu beginnen. Schwamm drüber! – durch das Amnestiegesetz oder das Recycling des Diktators Pinochet in den Senator Pinochet oder wie es der ehemalige und erste »Übergangs«-Präsident Patricio Aylwin recht deutlich ausdrückte, als er den Rettig-Bericht zur Lage der Menschenrechte unter der Diktatur vorstellte: »Es wird Gerechtigkeit geben – im Rahmen dessen, was möglich ist.«

Laut Pedro Milos handelt es sich hier um eine Methode, die kriegerischen Auseinandersetzungen in unserem Land zu besänftigen, angesichts der Angst der politischen Führungen, dass sich die gewaltsamen Zusammenstöße der Vergangenheit wiederholen könnten.[1]

Dennoch rufen Ereignisse wie die Verhaftung Pinochets in London im Oktober 1998, jede Gedenkveranstaltung zum 11. September 1973, Tag des Militärputsches, oder der jüngste Valech-Bericht zu politischer Haft und Folter jäh die Erinnerung wach. Es ist unmöglich, ein Land neu aufzubauen und dabei ein Stück seiner Vergangenheit auszulöschen. Das ist schmerzhaft und nicht etwa heilsam. Die verschwiegene, verdrängte Vergangenheit bleibt ein Gestern, das nicht aufhören will.

Das Vergessen als Mittel sozialer Disziplinierung

Die Erinnerungslosigkeit, in der wir uns heute befinden, ist nicht das spontane Ergebnis einer schmerzhaften Etappe, sondern Produkt der Kontrolle, die mit der Diktatur angefangen hat, welche sehr wohl begriffen hatte, wie wichtig die Aneignung der Vergangenheit aus einer bestimmten politischen Zielsetzung heraus ist. Laut Groppo »bemühen sich die diktatorischen Regime, besonders diejenigen, welche die totale Herrschaft über die Gesellschaft anstreben, die absolute Kontrolle über die Erinnerung und die Vergangenheit zu erlangen, um die sozialen Identitäten und die nationale Identität nach ihrem Belieben zu gestalten.«[2] Unsere Identität ist bewusst ausradiert worden, daran haben auch die späteren Regierungen des breiten Parteienbündnisses aus Christdemokraten, Sozialisten und weiteren bürgerlichen Kräften nicht gerührt, aus Angst vor dem, was da kommen könnte, und mit dem Ziel, ein Land – eine Identität ohne Widersprüche zu konstruieren, homogen in den großen Projekten. Es wurde so getan, als hätten die ChilenInnen sich nie feindlich gegenübergestanden, als hätte nie eine Gruppe eine andere ermordet. Fernando Reati ist der Ansicht, dass in Chile »die Straflosigkeit und das Vergessen heute die Fortsetzung des militärischen Projekts sind, das in den 1970er-Jahren gestartet wurde, um die Zivilgesellschaft einem bestimmten wirtschaftlichen, kulturellen, juristischen und politischen Modell unterzuordnen.«[3]

Wenngleich die Politik des Vergessens in Chile von Seiten der Regierungen verordnet wurde, braucht sie doch einen gesellschaftlichen Korpus, der sie trägt oder zumindest nicht in Frage stellt. Reati meint dazu: »Die Notwendigkeit, fest nach vorn zu blicken, wird uns von Regierungsseite nahe gelegt (siehe dazu den Sarkasmus, der sich gegen die vermeintlich »Ewiggestrigen« richtet), findet aber ein zustimmendes Echo in breiten Schichten der Bevölkerung, nicht nur, weil der Blick in die Vergangenheit uns ein nicht gewünschtes Bild von unserer eigenen Identität spiegeln könnte, sondern auch, weil noch immer die untergründige Furcht herrscht, die Vergangenheit könnte sich wiederholen.«[4] Das erklärt die Unterstützung beziehungsweise die fehlende Auseinandersetzung mit der Politik des Vergessens, die von den Regierungen der letzten sechzehn Jahre vertreten wurde.

Nein zur Opferrolle – eine Empowerment-Übung

Wenn schon dem Leid der Opfer ein Randplatz innerhalb der herrschenden Erinnerungspolitik zugewiesen wurde, so werden ihre vom Mainstream abweichenden und durch Repression ausgelöschten Gesellschaftsentwürfe erst recht verschwiegen. Sie leben dennoch weiter in denen, die Widerstand gegen die Diktatur leisteten, und sind zweifelsohne das Subversivste unseres Gedächtnisses.

Das Gegensatzpaar Opfer-Täter verdeckt so komplexe Dinge wie die Erfahrung des grundsätzlichen Infragestellens der herrschenden Ordnung und das Eintreten für ganz andere Vorstellungen in politischer, wirtschaftlicher, sozialer, ideologischer Hinsicht, und auch in Bezug auf die Geschlechterverhältnisse. Jene, die gegen die Diktatur Widerstand leisteten, gingen weit über die Opferrolle hinaus, da sie sich über die ungerechten Verhältnisse im Klaren waren, unter denen sie lebten, und sie zu ändern beschlossen hatten, wodurch sie selbst zu »Weltschaffenden Subjekten« wurden.

Der Weg der Selbstbefreiung, das heißt der reale und konkrete Aufbruch zur Veränderung der Gesellschaft, kennzeichnet in doppelter Hinsicht den Fall der drei Frauen, die ihre Lebensgeschichten hier erzählen. Einerseits (er)leben sie den Befreiungsprozess, indem sie politische Aktivistinnen werden und sich damit den Vorsatz zu eigen machen, die politischen, wirtschaftlichen und gesellschaftlichen Verhältnisse zu verändern; andererseits stärken sie ihr Selbstbewusstsein durch den Feminismus und versuchen, innerhalb ihrer Organisation die Geschlechterbeziehungen neu und anders zu gestalten. Ihre Praxis macht deutlich, dass diese Aktivistinnen weit über die stumme Opferrolle hinausgegangen sind, da sie sich entschieden haben, als aktive Subjekte für die Transformation der herrschenden Verhältnisse zu kämpfen.

In der Weigerung, sich unserer Geschichte in ihrer Gesamtheit zu stellen, verbirgt sich die Absicht, die von der herrschenden Sicht abweichenden Gesellschaftsentwürfe zu begraben, so wie die Methoden des Staatsterrorismus benutzt wurden, um sie auszulöschen. Diese alternativen Projekte richteten sich gegen die Herrschenden jener Epoche und vermitteln auch in der Gegenwart das Werkzeug, um gegen das herrschende System gerichtete Lebensentwürfe zu artikulieren.

Wie das Vergessen politisch beabsichtigt ist, ist auch das Erinnern ein politisches Argument gegen soviel funktionale Geschichtslosigkeit, stellt sich als subversiver Akt dar, als historische Frechheit gegen das verordnete und disziplinierende Vergessen. Es ist nicht die neutrale Handlung des Wieder-ins-Gedächtnis-Holens, sondern das bewusste Ge-denken, Nach-denken, um diese Entwürfe von einem anderen Leben und einem anderen Land zu erfassen und zu begreifen, die abgeschnitten, aber nicht vernichtet wurden.

Damit sich in Chile der Kreis der Geschichte schließt, ist es nicht nur erforderlich, die Wahrheit zu kennen, sondern es muss Gerechtigkeit walten, Gerechtigkeit, die auch das Andenken an die Opfer, ihre Gedanken und Projekte mit einschließt. Angesichts der Unterdrückung der Erinnerung und der herrschenden Praxis des Verdrängens und Vergessens bedeutet der Aufruf zum Erinnern zweierlei: Erinnerung und Verurteilung der repressiven Vergangenheit und Erinnerung an die verfolgten Menschen und ihre Vorstellungen, auch wenn dadurch die erdrückende Politik des Verleugnens ins Wanken gerät, die Voraussetzung für den so genannten »Übergang« von der Diktatur zur Demokratie war.

Eine Besonderheit des Verdrängungsprozesses, den die Zivilgesellschaft auf sich nahm, um nicht einem erneuten Staatsstreich ausgesetzt zu sein, war und ist die Isolierung der Opfer. Die Frauen und Männer, die einst die Gesellschaft radikal verändern wollten, werden heute nur unter der Bedingung akzeptiert, dass sie abschwören, ihre Vergangenheit verleugnen und damit die Projekte, die sie damals verfolgten.

An diese drei Frauen der MIR zu erinnern, bedeutet auch, diejenigen zu Wort kommen zu lassen, denen es verwehrt war, sich an der Konstruktion von Geschichte in unserem Land zu beteiligen. Diese Frauen, die so etwas wie störende Knoten für das vorherrschende Vergessen darstellen, gewinnen ihre Identität zurück, indem sie ihre Erfahrungen erzählen. Ihnen, denen durch die Folter das Bewusstsein ihrer selbst und ihre Erinnerungen genommen werden sollten, muss zugehört werden.

Wenn politische Projekte wie die der MIR aus der Vergangenheit gelöscht worden sind, dann erst recht die von Frauen, welche am Aufbau dieser Projekte beteiligt waren, und ganz besonders jene Kapitel ihres Lebens, in denen sie inmitten von Schmerz und Angst Überlebensstrategien entwickelt haben. Diese Strategien warfen Fragen auf, riefen Widerstände und Veränderungen in ihrem sozialen Umfeld hervor, gerade auch in der Partei, in der sie organisiert waren und die einen Großteil ihres Lebens ausmachte. Im Verlauf der Geschichte taten sich in Notsituationen immer auch Risse auf, durch die Frauen aus dem normierten Rollenverständnis ausbrechen konnten. Oft geschieht es in Ausnahme- oder Krisenzeiten, dass Frauen in stärkerem Maß an politischen Aktivitäten teilhaben und Räume erschließen, die es ihnen ermöglichen zu wachsen und ihre allgemeine Lage in der Gesellschaft zu hinterfragen. Häufig bot der massenhafte Zulauf zu revolutionären politischen Bewegungen ihnen die Gelegenheit, die kulturell überlieferten Geschlechterrollen zu verlassen. Sie protestierten gegen Diskriminierung, wenn sie sahen, dass sie fähig waren, die gleiche Verantwortung zu übernehmen wie ihre männlichen Genossen; sie lernten, bildeten sich weiter und hinterfragten Traditionen, so dass die konventionellen Geschlechterverhältnisse ins Wanken gerieten und neu gedacht wurden. Im Fall dieser drei Frauen bot, wie gesagt, die MIR einen Raum des potentiellen Bruchs mit dem herrschenden Geschlecht-Gender-System, in dem Transformationen und Überschreitungen in diesem Sinn möglich wurden.

Auch wenn die Parteien der Linken nicht gerade ein Hort der Geschlechtergerechtigkeit waren, sondern die patriarchalen Herrschaftsstrukturen widerspiegelten, gab es doch Risse, die dazu führten, dass einige Aktivistinnen aufbegehrten, wenn es um das Verständnis des politischen Engagements ging, da sie gleichzeitig auch einen feministischen Bewusstwerdungsprozess durchmachten.

Die Lebensgeschichten dieser Frauen erheben nicht den Anspruch, repräsentativ für die Frauen einer ganzen Generation zu sein, sondern es soll eine Praxis in Erinnerung gerufen werden, die den traditionellen Lauf der Ereignisse veränderte, Brüche hervorgerufen hat, welche zusammen mit anderen Faktoren Veränderungen im herrschenden Gesellschaftssystem bewirkte, insbesondere im Hinblick auf die Geschlechterverhältnisse.[5]

Mitgliedschaft in der MIR

Arinda, Cristina und Soledad wurden während der Regierungszeit der *Unidad Popular*[6] Mitglieder der MIR. Vorher hatte die Organisation im Untergrund gearbeitet, was trotz der nun größeren Möglichkeit zur offenen politischen Arbeit im Großen und Ganzen beibehalten wurde. Da die MIR eine Kaderpartei war, musste jedeR erst eine Anwartzeit absolvieren, ehe er/sie als Vollmitglied akzeptiert wurde. Großen Zustrom erfuhr die Organisation durch ihre Massenorganisationen wie die FTR (*Frente de Trabajadores Revolucionarios* – Revolutionäre Arbeiterfront) oder die FER (*Frente de Estudiantes Revolucionarios* – Revolutionäre Studentenfront). Die drei Frauen kamen über diese Massenorganisationen zur MIR und wurden später Parteimitglieder. Alle drei hatten männliche Angehörige oder Partner, die in der MIR waren, dennoch traten sie – entgegen herrschenden Vorurteilen – selbstständig und ohne Einflussnahme männlicher Vorbilder in die Organisation ein.

In der Zeit der *Unidad Popular* unterstützte die MIR die Arbeit Allendes, wenngleich die Teilnahme an Wahlen als reformistisch abgelehnt wurde. Alle bewaffneten Aktionen wurden Monate vor den Präsidentschaftswahlen von 1970 eingestellt, und nach dem Wahlsieg Allendes bildeten MIR-Aktivisten seine persönliche Leibwache, die GAP (*Grupo de Amigos del Presidente*). Nach Auffassung der MIR konnte die Volksmacht letztlich nur durch den bewaffneten Kampf errungen werden, der Weg über die Wahlen bedeutete der Einschätzung der MIR zufolge, den politischen Kampf auf einem Terrain zu führen, das der Feind abgesteckt hat, sich organisatorisch und politisch in einem fruchtlosen, zum Scheitern verurteilten Unterfangen zu verzehren, in den Massen falsche Hoffnungen zu wecken und die bestehende Institutionalität zu stützten statt sie zu stürzen.

Arinda musste ihre Mitgliedschaft in der MIR geheim halten, da sie in den Labors von ASMAR arbeitete, einer zur Marine gehörigen Werft.

Ich bin in den 60er-Jahren in die MIR eingetreten. Vorher hatte ich mich in Basisgemeinden engagiert, damals war ich Christin. Mit 21 Jahren bin ich zum Arbeiten nach Concepción gekommen, vorher lebte ich in Temuco und hatte Chemie an der Universidad de Chile in Temuco studiert. Ich bin Chemielaborantin und habe dann ab 1967 bei ASMAR gearbeitet, auf der Werft der Marine in Talcahuano. Zuerst ging ich in die FTR, weil ich damals ja werktätig war. Ich war so ungefähr einen Monat in der FTR, als mir vorgeschlagen wurde, Mitglied der MIR zu werden, das heißt ich machte einen Sprung auf eine andere Ebene. Das war eine ganz nette Erfahrung, denn mein Baby war gerade geboren, und da ich bei ASMAR arbeitete, war meine Parteitätigkeit klandestin, zumal es um eine Arbeit in den Streitkräften ging. Und daher schlugen sie mir vor, auf einer FTR-Versammlung öffentlich meinen Austritt aus der FTR bekannt zu geben. »Nett« war's, weil die FTR-Genossen meinen Austritt mit den Worten kommentierten: »Na klar, so sind die Frauen, weg vom Fenster und schön zu Hause bleiben.«

Mein Lebensgefährte war auch in der MIR. Wie er dazu kam, weiß ich nicht, das habe ich nie erfahren, weil wir keine Zeit hatten, über solche Dinge zu sprechen. Außerdem hat er eine andere Geschichte, weil er offen gearbeitet hat. Das war eines der Probleme, die wir am Schluss hatten, als die Dinge schwieriger wurden. Wir mussten uns dann auch als Paar entscheiden, denn als der Putsch kam, war eine von uns im Untergrund und der andere nicht.[7]

Arindas Wochenenden, die sie mit der Familie verbrachte, vermischten sich mit Parteiaufträgen, und der kleine Sohn war anfangs bei den politischen Aktivitäten immer mit dabei.

Der Guatón [der Lebensgefährte, Anm. d. Übs.] hatte keine Ahnung, was ich machte, und ich, na gut, ich wusste, was er tat, weil er ja offen arbeitete. Das heißt, er wusste, dass ich mit besonderen Aufgaben beschäftigt war und basta. Solange unser Sohn noch klein war, war alles einfach, denn sonntags nahmen wir das Auto, alle Sachen rein, und dann fuhren wir »spazieren.« Der Guatón hat mich bis in die Nähe der Stelle gebracht, wo ich gearbeitet habe. Bis in die Nähe, weil er ja nicht wissen durfte, wo ich arbeitete, und er ist dann mit dem Kind zu seinen Versammlungen gefahren. Die dauerten ja meist den ganzen Tag. Irgendjemand hat ihm da mit dem Kind geholfen, und abends hat er mich dann wieder abgeholt, und dann kamen wir drei nach Hause, als hätten wir einen schönen Familienausflug gemacht. Als unser Sohn aber anfing zu sprechen, haben wir ihn zur Oma oder was weiß ich wohin gebracht, denn meine Mutter wusste nicht, was ich machte. Sie dachte, ich machte Sachen für die Gewerkschaft und so, wusste aber nicht, dass ich in der MIR war. Das erfuhr sie erst im August, als ich mich in einem sicheren Quartier verstecken musste, da musste ich es ihr sagen.[8]

Soledad politisierte sich über eine Mitschülerin.

Was mich dazu brachte, in der MIR aktiv zu sein und nicht anderswo, war eine Mitschülerin vom Liceo 3, die ich total bewunderte und die uns einlud, an der FER teilzunehmen. Sie hieß María Isabel Joui[9] und war die Beste von allen, sie war eine Frau, wie ich sie hätte sein mögen. Sie kam eines Tages vorbei und lud alle Klassen ein, an einer Versammlung der FER teilzunehmen. In der Schule war die große Mehrheit damals christdemokratisch orientiert, und auch unter den Linken war die FER eine kleine Minderheit. Aber sie trat nicht auf, als gehöre sie zu einer Minderheit, sondern war absolut überzeugt davon, dass sie recht hatte. Was ich am meisten an ihr bewunderte und mich später bewog, in die MIR einzutreten und nicht in eine andere Organisation der Linken, war die Schlagkraft ihrer Argumente. Sie zeichnete uns ein Schaubild an die Tafel, Linkshänderin war sie außerdem, und erklärte uns die Gewaltenteilung mit Exekutive, Legislative und Rechtsprechung und sagte uns, dass wir mit Allende nur den einen Bereich gewonnen hätten, und das nicht einmal komplett, dass wir aber zu einer tatsächlichen Veränderung der Verhältnisse auch die anderen beiden Gewalten kontrollieren müssten. Sie sagte uns, die FER stehe auf der Seite von Allende, aber genau dieser Moment müsse dazu genutzt werden, um Kräfte zu sammeln für später. Drei Mädchen aus meiner Klasse sind zum FER-Treffen gegangen, auch Mädchen aus anderen Klassen, und wir alle sind dabei geblieben, weil María Isabel Joui echt total überzeugend war.[10]

Obwohl zwei Brüder von Cristina schon in der MIR aktiv waren, kam sie über Arbeitskollegen zur Organisation.

1970 waren meine Brüder schon in der MIR, von fünf Brüdern waren zwei MIR-Aktivisten, ich sah immer, wie sie politisch arbeiteten, aber ich hatte meine eigenen Interessen. Als ich 1970 im Ministerium für Hoch- und Tiefbau anfing, gab es dort schon die FTR, und erst da begann ich mich für die MIR zu interessieren, sah die ersten Arbeitskämpfe, und dass sie im Öffentlichen Dienst organisiert waren. Und dann nahm ich den Kontakt auf und schloss mich der Organisation an, sofort bildete ich mit 7-8 Leuten eine Gruppe. Anfangs waren wir zwanzig und mussten uns in drei Zellen aufteilen, und ich übernahm dann die Leitung einer FTR-Zelle im Ministerium, weil ich verantwortungsvoll war. Wir malten Wandzeitungen, schrieben Leitartikel, machten SIPONAs [Analysen der politischen Situation], und ich erledigte alle Aufgaben, die sie uns übertrugen, sehr gut, einfach weil ich verantwortungsbewusst war, nicht weil ich besonders viel kapiert hätte. 1971 arbeitete ich mit FTR-Genossen an verschiedenen Aufgaben: Wir kontaktierten Organisationen, gingen in die Industriegürtel, trafen Vorbereitungen.[11]

Cristina Chacaltana stieß nicht nur unabhängig von ihren Brüdern zur MIR, sie bekam sogar den Auftrag, einen Arbeitskollegen für die MIR zu gewinnen, Mario Mujica, den sie später heiratete.

1974 lernte ich ihn kennen, und wir nahmen ihn sofort in unsere Zelle auf. Ich habe ihn rekrutiert. Sein Vater war Arbeiter bei YARUR[12] und seine Mutter Hausangestellte, sie putzte bei reichen Leuten. Erst 1973 konnte Mario seiner Mutter von dem Geld, das er verdiente, einen Kochherd kaufen. Sie waren arm, und er konnte nur zur weiterführenden Schule gehen, weil er vom Anfang bis zum Ende der Schulzeit der Klassenbeste war, deshalb hat er ein Stipendium bekommen, weil er aus einer armen Familie stammte, aber intelligent war, und dank dieser Unterstützung bekam er auch Milch in der Schule, und praktisch hat er auch für seine Geschwister gesorgt, denn seine Mutter musste arbeiten gehen und sein Vater war Arbeiter, und dann hat Mario sich um sie gekümmert und ihnen Milch gegeben. Als meine Schwiegermutter noch nicht arbeitete, gab es bei ihnen keine Milch, sondern nur ausgekochten Weizen, den gezuckerten Weizensud gab sie den Kindern. Und bis 1973 hat sie noch auf einem Kohlenbecken gekocht, dann erst hat sie den Kochherd bekommen, den hat sie immer noch, den gibt sie auch nicht her und der sieht immer noch tiptop aus. Sie hatten auch keinen Ofen. Mario hat immer gearbeitet. Als er zur Universität ging, arbeitete er bis 18:00 Uhr und ging um 19:30 Uhr in die Vorlesungen bis 1:00 Uhr morgens. Das war auf der Pädagogischen Hochschule, er studierte Mathematik dort. Die Uni finanzierte er mit dem, was er tagsüber durch seine Arbeit verdiente. Er arbeitete im ersten Stock, in der Buchhaltung des Ministeriums für Hoch- und Tiefbau. Vorher hat er auch auswärts gearbeitet, in der Nähe von Allendes Haus, bei Sanierungsarbeiten. Nach dem Putsch haben sie ihn hierher versetzt, und da habe ich ihn dann kennengelernt.[13]

Entscheidung für eine politische Organisation

Schon 1967 hatte die MIR den friedlichen Weg zum Sozialismus und die Theorie von der Revolution in Etappen abgelehnt und erklärt, eine Veränderung der Gesellschaft von Grund auf, der Sozialismus sei nur durch den bewaffneten Kampf zu erreichen. Diese Radikalität war ausschlaggebend für Arindas Entscheidung, in der MIR aktiv zu werden.

In der Situation damals war mir klar, dass alles nur Trostpflästerchen waren, und dass Chile im Grunde tiefgreifende Veränderungen brauchte. Das hieß, man musste sich politisch entscheiden, und innerhalb des politischen Spektrums war die MIR die Organisation, die mich am meisten überzeugte. Nicht weil ich dessen Programm oder Projekte gut gekannt hätte, sondern weil mich die traditionellen Parteien nicht überzeugten, deswegen kam ich zur revolutionären Linken.

Arinda hatte sich zuvor in christlichen Basisgemeinden engagiert, der Wechsel zur MIR führte sie zwar nicht in eine Glaubenskrise, bedeutete aber eine Entscheidung für radikale Veränderungen.

Ich habe nicht von meinem Glauben Abstand genommen, sondern nur gesehen, dass meine Sozialarbeit nicht genug war. Sie reichte mir selbst auch nicht. Ich will damit nicht sagen, dass Sozialarbeit schlecht ist, aber sie reichte mir einfach nicht. Ich dachte damals, dass es so nicht laufen könne. Mich überzeugten die traditionellen Parteien der Linken nicht. Außerdem war da der Einfluss der kubanischen Revolution. Ich hatte etwas darüber gelesen, auch was von Che. Das brachte mich dazu, in der MIR aktiv zu werden. Die anderen Organisationen überzeugten mich nicht, überzeugen mich heute noch nicht, weil sie reformistisch sind, nicht revolutionär. Damals war das völlig klar. In der Kirche stand ich damals den Christen für den Sozialismus nahe, aber mir war klar, dass die Veränderungen, die in diesem Land erforderlich waren, nicht von einer christlichen Bewegung ausgehen würden, es musste eine politische Organisation geben, eine Partei. Als ich in die MIR eintrat, dachte ich natürlich nicht daran, was das für mein weiteres Leben bedeuten würde. Das war keine Entscheidung gemäß der Option: »Ich – für die Revolution«, der Rest ergab sich einfach. Das waren schreckliche Jahre, die Zeit der Unidad Popular, *du kamst nicht zum Schlafen, besonders wenn du damals Arbeiter warst, erst recht nicht, wenn du Arbeiter und klandestiner Aktivist warst.*[14]

Für Soledad gab es in jener Zeit einen großen Unterschied zwischen den AktivistInnen der MIR und denen anderer Parteien.

Die Leute der MIR hatten immer die besseren Argumente, waren immer am besten informiert, konnten am besten diskutieren. Noch heute glaube ich, dass die Leute der MIR die kohärentesten waren, diejenigen, die am meisten riskiert haben, die mutigsten, diejenigen, die am besten argumentieren konnten. Die Aktivisten zeichneten sich durch ein hohes Maß an Integrität aus, sie waren einfach gut. Die MIRisten hatten die besseren Argumente, die anderen hatten Parolen, aber keine Überzeugungskraft. Ich glaube noch heute, dass es in der gesamten Geschichte Chiles bis heute kein besseres Projekt gab als das, was die MIR machen wollte. Es gab eine Kultur der MIR, die das Beste war, was es je in Chile gab, das meine ich noch heute. Sie waren konsequent und integer in vielerlei Hinsicht, nicht nur in politischer Hinsicht.[15]

María Isabel war für die Oberschülerinnen des Liceo 3 nicht nur in ethischer und intellektueller Hinsicht ein Bezugspunkt, sondern auch ästhetisch. Joui war für ihre Mitschülerinnen eine Ikone der Gegenkultur, denn sie kleidete sich entgegen den Modevorschriften und fiel optisch völlig aus dem Rahmen. Soledad und ihre Freundinnen ahmten sie nach und lehnten das Rüschenhafte und typisch Feminine ab, dessen Zweck darin besteht, Männeraugen auf sich zu ziehen. Mit Jeans, Parka und Schnürstiefeln etablierten sie eine eigene neue Mode, eine Ästhetik, die mit ihren revolutionären Idealen eher übereinstimmte.

Cristina beschloss, in die MIR einzutreten, nachdem sie beobachtet hatte, was in anderen Parteien vor sich ging, insbesondere bei der Radikalen Jugend[16], in der sie eine Zeit lang aktiv war.

Ich hatte schon von der MIR gehört, ohne jedoch involviert zu sein. Ich erinnere mich, dass ich eines Tages eingeladen wurde, bei einem freiwilligen Arbeitseinsatz mitzumachen, unsere Aufgabe war, eine wilde Müllhalde der Gemeinde Renca zu beseitigen und einen Platz daraus zu machen. Dort traf ich auf verschiedene Genossen von der Kommunistischen, Sozialistischen und Radikal-Revolutionären Jugend. So konnte ich feststellen, wie sie arbeiteten. Da merkte ich, was mit ihrem Klassenbewusstsein los war. Wir sollten auch dort in Renca arbeiten, wo Land besetzt worden war, und ich merkte, dass die Aktivisten, die seit Jahren aktiv waren, total kleinbürgerlich waren. Aufgrund dieser Erfahrungen bei den freiwilligen Arbeitseinsätzen habe ich mitgekriegt, was für Leute in den Parteien waren.«[17]

Wegen der tiefgreifenden Veränderungen und der radikalen Methoden, die die MIR propagierte, entschied sich Cristina für die MIR.

Die Genossen der MIR waren Leute, die sich aufopferten. Ich sah, dass sie eine andere Haltung an den Tag legten: Sie gingen in die Poblaciones[18]*, setzen sich voll ein, übernahmen den ganzen Kram der Organisierung auf dem besetzten Land, redeten mit den Leuten. Ich sah, dass sie sich bewegten, dass sie organisiert waren und den Leuten keine Steine in den Weg legten. Das war grundverschieden von dem, was ich sonst so erlebt hatte, beispielsweise in der Sozialistischen Jugend. Denn ich kam mit ihnen in Kontakt über die Arbeit in den Poblaciones oder in der Arbeiterfront. Und ich sah, was getan wurde, nicht nur, was gesagt wurde. Denn viele redeten sehr gut, und mir hatten die von der Sozialistischen Partei gefallen, weil sie echt gut reden konnten, aber wenn du sahst, was sie machten, war das nicht dasselbe. Bei der MIR war es aber so, ich sah, dass die Genossen machten, was sie sagten. Das war für mich schon ein Unterschied.*[19]

Miguel Enríquez und Bautista van Schouwen vereinten in sich die besten Eigenschaften der MIRistInnen, an sie erinnern sich Cristina und Soledad mit besonderer Zuneigung und Bewunderung. Da beide Frauen in Santiago wohnten, sahen sie sie des Öfteren.

Die waren für mich so was wie Helden, aber lebendige. Unter der vorherigen Regierung waren sie im Untergrund gewesen und hatten sogar Banküberfälle gemacht. Das heißt, was sie sagten, war nicht pure Theorie, sie hatten ihr Leben riskiert. Die MIR hatte das gewisse Etwas, was weder die KP noch die Sozialistische Partei hatten, vielleicht hatte es die KP früher mal gehabt, mit den Minenarbeitern und so, aber sie hatte es nicht mehr. Diese beiden waren lebendige Menschen, sie waren nicht Geschichte, sondern Gegenwart.[20]

Die hektischen Jahre der *Unidad Popular*

Soledad und Cristina begannen ihre Mitgliedschaft in der MIR während der Regierung der *Unidad Popular*. Sie erinnern sich an diese Etappe als an eine hektische, politisch ungeheuer bewegte Zeit. Die Revolution, an die sie glaubten, schien zum Greifen nahe. Für Soledad war zunächst die Schule der Ort ihrer politischen Sozialisation und wichtiger Schauplatz sozialer Kämpfe.

Ich fühlte mich als Herrin unserer Schule, wir hatten einen Raum als FER, das hatten wir erkämpft. Da hatten wir Essen, Decken, es war unser Zuhause, wir lebten praktisch in der Schule, es sei denn, wir gingen auf Demos oder FER-Versammlungen außerhalb. Und in der Schule lasen wir, hielten unsere Treffen ab, machten Wandzeitungen oder Transparente für die Demos. Dort hatten wir Farbe, Pinsel, die Kleidung, mit der wir losgingen, um Parolen an die Wände zu malen. Stell dir Orte wie die Darío-Salas-Schule vor, wo drei Viertel der Leute links waren. Du gingst dorthin und es war, als kämst du in ein sozialistisches Land en miniature. Alles war voller Transparente, es gab kulturelle Aktivitäten, Diskussionsforen. Wir besetzten wochenlang Räume, die dann voller Schüler waren. Und in diesen besetzten Häusern machten wir politische Schulungen, Versammlungen, militärische Ausbildung (sozusagen in Anführungszeichen, denn in Wirklichkeit war das nichts), aber wir hatten einen kämpferischen Geist. Wir diskutierten über viele Themen, lasen Das Kapital, Schriften des Che.[21]

Die Allende-Regierung war für Arinda eine Zeit voller atemloser politischer und beruflicher Aktivitäten, dazu kamen persönliche Pläne.

Die UP-Jahre sind chaotisch gewesen, denn in dieser Zeit arbeitete ich von acht Uhr morgens bis 17:30 Uhr in Talcahuano, wohnte aber in Concepción. Dann, ich glaube, ab 1971, habe ich angefangen, an der Universidad Santa María zu arbeiten, unterrichtete dort in Abendkursen Arbeiter, die studierten, denn ich wollte eigentlich meine Arbeit bei ASMAR aufgeben und als Dozentin arbeiten. Damals haben wir uns eine Wohnung gekauft, und ich überlegte, erneut schwanger zu werden. Ich wollte kein Einzelkind haben, denn ich war Einzelkind gewesen, daher wollte ich mindestens zwei Kinder. Ich plante langfristig, aber dennoch waren das chaotische Jahre, in denen du kaum zum Schlafen kamst. Ich habe das nur durchgehalten, weil ich halt jung war, ich arbeitete, ging zur Uni, danach gab's noch politische Versammlungen. Sie holten mich um zwölf Uhr nachts von der Uni ab, die Versammlungen dauerten bis sechs Uhr morgens, dann fuhr ich nach Hause, duschte, zog mich um und fuhr wieder los in die Fabrik, als wäre nichts gewesen. Außerdem arbeitete ich ja klandestin, also konnte ich nicht sagen, ich sei in einer Versammlung gewesen.[22]

Auch Cristina erlebte die 1.000 Tage der sozialistischen Regierung als eine Zeit, in der das Leben mit einer ungeheuren Geschwindigkeit voranging.

Alles passierte unglaublich schnell. Ich fühlte, wie die Ereignisse mich antrieben und mein Leben beschleunigten. Du hörtest die Nachrichten im Radio und welche Maßnahmen die Regierung ergriffen hatte. Dann gingst du auf die Straße und fandest dich in einer Demo wieder.[23]

Die Hektik dieser Jahre wurde brutal unterbrochen durch den Putsch. Statt breiter Teilhabe der Bevölkerung herrschten nun Angst und Schrecken, Chile schien sich in ein anderes, fremdes Land zu verwandeln.

Erste Wahrnehmungen der Genderproblematik in der MIR

Als die Frauen in die MIR eintraten, hatten sie zwar noch kein Bewusstsein von den Ungleichheiten bezüglich Gender und Geschlecht, aber die Unterschiede zwischen Frauen und Männern innerhalb der Organisation und die von der MIR angestrebten Veränderungen der patriarchalen Gesellschaftsverhältnisse waren schon ein Thema für diese Aktivistinnen. Was Cristina sofort auffiel, als sie zur MIR kam, war die geringe Anzahl Frauen, die an den FTR-Versammlungen auf ihrer Arbeit teilnahmen, im Ministerium für Hoch- und Tiefbau.

Ich sehe noch die ersten Plakate, auf denen stand: »Versammlung in der Kantine.« Ich bin hingegangen zur ersten Versammlung und sah dort nur Männer. Es waren etwa 500 Männer da und drei Frauen – mich mitgezählt.[24]

Auch Arinda war die einzige Frau in ihrer politischen Gruppe, obwohl in ihrem Fall angemerkt werden muss, dass sie sich besonderen und geheimen Aufgaben widmete, also in einem Bereich arbeitete, in dem es noch weniger Frauen gab, weil er mit größeren Risiken verbunden war.

Meine Genossen aus der Gruppe und ich hielten zusammen wie Pech und Schwefel, ich war außerdem die einzige Frau und für sie so etwas wie ein Maskottchen, das sie hegten und pflegten.[25]

In Soledads Erinnerung war die MIR dagegen eine der Organisationen mit der größten Anzahl an Frauen. Diese unterschiedliche Wahrnehmung ist wahrscheinlich durch den Altersunterschied zu erklären, und darüber hinaus politisierte sich Soledad im Umfeld von Schülern und Studenten, die offener und Veränderungen gegenüber aufgeschlossener waren.

Von heute aus betrachtet scheint mir, dass es in den anderen Parteien der Linken tatsächlich nicht so viele Frauen gab wie in der MIR. In den Konzentrationslagern wa-

ren wir so viele Frauen wie Männer. Bei den Männern waren die Mehrzahl MIRisten, aber bei den Frauen war das nicht anders, die Beteiligung von Frauen war proportional ziemlich groß.[26]

Trotz der von Soledad konstatierten zahlenmäßig großen Beteiligung von Frauen hatten die Frauen in der MIR einen unverhältnismäßig geringen Anteil in den Führungspositionen.

In jenen Jahren gab es nur wenige Frauen in leitenden Positionen. Es war so wie in der übrigen Gesellschaft: Unten gab es sehr viele Frauen, weiter oben schon weniger und auf der Ebene des Zentralkomitees waren Lumi Videla und Gladys Díaz die einzigen Frauen.[27]

Themen wie Familienplanung und ein verantwortungsbewusster wie auch lustbetonter Umgang mit Sexualität wurden nach Soledads Wahrnehmung in der MIR diskutiert.

Die Kultur des Umgangs miteinander war in der MIR umfassend, außer um politische Themen ging es um Verhütung, Sexualität, Familie.[28]

Was Arinda gerade als Frau besonders zur MIR hinzog, war das Thema der Waffen. Das ist interessant, denn nach der herrschenden Geschlechternorm sind Waffen und Gefahren Bereiche, aus denen Frauen traditionell ausgeschlossen sind.

Mein erster geheimer Treffpunkt war im Keller des Ministeriums, dort sollte mir erklärt werden, was in der FTR vor sich ging, und der Genosse fragte mich – das werde ich nie vergessen – , ob ich wisse, wie man Bomben legt. »Selbstverständlich«, sagte ich, aber ich hatte natürlich nicht die Spur einer Ahnung. Ich dachte allerdings, das sei eine Vorbedingung für den Beitritt beziehungsweise dachte, das sei DIE Vorbedingung, deswegen sagte ich, ich wisse das. Er fragte mich dann nichts mehr und entweder hatte er gemerkt, dass ich log, oder er glaubte mir halt. Außerdem war das was ganz Besonderes für eine wie mich, die nie eine Waffe in der Hand gehabt hatte, einen Helm zu tragen, einen Schlagstock oder Ketten dabei zu haben. Na klar, es war etwas Neues, dass du dich verteidigen konntest, denn sonst buttern sie dich immer unter als Frau, und jetzt hast du da ein Werkzeug zu deinem Schutz und zwar für alle gleich. Später sah ich dann, dass es das Problem der Frauenfrage immer gegeben hat, und zwar ziemlich ausgeprägt.[29]

Der Militärputsch

Am 11. September 1973 putschte in Chile eine Militärjunta, gebildet aus den Oberkommandierenden der drei Waffengattungen der Streitkräfte und der bewaffneten Polizei, und bereitete der verfassungsmäßig gewählten sozialistischen Regierung von Salvador Allende ein gewaltsames Ende.

Einige politische Kräfte wie die Christdemokraten setzten darauf, dass die Militärjunta nur übergangsweise die Macht innehätte, und vertrauten darauf, dass die Regierungsgewalt nach der »Stabilisierung« des Landes Zivilisten überlassen würde. Das geschah aber nicht. Es wurde ein diktatorisches Regime errichtet, und der Oberkommandierende des Heeres, Augusto Pinochet Ugarte, wurde Präsident. Die verfassungsmäßig verbrieften Freiheiten wurden per Ausrufung des Ausnahmezustands annulliert, und mit brutaler Gewalt wurde gegen die Opposition vorgegangen.

Die Repression der ersten Jahre traf insbesondere die MIR hart. Angesichts der Lage gaben die leitenden Genossen die Parole aus: »Die MIR geht nicht ins Exil«, und erkannten die Mitgliedschaft derjenigen ab, die – aufgrund welcher besonderen Umstände auch immer – sich dieser Losung widersetzten. Hunderte AktivistInnen wurden inhaftiert, verschwanden, wurden getötet. Am 5. Oktober 1974 starb in einem Feuergefecht der Generalsekretär der MIR, Miguel Enríquez. Der Geheimdienst DINA übernahm die Aufgabe, die einzige politische Organisation zu zerschlagen, die unmittelbar nach dem Putsch versucht hatte, bewaffneten Widerstand zu leisten.

1975 wurden zwei Leitungsgenossen verfolgt und beinahe gefasst. Um dem zu entgehen, flüchteten Andrés Pascal Allende und Nelson Gutiérrez sich in die Apostolische Nuntiatur in Santiago und konnten schließlich einige Monate später nach Costa Rica beziehungsweise Schweden ausreisen. Diese Ereignisse markierten die Niederlage der MIR, Hunderte von Überlebenden verließen das Land, nachdem sie in verschiedenen Botschaften Zuflucht gesucht hatten, andere wurden nach Haft und Folter des Landes verwiesen. 1976 war die MIR dezimiert, und es begann die Phase der Reorganisierung der Bewegung im Ausland, vor allem in Europa. Soledad, Cristina und Arinda erinnern sich genau an den 11. September 1973, der einen Bruch in ihrem Leben und dem von ihnen geteilten politischen Projekt verursachte. Sie erinnern sich wieder an die unzureichende Vorbereitung der MIR angesichts eines derartigen Aufgebots an militärischer Macht, an die Gründe, in der MIR weiterzumachen trotz der Entmutigung und an die ersten politischen Aktivitäten. Arinda musste schließlich in die italienische Botschaft flüchten und im Dezember 1974 gegen ihren Willen nach Italien ins Exil gehen. Soledad und Cristina wurden 1975 von der DINA verhaftet, gefoltert und im Konzentrationslager Tres Álamos eingesperrt. 1976 wurden sie entlassen und des Landes verwiesen. Auch sie landeten in Europa.

Wenngleich die MIR die Kraft innerhalb der chilenischen Linken war, die immer die Notwendigkeit der Vorbereitung auf einen möglichen Putsch gepredigt hatte, wurden tatsächlich auch die MIRisten vom Putsch genauso überrascht wie die restliche Linke. Aus den Erzählungen der drei Frauen wird deutlich, wie naiv die Vorstellungen vom Widerstand waren, und dass die militärische Vorbereitung – gemessen an dem Gewaltpotential der Streitkräfte – sich auf einem sehr niedrigen Niveau befand.

Es war, als ob der Wolf kommt, er kommt, dann kommt er doch nicht. Wir glaubten nicht so recht daran, ich zumindest glaubte im Grunde nicht wirklich an den Putsch. Wir legten zwar Waffendepots an, das war ja nicht aus der Luft gegriffen. Und wir hatten Pistölchen, während die andere Seite riesige Waffen hatte.[30]

Wir wurden hauptsächlich in Selbstverteidigung und in der Verwendung von Schlagstöcken unterwiesen. Kurz vor dem Putsch zeigten sie uns ein paar Pistolen. Das war so etwa im Juni, Juli nach dem Putschversuch [des Panzerregiments von Tacna im Juni 1973]*, da sahen wir zum ersten Mal richtige Waffen, denn wir machten Kurse in Selbstverteidigung in dem Industriegürtel[31] Santa Rosa. Sie zeigten uns die Waffe, wie damit umzugehen war, wie viele Kugeln drin sind, eine kleine Waffe.[32]*

Die geringe Fähigkeit dem Putsch etwas entgegenzusetzen brachte einen Teil der AktivistInnen dazu, die MIR in Frage stellten.

Da fingen dann die Diskussionen an: Wir haben so viel vom drohenden Putsch geredet und welche Fähigkeit, welche Kraft hatten wir tatsächlich, als es dazu kam, und viel Kritik. Und es gab eine Menge Leute, die sich von der MIR distanzierten. Einige, weil sie fühlten, dass die MIR ihren jahrelang erhobenen theoretischen Postulaten nicht entsprach. Andere, weil sie merkten, dass es nun ans Eingemachte gehen würde, und wieder andere wurden verhaftet oder konnten keine Verbindung zur Organisation herstellen, so dass die MIR in kurzer Zeit nach dem Putsch – zumindest, was meinen Bereich angeht – auf die Hälfte zusammenschrumpfte. Und dann begann die Diskussion, was machen wir jetzt, wie können wir auf den Sturz der Diktatur hinarbeiten?[33]

Cristina war am Tag des Putsches im Ministerium für Hoch- und Tiefbau, wenige Schritte von der Moneda[34] entfernt.

Wir hatten gesagt, wenn irgendetwas passiert, gehen wir zu den Industriegürteln. Ich fing an, meine Leute zu suchen und sah, dass alle abhauten, ich sagte, wir müssten hier im Ministerium bleiben. Ich hatte doch auch den Tanquetazo, den Putschversuch, erlebt. Damals hatte ich die Schüsse und alles gesehen. Und dann hörte ich Allende reden, mir läuft es immer noch kalt den Rücken herunter, denn er sagte, dass da was Großes im Gange ist, dass wir Widerstand leisten sollen, er sprach zu den Bauern, zu den Frauen und ich sagte: »Verdammt, das kann doch nicht sein!« Dann bin ich aus dem Ministerium raus und zum Industriegürtel. Als ich rauskam, fielen die ersten Bomben, und als die Bombardierung anfing, kamen Soldaten, durchkämmten alles und klopften an jede Tür.[35]

Ich kam dann nach Hause, und dort waren meine Brüder mit Genossen, die von Luchetti, von Vicu»a Mackenna, die Widerstand geleistet hatten. Meine Mutter hat fast einen Anfall gekriegt, sie glaubte, unser Haus würde durchsucht werden, sie sagte, wir seien alle verrückt, da haben wir die Genossen im Badezimmer untergebracht. Und mein Vater fing an, Papiere zu verbrennen, er setzte eine Pfanne mit einer ganzen Knoblauchknolle auf den Herd, damit man nichts röche, denn er verbrannte wie ein Wilder Papiere und solche Sachen. Er sagte, das sei die größte Strafe, dass seine Kinder alle MIRisten seien, er war ja von der Radikalen Partei. Wir waren fünf Kinder und bis auf eine Schwester alle bei der MIR. Und Aktivisten, leitende Genossen der MIR. Mein Vater war vollkommen fertig. Unser Haus war eines der wenigen, in dem es ein Radio gab, ein deutsches Fabrikat, mein Vater hatte sich ein großes Gerät gekauft, und so hörten wir bis zuletzt Radio Magallanes.[36]

Soledad war Oberschülerin und wollte an jenem Morgen zu einer Versammlung in einer Mädchenschule, die nicht mehr stattfand. Soledad suchte dann mit ihrer politischen Gruppe ein sicheres Quartier auf.

Und dann warteten wir auf Instruktionen, übrigens war eine Ausgangssperre verhängt worden und du konntest nicht weg. Wir mussten warten, bis es Nacht wurde, und schlichen uns dann heimlich durch die Straßen, um zu den verschiedenen Wohnungen zu gelangen, die Unterstützer uns zur Verfügung stellten. Die Sache ist, dass wir uns in einem Haus einrichteten und auf weitere Instruktionen warteten. Wir Grünschnäbel stellten uns vor, wir würden in den Kampf ziehen, wir würden eine Guerillagruppe aufbauen – was weiß ich, was wir uns vorstellten. Aber niemand hatte einen Begriff davon, was das war, ein Putsch, wir konnten das überhaupt nicht einschätzen, ich war noch ziemlich jung, noch nicht einmal siebzehn Jahre alt zu jener Zeit. Ich stellte mir damals vor, es würde sofort einen [Bürger-]Krieg geben. Wir waren drei, vier Tage dort, bis wir Instruktionen erhielten und eine erste Ahnung von der Dimension und der Bedeutung des Staatsstreiches bekamen: Das Ausmaß an Kontrolle, das sie hatten, und dass die Widerstandsherde, die es in einigen Sektoren der Industriearbeiter, Elendsviertelbewohner und Studenten gegeben hatte, bereits innerhalb von drei Tagen niedergeschlagen wurden, und dass es keine Möglichkeit mehr gab, Widerstand zu leisten. Auf militärischer Ebene war nichts mehr da, wenigstens nicht das Maß an militärischer Organisation, das erforderlich gewesen wäre. Das war nicht nur ein Problem der fehlenden Waffen, sondern auch der militärischen Strategie. Die Kraft, die die MIR hatte, der kleine militärische Apparat war eben ein kleiner militärischer Apparat einer politischen Partei. Das hatte nichts zu tun mit dem militärischen Apparat einer Armee, der aber wäre nötig gewesen, um den Versuch zu unternehmen, bewaffnete Widerstandsnester einzurichten, die sich eine Weile hätten halten können, oder Orte zu besetzen … aber das war unmöglich.[37]

Die Repression nach dem Putsch

Einige Tage nach dem Putsch ging Cristina zum Ministerium zurück, das von der Luftwaffe kontrolliert wurde, die auch das Gebäude durchsuchte. In der Abteilung, in der sie arbeitete, war den Vorgesetzten befohlen worden, die Habseligkeiten der ihnen unterstellten BeamtInnen zu kontrollieren. Cristina hatte kurz vorher Dokumente der MIR in ihrem Schreibtisch versteckt, die sie nicht zu Hause aufbewahren wollte. Ihr Chef fand das Material, deckte sie aber gegenüber den Militärs, sie musste allerdings ein Papier unterschreiben, dass sie sich nicht mehr an politischen Aktivitäten beteiligen würde. Von den etwa 3.000 Beschäftigten wurden circa 800 verhaftet und abgeführt, alle waren von der FTR, der KP oder der Sozialistischen Partei.

Soledad flog von ihrer Schule und wurde zusammen mit anderen Linken auf eine andere Schule geschickt. Dort gab es überall Spitzel, die alles überwachten, kaum jemand traute sich, mit früheren Genossen zu sprechen, und es herrschte Angst.

Arindas Tage nach dem Putsch waren gekennzeichnet von ständigen Ortswechseln. Sie verlor den Kontakt zur Organisation, da sie mit speziellen Aufgaben betraut gewesen war und der Leitungsgenosse der MIR in Concepción desertierte. Ihre Quartiere musste sie sich selbst organisieren.

Trotz allem – weiter in der MIR

Obwohl viele Aktivisten nach dem Putsch sich von der MIR entfernten, hauptsächlich aus Angst, setzten Arinda, Cristina und Soledad ihre politische Arbeit auch unter der Diktatur fort, wenngleich unter radikal anderen Bedingungen. Für Soledad stellte sich gar nicht die Frage, ob sie weiter in der MIR blieb.

Für mich war das völlig klar und mit Ignacio an meiner Seite sowieso. Wenn ich allein gewesen wäre mit meinen siebzehn Jahren, hätte ich es mir vielleicht anders überlegt. Außerdem hatten wir unsere Überzeugung: Ich wusste, dass Leute verhaftet wurden, ermordet wurden, aber ich dachte natürlich, dass mir das nicht passieren würde. Ich ging zu meinen Treffpunkten und war fest überzeugt, dass mir nichts passieren würde – bis zu dem Tag, an dem ich festgenommen wurde.[38]

Cristina wusste nicht, dass ein Teil der Aktivisten die Verbindung zur MIR verloren hatte, und sie setzte ihre politische Arbeit fort, allerdings mit größeren Sicherheitsmaßnahmen.

Ich wusste nicht, dass einige sich abgesetzt hatten. Ich dachte, dass sie ihre politische Arbeit weitermachten. Uns sagten sie immer, die Leute seien organisiert. Heute verstehe ich, warum sie uns nichts sagten, denn sonst wären alle demoralisiert gewesen und keiner hätte weitergearbeitet. Sie sagten, die Verhafteten wären einen Monat im Knast und kämen dann wieder raus. Als ich verhaftet wurde, merkte ich, dass das nicht stimmte, dass rauskam, wer gesungen hatte.[39]

Überleben – das war die ständige Sorge von Arinda in dieser Zeit, trotzdem stand ein Aussteigen für sie nicht zur Debatte.

Für mich stand fest, dass ich meine Haut retten musste, aber niemals sagte ich mir: Bis hierher und nicht weiter. Auf den Gedanken kam ich gar nicht.[40]

Widerstandsstrategien nach dem Putsch

Die politischen Aufgaben, die Arinda, Cristina und Soledad in der UP-Zeit übernommen hatten, wurden nach dem Putsch und angesichts der sich ausbreitenden Angst durch kleine Widerstandaktionen ersetzt. Außerdem mussten die durch den Putsch dezimierten und geschwächten Kräfte der MIR wieder aufgebaut werden. Der Putsch bedeutete für alle einen radikalen Einschnitt in ihrem Leben, politisch, gesellschaftlich und im Alltag. Cristina arbeitete tagsüber im Ministerium und nachts beziehungsweise ganz früh morgens für die Partei, besonders im Bereich Agitation und Propaganda: Das hieß, Stencils (Schablonen für Graffiti) mit Parolen wie »BROT, ARBEIT und FREIHEIT« machen, den *El Rebelde*, die Zeitung der MIR, heimlich an Kiosken auslegen, Aufkleber anbringen. Dieser kleine Widerstand inmitten der durch den Putsch verursachten Lähmung und Angst beschäftigte die AktivistInnen, so auch Soledad.

In den ersten Monaten schrieben wir Parolen an die Toilettenwände oder in den Bussen. Wir fingen mit ganz einfachen Sachen an, wir dachten noch nicht einmal daran, Flugblätter zu verfassen, dazu waren wir nicht in der Lage, hatten auch nicht den Durchblick. Kleine Sachen wie beispielsweise Parolen oder das große R von Resistencia [Widerstand] an den Wänden der Toiletten oder an der Tür des Direktors. Uns ging es darum, dass auf das, was passierte, reagiert wurde, ein bisschen Vertrauen zu schaffen, dass man etwas tun konnte, und vor allem, dass die Leute die Angst überwanden, denn das war das Schlimmste im Land: Der Terror, der von uns allen Besitz ergriff, die panische Angst, dass du wegen irgendeiner beliebigen Sache verhaftet werden konntest. Stell dir vor, vom ersten Montag an zwangen sie uns, die Strophe vom tapferen Soldaten [aus der Nationalhymne] zu singen, und in verschiedenen Schulen weigerten wir uns zu singen. Es gab Orte, da sahen sie, dass nicht gesungen wurde, und die Betreffenden wurden rausgeholt, kamen ins Gefängnis und heute gehören einige von ihnen zu den verschwundenen politischen Gefangenen – weil sie diese Strophe der Nationalhymne nicht gesungen hatten.[41]

Gefangene nach dem Putsch im September 1973 im Nationalstadion Santiago de Chile, das bis heute als Symbol für den Beginn der Periode des Terrors steht. Tausende werden gefoltert und ermordet.

Nach dem 11. September wurde Arinda aus der Werft ASMAR entlassen, ihr Mann konnte auch nicht zu seiner Arbeit zurück, denn er war ein bekannter leitender Genosse der FTR gewesen. Beide verloren die Verbindung zur MIR und mussten sich irgendwie durchschlagen.

Von einem Moment auf den anderen standen wir ohne einen Pfennig da. Außerdem musstest du dir die Haare schneiden lassen und dich anders anziehen. Denn damals wurde es den Frauen verboten, Hosen zu tragen. Die Männer mussten sich die Bärte abrasieren, all das wurde verboten. Alle mit kurzen Haaren und formell gekleidet. Solche Klamotten hatten wir doch gar nicht.[42]

Zerschlagene Lebensentwürfe

Der Putsch war nicht nur ein Wendepunkt im politischen Leben des Landes, sondern markierte eine radikale Veränderung des alltäglichen Lebens von Arinda, Cristina und Soledad. Das Leben, das sie bis dahin geführt hatten, brach zusammen. Plötzlich war alles, was sie in der Zeit der UP an Organisation und politischer Arbeit aufgebaut hatten, zu Ende. Auch die privaten und familiären Pläne platzten: Ein weiteres Kind, ein Haus, eine gute Arbeit mit Aufstiegsmöglichkeiten.

Deine ganze persönliche Lebensplanung geht vor die Hunde, du verlierst alles, nicht nur Materielles, du verlierst Freunde, Genossen … Ich habe viele Federn gelassen in dieser Geschichte, aber hier stehe ich. Ich lebe, andere nicht mehr. Für mich war der Putsch ein absoluter Bruch.[43]

Der Staatsstreich von 1973 veränderte nicht nur das Leben der drei Frauen, die sich in einer revolutionären Partei engagierten. Arinda erinnert sich daran, dass dieser Bruch auch das Leben ihrer Mutter und ihres Stiefvaters zerstörte.

Tatsächlich war die Konsequenz des Putsches auch, dass die Beziehung zwischen meinen Alten zerrüttet wurde. Weil mein Alter sich nach dem Hausarrest völlig veränderte. Ich weiß nicht, was ihm damals geschehen ist, weil ich schon inhaftiert war, als ich ihn wiedergesehen habe, und er ist gestorben, bevor ich rauskam. Also konnten wir uns nie darüber unterhalten. Als ich im Knast war, hat er mich einmal alle zwei Monate besucht, den Rest der Zeit hat er sich zu Hause eingesperrt, ist nicht ausgegangen. Für ihn war es wirklich schwierig, weil ich mich an Unterhaltungen mit ihm erinnere, denen zufolge er ein Verfassungstreuer war, er glaubte an die Streitkräfte, er war ja sein ganzes Leben bei der Armee gewesen. Er hätte wieder in die Armee aufgenommen werden können, aber er sagte nein. Für ihn war dadurch, dass sie geputscht hatten, die Sache schon verdorben. Und was es heißt, dass seine

Tochter und Schwiegersohn verhaftet wurden. Diese Dinge waren schrecklich für ihn, sehr hart.⁴⁴

Exil und Verhaftungen

Arindas Mann suchte im November 1973 Zuflucht in der italienischen Botschaft, und Arinda beschloss, ihn zusammen mit ihrem Sohn zu begleiten, obwohl sie eigentlich Chile nicht verlassen wollte.

Heute denkt man daran, woandershin zu reisen, und das ist ganz normal, weil man mehr reist, mehr rauskommt. Aber damals war das anders, es gab überhaupt nur wenige Leute, die das Land verließen. Außerdem noch den Kleinen zurücklassen. Ich dachte immer noch, dass ich weiter in der Universität arbeiten könnte. Ich war ja damals bei der staatlichen Technischen Universität beschäftigt. Was für eine Illusion, sie haben mich auch rausgeschmissen! Und schlussendlich im Gespräch mit meiner Mutter, die inzwischen wusste, dass ich bei der MIR war, kann ich es akzeptieren, mit meinem Mann wegzugehen. Ich nehme das Exil auf mich, aber mein Sohn sollte [in Chile] bleiben. Drinnen [in der Botschaft] treffe ich auf den Guaton und auf Juan, aber dort begegne ich auch dem Regionalsekretär wieder, der sich schon einige Zeit im Asyl befand.⁴⁵

In den ersten Jahren der Diktatur gab die MIR die Parole aus, wer ins Exil gehe, verliere die Mitgliedschaft in der MIR, daher erlebte Arinda in der italienischen Botschaft eine ihrer herbsten Enttäuschungen, als sie aus ihrer Partei ausgeschlossen wurde.

Ich sage dir, das war einer der schlimmsten Erfahrungen, die ich in meinem Leben gemacht habe, als Deserteure aus der Partei ausgeschlossen zu werden. Es hat mich unvorbereitet getroffen. Wir haben es erfahren, als wir schon in der Botschaft waren. Ein großer Schmerz, aber nicht mehr. Ich hab'sñ es aus der Presse erfahren. Es war schmerzhaft, aber man versteht es … man kann sich in solchen Situationen nicht rechtfertigen, aber man versteht die Lage. Und du weißt, was mit den anderen geschieht, und weißt, dass, wenn sie dich nicht fassen, ist das, weil die anderen aushalten. Aber wo gehst du hin? Und dann kannst du nicht mehr … Es geht nichts ums Rechtfertigen, aber es gibt Situationen, die dich dazu bringen. Und auch, wenn du keinerlei Mittel zur Verfügung hast.⁴⁶

Die Untergrundarbeit von Soledad und Cristina hatte ein Ende, als sie 1975 verhaftet wurden. Soledad wurde im April von der DINA auf dem Weg zu einem konspirativen Treffen mit einem anderen Aktivisten festgenommen.

Ich wurde an der Straße Las Violetas hochgenommen. Ich kann mich immer noch gut erinnern, weil ich da später vorbeigefahren bin, als so ein Teil des Rituals zurückzu-

kehren an diese Orte. Wir sind zum ersten Mal nach Santiago zurückgekommen und am nächsten Tag nach Las Violetas gefahren.[47]

Cristina wurde im Ministerium für Hoch- und Tiefbau zusammen mit ihrem damaligen Lebensgefährten verhaftet, den sie nach ihrer Entlassung aus dem Gefängnis heiratete. Nach ihrer Verhaftung durch Geheimdienstagenten der DINA wurde Soledad in die Folterzentren Venda Sexy und Villa Grimaldi gebracht. Später verlegte man sie nach Cuatro und Tres Álamos, wo sie schließlich ein Jahr in Haft blieb.

La Venda Sexy war in Ñuñoa. Mir schien es, als wollten sie sehen, ob ich reden würde oder nicht. Sie machten mich fertig – aber nur mit Schlägen – und stellten mir Fragen. Als ich am Ende des Tages immer noch nichts gesagt hatte, brachten sie mich nachts in die Villa Grimaldi. In der Villa Grimaldi gab es verschiedene Orte, wo sie dich zwischen den Folterungen hinbrachten. In den so genannten Corvi-Häusern konntest du dich nicht aufrichten, nicht bewegen … Und dort war Gladys Díaz, die fast einen Meter achtzig misst. Es waren kleine Kästen, in denen du nur sitzen konntest, dort warst du isoliert, konntest niemanden sehen, mit niemandem sprechen, es war komplett dunkel. Und wenn du die erste Etappe der Folter hinter dir hattest, den schlimmsten Teil – obwohl, manchmal holten sie dich noch mal zum Foltern – wurdest du in ein etwas größeres Zimmer gebracht, wo eine Pritsche hineinpasste. Und dann gab es den Turm, dort war Gladys Díaz, den ganzen Tag und die ganze Nacht, wenn sie nicht gefoltert wurde. Ich glaube, erst nach mehreren Tagen warf man ihr eine Decke hinein.[48]

Auch Cristina war in der Venda Sexy und der Villa Grimaldi und landete schließlich in Tres Álamos, wo sie Soledad zum ersten Mal begegnete, mit der sie Jahre später eine enge Beziehung hatte, als beide 1984 zum zweiten Mal verhaftet wurden.

In den Corvi warst du mit verbundenen Augen, ohne Licht, und in den Chile-Häusern warst du nach der Folter, da warst du mit deinen Genossinnen zusammen. In den Corvi war ich allein, da kannst du dich nur hinhocken. Dort hörst du, wie sie deine Genossen foltern. Das ist furchtbar. Ich war dann mit vier anderen Genossinnen zusammen. Mit Großmütterchen Berta, die siebzig Jahre alt war und die gefoltert worden war, sie war eine Lehrerin aus dem Erziehungsministerium.[49]

Krise. Weitreichende Entscheidungen. Exil

Das erzwungene Verlassen des Landes bedeutete für die drei Frauen eine Atempause zwischen der bisherigen hektischen Zeit als Aktivistin und der aufreibenden Untergrundarbeit nach ihrer Rückkehr nach Chile. Sie konnten sich mehr als zuvor auf ein Familienleben einlassen, was im Fall von Cristina und Soledad dazu führte, dass sie

Kinder bekamen, was für alle drei interviewten Frauen einen der wichtigsten Aspekte ihres Lebens darstellt.

Gleichzeitig durchlebten Soledad und Arinda im Exil heftige existentielle Krisen, sowohl im Hinblick auf ihre Rolle als Frauen und Aktivistinnen als auch, in Arindas Fall, eine Infragestellung des Glaubens. Europa schafft ihnen einen Kontext, ihre bisherige Geschlechteridentität zu hinterfragen, was ihre Paarbeziehung und ihre Position in der MIR angeht, denn die feministischen Bewegungen waren auf dem alten Kontinent im Aufwind. Die politische Aktivität ging weiter – in Gestalt von Unterstützergruppen und dem Wiederaufbau von MIR-Zellen. Cristina, Soledad und Arinda beteiligten sich an dem Projekt Rückkehr (*Operación Retorno*), das die MIR seinen Aktivisten unterbreitete. Die Entscheidung, sich an diesem Projekt zu beteiligen, stellte für sie einen der schwierigsten Momente ihrer AktivistInnenzeit dar: Ihre Kinder anderen Menschen zu überlassen, um illegal nach Chile zurückzugehen. Vorher verbrachten sie eine Zeit in Kuba, wo sie die Rückkehr vorbereiteten und als Frauen prägende Erfahrungen machten. Besonders im Fall von Cristina, die ein schwerer Unfall ihres kleinen Sohnes in heftige Konflikte bezüglich ihrer Entscheidung stürzte, und im Fall von Soledad, welche die Guerillaausbildung als einen Raum erfuhr, in dem die Geschlechterunterschiede sehr stark zutage traten. Für alle drei ist Kuba ein Beispiel für eine Gesellschaft, wie sie sie in Chile aufbauen wollten, und mit dieser Hoffnung gingen sie nach Chile zurück, um den Widerstand gegen die Diktatur zu stärken.

Arinda, Soledad und Cristina gingen während der Militärdiktatur ins Exil nach Europa. Arinda wurde Anfang 1974 von Italien aufgenommen. Soledad und Cristina gingen nach Belgien beziehungsweise Frankreich, nachdem 1976 ihre Haftstrafe in Tres Álamos in Ausweisung umgewandelt wurde.

Damals gab es zwei Alternativen, obwohl es praktisch nur eine war: Entweder bliebst du im Knast oder du wurdest in irgendein Land ausgewiesen. Weil das Exil eine Alternative darstellte, besorgten Familienangehörige, während wir in Haft waren, Visa, damit wir im Moment der Ausweisung einen Ort hätten, wo wir hingehen konnten. Es gab Leute, die hätten ausgewiesen werden können, aber sie blieben im Knast, weil kein Land sie aufnehmen wollte. Dann hieß es, dass es die Möglichkeit gab, Chile zu verlassen, und die Möglichkeit, freigelassen zu werden, da hatte ich schon mein Visum für Belgien. Du lebtest damals von einem Tag zum anderen, was wusste ich, was morgen passieren würde?[50]

Als wir im Gefängnis waren, sagten sie uns, wir müssten einige Länder auswählen, und ich meinte: »Die sind wohl verrückt, ich will nirgendwohin, ich wollte nie weg hier«, aber dann sagten sie, ich solle mal eine Wahl treffen, man wisse ja nie, was passieren kön-

ne. Dann sagte ich, mehr aus Quatsch: »Ich bin auf die französische Schule gegangen, ich würde gern nach Frankreich.« Und so bin ich nach Frankreich gekommen. Zuerst bekam ich das Visum und danach kriegte es der Gigi[51] wegen »Familienzusammenführung.« Da wir verheiratet waren, musste er mit mir mit.[52]

Exil in Europa

In der Erinnerung der drei Frauen ist das Exil in Europa eine schwer zu verstehende Abstraktion. Europa war damals, als es weniger Reisen gab als heute – wenn du nicht gerade aus einer reichen Familie kamst – weit weg, schwer fassbar, unbekannt. Die Reise ins Exil war für sie verbunden mit dem Gefühl der Entwurzelung, Einsamkeit und Ungewissheit. Arinda machte die Reise allein mit ihrem kleinen Sohn. Im Flugzeug wurde sie von den Stewardessen geringschätzig behandelt, da diese wussten, dass sie eine war, die ausgewiesen wurde.

Ich allein mit meinem Kleinen. Das ist das Bild, das sich mir eingeprägt hat, denn die Leute wurden mit dem Bus zum Flugzeug gebracht. Mich haben sie nicht mit dem Bus gebracht. Ich musste bis zum Flugzeug laufen, mit meinem kleinen Sohn an der Hand und den Taschen und den Decken, die meine Mutter mir geschenkt hatte. Wir wussten ja nicht, ob wir in ein Flüchtlingslager kamen. Ich empfand das als eine der längsten Strecken meines Lebens, es kam mir wie eine Ewigkeit vor. Ich fühlte mich schutzlos, aber gleichzeitig stark mit meinem Kleinen, der gerade drei Jahre alt geworden war. Und diese unendliche Traurigkeit nicht zu wissen, wann du zurückkommst. Du bist völlig am Ende, hast aber das Kind dabei und musst ihm die Sache leicht machen, denn der ahnt ja nichts von dem Drama, das du hinter dir hast.[53]

Cristina reiste mit einer großen Gruppe von Exilchilenen nach Frankreich und wurde in einem Hotel untergebracht, in dem sie mit verschiedenen Exil-LateinamerikanerInnen zusammen wohnte.

Ich reiste mit etwa vierzig Personen, alle von der MIR, alle aus Temuco. Alle waren in Kriegsgerichtsprozessen verurteilt worden, bei allen war die Haftstrafe in Ausweisung umgewandelt worden. Wir waren auf dem Weg nach Schweden, Frankreich, Holland. Nach meiner Ankunft in Frankreich kam ich in die Gemeinde Puteaux, in eine Art Hotel, in dem die Mehrheit der Genossen aus Lateinamerika empfangen wurde. Das war total schön, denn alle von den Tupamaros, der argentinischen ERP, der ELN aus Bolivien; Brasilianer waren da. Wir wurden nach Paris eingeteilt. Dort traf ich all die Leute von der Revolutionären Koordinationsjunta (JCR). Das war eine tolle Erfahrung, weil ich hervorragende Genossen kennenlernte, leitende Genossen der lateinamerikanischen Bewegungen.[54]

Durch Gewerkschaftskontakte bekam Arindas Mann Arbeit in Italien, in Brescia, wo sie sich einrichteten. Zum ersten Mal war sie Nur-Hausfrau, denn es arbeitete normalerweise nur einer in der Familie, und zwar der Mann. Plötzlich die traditionelle Frauenrolle zu übernehmen führte zu einer Vernachlässigung ihrer persönlichen Bedürfnisse, was in eine Ehe- und Identitätskrise mündete.

Der Guaton blieb in Kontakt, reiste in den Norden, wo er sich mit Gewerkschaftlern traf. Das bedeutete, dass er Ende 1974 Arbeit hatte und ein Haus für die Familie. Ich war Hausfrau. Dann hat er in angefangen in einer Fabrik als Hausmeister zu arbeiten. Er hatte Arbeit und ich nicht, also widmete ich mich völlig der politischen Arbeit. Ich habe mich um das Haus, meinen Mann und, wenn er uns besuchte, um meinen Schwager gekümmert. Ich sah nach meinem Sohn, brachte ihn in den Kindergarten und bereitete das Essen. Ich ging zu Versammlungen und erledigte alle familiären Aufgaben, die nötig waren, denn ich war zu Hause. Damals herrschte eine große Arbeitslosigkeit und die Solidarität mit den Exilierten bedeutete häufig, ihnen Arbeit zu besorgen, aber natürlich nur für einen pro Familie, und damit war meistens das Familienoberhaupt gemeint. Für mich war es hart, nicht zu arbeiten. Ich kann dir berichten, dass ich mir damals niemals Kleider kaufte. Ich trug geschenkte Kleider, aber für meinen Mann und mein Kind ging ich schöne Kleider kaufen – da ich das Geld verwaltete.[55]

Cristina organisierte ihr Leben zusammen mit anderen lateinamerikanischen Flüchtlingen, die sie in Frankreich kennen lernte. Nach einer Woche fand sie Arbeit als Putzfrau und kümmerte sich um die Visa-Formalitäten für ihren Mann, der noch in Chile war.

Dort war ich mit Genossen zusammen, die aus den Knästen in Argentinien, Brasilien, Uruguay, Peru, Paraguay und Bolivien kamen. Wir haben uns organisiert, um gemeinsam dem neuen Leben im Exil die Stirn zu bieten. Um uns hat sich eine Organisation namens France Terre d´Asil gekümmert, die für uns die Formalitäten erledigte. Das erste, was ich tat, war zu versuchen, den Visumantrag für meinen Lebensgefährten, der in Chile geblieben war, zu beschleunigen. Während ich wartete, habe ich die Genossen kennengelernt, und wir haben viel über die Erfahrungen, mit denen wir in unseren Ländern konfrontiert waren, geredet. Die Mehrheit kam aus Knästen, wo sie gefoltert worden waren, und es ging ihnen nicht sehr gut. Sie gaben uns ein klein wenig Geld, da man etwas brauchte, um über die Runden zu kommen. Man weiß, dass es vorübergeht, darum muss man auch gleich anfangen zu sparen, für kommende Zeiten.[56]

Nach ihrer Ankunft in Brüssel wurde Soledad zunächst in einem Altenheim untergebracht, dann bei einer chilenischen Familie, wo sie schlechte Erfahrungen machte, und schließlich teilte sie sich eine Wohnung mit einer Gruppe von jungen Exilierten. Als Soledads Mann nach Belgien kam, entdeckten sie, dass Gelder, auf die sie als Flüchtlinge Anspruch hatte, von Chilenen und Belgiern veruntreut worden waren. Nach dieser Erfahrung nutzten sie zumindest die Mittel, die ihm zugute kamen.

Wir hatten nicht mal angemessene Kleidung. Ignacio hat sich dann mit der Frau von Caritas gestritten. Er hat sie gefragt, auf was wir noch Anrecht hätten, und sie hat ihm geantwortet, auf so und so viel Geld. Da sind dann so Sachen rausgekommen, die mir am Anfang niemand gesagt hatte, und wir erfuhren, dass es auch ein Budget für Kleidung und den Bezug einer Wohnung gab. Außerdem ist es ja für einen im Grunde so, dass du nicht um noch mehr bitten willst, du glaubst, dass du wegen dem, was sie für dich getan haben, ihnen fast einen Altar errichten musst, aber Ignacio wusste, dass im Hintergrund Geld verschoben wurde.[57]

Cristina und ihr Mann arbeiteten beide, er studierte auch, aber ihnen war es wichtig, Europa kennenzulernen, was sich mit der politischen Arbeit verbinden ließ.

Als wir nach Paris kamen, sagten wir uns, dass wir es uns erst mal gut gehen lassen wollten. Wir wollten erst mal keine Kinder haben, bis wir uns eingewöhnt hatten, wir gingen aus, reisten herum, genossen die Zeit. Aber das war immer in Verbindung mit politischem Engagement, denn wir arbeiteten in den Widerstandskomitees. Wir fuhren in die Provinz, um unsere politischen Schriften zu Chile zu verbreiten und zu verkaufen. Uns nützte es, dass die Franzosen nicht nur in Paris, sondern auch anderswo im Land über unsere Situation informiert waren.[58]

Soledad und ihr Mann hatten schließlich Anspruch auf einen Französischkurs, den die belgische Regierung ihnen als Flüchtlinge bezahlte.

Der Kurs war wie arbeiten gehen, aber du musstest warten, denn es gab nur wenige freie Plätze. Wir hatten Glück, wir kamen im November/Dezember, und Mitte des Jahres kriegten wir dann Plätze in einem Kurs. Wir zwei lernten dann von morgens 8:00 Uhr bis 16:00 Uhr die Sprache, und obendrein bezahlten sie uns dafür, sogar mehr als wir mit dem Putzen verdienten. Das war dort ein Minimum, für die Belgier ein Witz, aber wir konnten uns so eine Wohnung mieten, die ein bisschen größer war, einen Kühlschrank kaufen, die Wohnung ein bisschen hübscher machen, uns ein paar Klamotten kaufen, mal Freunde zum Essen einladen, all das.[59]

Politische Arbeit im Exil

Im Exil in Europa waren AktivistInnen der MIR, die um Asyl gebeten hatten, die nach der Haft ausgewiesen worden waren und einige wenige, die mit dem Einverständnis der Partei ausgereist waren. In der ersten Zeit durften diejenigen, die um Asyl gebeten hatten, nicht innerhalb der Organisation arbeiten, daher organisierten sie sich in den Unterstützergruppen – *Grupos de Apoyo al MIR (GAM)*.

Als wir nach Italien kamen, waren gerade die Leitungsgenossen ins Ausland gereist. Und im Ausland waren die, die ausreisen sollten beziehungsweise durften, und das waren die Ausländer, die in der MIR aktiv waren, in erster Linie die Brasilianer, die [in der UP-Zeit – Anm. d. Übs.] nach Chile gekommen waren. Die vertraten nun die Partei und nahmen Kontakt zu anderen Organisationen auf. Ich war zuständig für das Komitee, Bautista Van Schouwen für die Freiheit der politischen Gefangenen und andere Aufgaben, wie die Kampagne zum Boykott des chilenischen Kupfers. Die ging von Brescia aus, und wir gingen von Fabrik zu Fabrik, um die Arbeiter zu überzeugen. Die KP Chiles war nicht damit einverstanden, was – zusammen mit dem ausgeprägten Sektierertum zwischen KP und MIR in jener Zeit – die Arbeit sehr erschwerte, denn die wichtigsten Gewerkschaftsverbände Italiens waren damals von der italienischen KP kontrolliert.

Wir erfanden dann ein lateinamerikanisches Komitee, das waren aber eigentlich wir, ein paar Uruguayer und ein paar Argentinier und mit diesem Komitee machten wir Öffentlichkeitsarbeit für den Widerstand. Danach kamen die ersten chilenischen Genoss- sInnen, die aus den Gefängnissen rausgekommen waren, übernahmen die Leitung der Partei und bildeten die Unterstützergruppen. Und dann fing die Parteiarbeit an, Versammlungen auf lokaler, regionaler und Landesebene. Ich arbeitete hauptsächlich im Bereich der Menschenrechte, über das Gefangenenkomitee. Wir schrieben Briefe und veröffentlichten Texte. Im Jahr 1975, dem Internationalen Jahr der Frau, leitete ich in Brescia die Kampagne zur Sammlung von einer Million Unterschriften für die Freiheit der inhaftierten Frauen.[60]

Cristina und ihr Lebensgefährte machten die politische Arbeit schwerpunktmäßig in den französischen Provinzen, wo sie Geld für den Widerstand in Chile sammelten und über die Situation unter der Pinochet-Diktatur informierten.

Unsere Hauptarbeit war es, das, was in Chile in diesem Moment passierte, öffentlich zu machen, anzuprangern.[61]

Soledad und ihr Mann zogen sich aus der politischen Arbeit ein wenig zurück, als sie nach Belgien kamen, wegen der Unterschiede, die es zwischen den Aktivisten im Exil gab.

In Brüssel war das ein Hickhack, jeder stritt mit jedem, und sie stritten sich, weil es darum ging, wie du hergekommen warst, ob du im Knast gewesen warst oder nicht, ob sie dich gefoltert hatten, ob du um Asyl gebeten hattest, all so was folgt auf so eine Scheißsituation, wie es sie in Chile gegeben hatte. Wer wie ich im Untergrund gelebt hatte, nicht in einer Botschaft um Asyl gebeten hatte, verhaftet und gefoltert und dann des Landes verwiesen worden war, der stand ganz oben. In der ersten Zeit haben wir uns nicht integriert, denn wir waren so drauf, dass wir Chile verlassen hatten und erst wieder der MIR angehören würden, wenn wir nach Chile zurückkehrten, dass wir nicht bei dieser »Scheiße«, die es im Ausland gab, mitmachten. Die große Mehrheit derer, die im Ausland das Sagen hatten, waren Leute, die um Asyl gebeten hatten, einige aus triftigen Gründen, andere vollkommen grundlos. Aber mit denen, die jetzt kamen, wurde die Partei neu strukturiert, wer um Asyl gebeten hat, fängt als Sympathisant neu an, und wer aus dem Knast kommt, hat den Status eines Vollmitglieds. Da haben wir dann wieder mitgearbeitet und nach kurzer Zeit wurde dann konkret das Thema Rückkehr angesprochen. [62]

Exil – Zeit, um Kinder zu bekommen

Soledad nutzte die Teilnahme am Französischkurs, Beginn der Integration in das gewöhnliche belgische Leben, und insofern Beginn des Anspruchs auf soziale Sicherheit, um sich endlich ihren Wunsch nach einem Kind zu erfüllen.

Der Kurs dauerte sechs oder sieben Monate, aber danach hattest du Anspruch auf einen Facharbeiterkurs. Kaum hatte ich den Kurs begonnen, da wurde ich schwanger. Was viele Chilenen machten, denen nicht daran lag, viel Geld zu verdienen, lange im Land zu bleiben und jede Menge materielle Güter anzuhäufen, sie wurden arbeitslos und arbeiteten schwarz, das klappte normalerweise ganz gut. Mensch war ja nur übergangsweise dort und wollte sich nicht den Kopf zerbrechen von wegen Arbeit. Und wenn du schwanger wurdest, wurde alles übernommen, es war nicht wie hier jetzt. [63]

Für das zweite Kind entschieden sie sich, als die MIR schon die Politik der Rückkehr verfolgte und obwohl beide sich bereit erklärt hatten, illegal nach Chile zurückzugehen.

1976 bin ich dort angekommen, 1977 bekam ich mein erstes Kind, 1978 wurde zum ersten Mal von der Rückkehr gesprochen und Mitte 1978 wurde ich das zweite Mal schwanger, und wir hatten beschlossen, nach Chile zurückzukehren. Wir haben entschieden, Katia zu bekommen, weil ich dachte, es wird der Augenblick kommen, da gehe ich auch, und dann würde meine Tamita nicht allein bleiben, wir wollten, dass sie eine Schwester oder einen Bruder hat. Als die Leute erfuhren, dass ich schwanger war, verstanden sie gar nichts mehr und sagten, was denn nun los sei, wir seien doch für die Rückkehr und gegen die, die nicht gehen wollten. Wir sind nach Amberes gezogen, als ich zum zweiten Mal schwanger war, mit Katia, damit ich nicht allein mit den beiden Kindern war, denn Ignacio wollte nach Chile zurückkehren. In Amberes konnte ich mich auf

Freunde verlassen, in so konkreten Dingen wie den Einkauf machen oder für den Fall,
dass die Kinder krank würden. Und so war es dann auch, es war eine supersolidarische
Gruppe, die aus Amberes.[64]

Auch Cristina wurde im Exil schwanger. Ihre Schwangerschaft erlebte sie gemeinsam mit ihrem Mann, immer auf Tour durch die französischen Provinzen.

Also, wir wollten Kinder haben. Wir fanden es besser, uns erst mal allein, ohne Kind,
einzugewöhnen. Nach einem Jahr, dann ja. Ich habe eine sehr schöne Erinnerung an die
Schwangerschaft. Ich mochte sehr gern Äpfel, auch Pfirsiche, aber Heißhunger auf et-
was Spezielles, das nicht. Er fragte mich, willst du denn nicht Torte, Kuchen oder irgend
so was. Aber nein, ich wollte nichts dergleichen. Wir sagten uns, wir müssen alle Orte
außerhalb von Paris kennen lernen, denn später mit dem Baby werden wir das nicht
können. Also beschlossen wir, überall hin zu fahren, an die Cote d'Azur, in die Norman-
die. Wir besuchten alle diese Orte, und ich war ziemlich rund, na gut, so dick auch nicht,
denn ich war im fünften, sechsten Monat. Wir fuhren an den Ort am Ärmelkanal, wo
im Zweiten Weltkrieg die Alliierten landeten. Ein schönes Plätzchen, voller Symbolik. Das
sind die Dinge, an die ich mich erinnere, Dinge aus jener Zeit, in der wir dick waren. Wir
besuchten Museen, Bibliotheken, den Salle-Park, all das. Wir waren oft in der Provinz,
wo wir viele Freunde hatten, wir haben viel gemeinsam unternommen, aber immer hatte
es auch mit Politik zu tun. Wir waren viel unterwegs, bis Germán geboren wurde. Und
ich war ganz schön dick.[65]

Cristina wurde sich nach der Geburt ihres Sohnes schmerzlich des Fehlens ihrer
Familie in so einem entscheidenden Lebensmoment bewusst. In dieser Situation vertieften sich die Beziehungen zu ihren chilenischen FreundInnen.

Wir fühlten uns den Leuten von der Partei sehr verbunden, denn sie waren dort qua-
si meine Familie. Außerdem merkte ich damals, dass meine Genossen sehr kinderlieb wa-
ren. Die Leute in unserer Gruppe waren ausgesprochen liebevoll und kinderfreundlich.[66]

Soledad erinnert sich an die moralische Unterstützung durch die Partei und ver-
gleicht sie mit der praktischen Hilfe, die sie insbesondere von Freundinnen bekam.

Ich erinnere mich an den Tag, als Ignacio wegging. Ich fand es großartig, dass er ge-
rade noch da war, als Katia geboren wurde, dass er sie noch kennen gelernt hatte. Am
Abend hatte ich Gruppentreffen, und der leitende Genosse kam, es waren nur Männer
da, und sagte: »Ich bin extra gekommen, weil der Genosse Pedro[67] gegangen ist, ein Bei-
spiel von Opferbereitschaft und Engagement, vor ein paar Stunden erst ist er abgefahren,
und sie ist allein zurückgeblieben und kämpft sich durch mit ihren beiden Kindern, aber
trotzdem ist sie heute zur Sitzung gekommen und kämpft an unserer Seite.« Und er redet
und redet, und ich ernst inmitten dieser Lobrede. Und dann ist die Sitzung zu Ende, alle

gehen ihrer Wege und ich sage mir: »Und was habe ich von dem ganzen Schmu?« Es war das erst Mal, dass ich mir sagte: »Und was habe ich von dem ganzen Schmu?« Sie hatten eine Lobrede auf mich gehalten, ich stand da als Superfrau, aber in Wirklichkeit ging's mir beschissen, ich wusste nicht, was aus mir und aus den Kindern werden würde und was diese ganzen schönen Reden sollten. Viel hilfreicher als all das war, dass die Leo[68] runterkam und einfach bei mir blieb. Das war für mich viel wichtiger als Tausend Reden.[69]

Einflüsse des europäischen Feminismus

Als Cristina, Arinda und Soledad von 1974 bis 1979 in Europa im Exil lebten, war die feministische Bewegung dort im Aufschwung. Sie erinnern sich daran, dass der Feminismus und andere Kämpfe, die damals in Europa stattfanden, ihre Aufmerksamkeit erregt und bei allen dreien Spuren hinterlassen haben. So erlebte Cristina in Frankreich eine Vielfalt und Toleranz unter verschiedenen politischen Strömungen, wie sie in Chile damals unbekannt waren. Die Emanzipiertheit vieler Europäerinnen fiel ihnen besonders auf.

Im Alltag gab es viele Situationen, die mich überraschten, unter anderem erinnere ich mich an meinen ersten 1. Mai in Paris. Nie hatte ich so viele unterschiedliche Leute in einer Demo gesehen. Es war das erste Mal, dass ich in Frankreich Lesben und Homosexuelle demonstrieren sah. Ich kenne superliberale Frauen, das ist nicht so wie hier in Chile, dort gibt es etwas liberalere Vorstellungen. Ich staunte, wie die Europäer sich kleideten, oder du kannst da nackt herumlaufen und keiner kümmert sich da groß drum. Solche Dinge riefen meine Aufmerksamkeit hervor. Und woran ich mich noch erinnere, das sind die Gespräche über die Paarbeziehungen. Und warum gab's die? Weil viele Genossen ohne Frauen gekommen sind, und daraus ergab sich eine Reihe von Konflikten. Erst mal sind sie in einer Umgebung, die sie sich nicht ausgesucht haben, um eine Beziehung einzugehen, sie hatten jetzt keine Chilenin mehr, die sie wie ein Täuberich umwerben konnten, die Französinnen dagegen waren so, wenn du ihnen gefallen hast, sagten sie dir, komm, gehen wir ins Bett, du gefällst mir – und fertig. Das war für die ein Schock.[70]

Soledad erinnert sich an den Einfluss der europäischen Frauen, ihrer Organisationen und ihres Verhaltens auf die exilierten Chileninnen, zu denen sie sich zählt.

Du organisierst eine Chile-Veranstaltung und lernst andere belgische Frauen kennen, andere Frauenorganisationen, die anders waren, einen anderen Diskurs hatten. Für unser Verständnis damals machten sie übertriebene Dinge, aber das beeinflusst dich auf jeden Fall, es eröffnet dir andere Räume. Wir mussten Verbindung zu Frauengruppen aufnehmen, und die Realität dort verändert dich. Du siehst, dass die Paarbeziehungen nicht so funktionieren wie deine eigene, dass die Rechte, die die Frauen dort haben, nicht dieselben sind, wie die Rechte, die wir hier haben. Dass sie sich anderes verhalten, sich auf andere Weise mit Männern in Beziehung setzten, das alles gibt dir einen Parameter.[71]

Arinda lebte in Italien im Exil, einer der Wiegen des Feminismus der 70er-Jahre, und so wurde sie Zeugin der großen Frauendemonstrationen in Rom.

Im Jahr 1976 befand sich der Feminismus in Italien im Aufwind, außerdem gab es einen Volksentscheid zum Scheidungsrecht und riesige feministische Demos, meistens in Rom. In Brescia hatten wir Kontakt mit den feministischen Frauen von der KPI und der Union Donne Italiane. Die haben mir später ihre Zeitschrift geschickt, als ich im Knast war. Den Aufschwung des Feminismus erlebte ich wie jede andere Frau dort.[72]

Das Unternehmen Rückkehr, eine politische Debatte innerhalb der MIR

Da gemäß der Analyse der MIR eine Rückkehr von geschulten politisch-militärischen Kadern notwendig war, wurden die MIR-AktivistInnen aufgefordert, nach Chile zurückzukehren, um den Widerstand zu reorganisieren. 1979 erklärte die Politkommission der MIR im *Rebelde*, dem offiziellen Organ der MIR, dass eine Herausforderung auf die Partei zukomme: »Wir müssen in der Lage sein, eine breite Widerstandsbewegung zu organisieren, in der die Mehrheit der Volksorganisationen präsent ist und welche die Kräfte der Linken sowie des antidiktatorischen Spektrums vereint.«[73] Diese von der MIR vertretene Politik wurde vom Rest der Linken nicht geteilt, bis im September 1981 auf einem Treffen der acht Parteien der chilenischen Linken die Berechtigung des bewaffneten Kampfes anerkannt wurde und konkrete Schritte im Hinblick auf die Bildung einer politischen Front ergriffen wurden, um offensive Widerstandslinien gegen die Diktatur aufzubauen.[74] Soledad erinnert sich an die heftigen Diskussionen, die das Unternehmen Rückkehr unter den AktivistInnen auslöste, von denen viele sich gegen diese Politik wandten.

Es gab Leute, die von Anfang an NEIN sagten, Leute mit großen intellektuellen Fähigkeiten, wenn es darum ging aufzuzeigen, dass die Analyse der Leitung der MIR nicht korrekt war, dass es falsch war, zurückzukehren. In jedem Land gab es Leute, die nicht damit einverstanden waren und de facto nicht zurückgekehrt sind. Sie sagten, aufgrund der Besonderheiten des Kampfes in Chile sei es aufgesetzt, Kader aus dem Ausland einzuschleusen, alles müsse viel langfristiger angegangen werden, wir seien voluntaristisch, kaum hätten wir einen Einfall, schon wollten wir zur Sache gehen, ohne die Bedingungen abzuwägen, die wir hätten … Tausende von Gründen bis zur Frage, wie wir denn in

Chile kämpfen würden. Sie waren Defätisten, vielleicht Realisten, aber in jener Zeit sahen wir sie als Defätisten an, in dem Sinn, dass sie die Meinung vertraten, in Chile würden wir gar nichts bewegen, denn die Diktatur habe alles unter Kontrolle. Was die MIR machen könne, das sei, langsam vorzugehen, sehr langfristig und konspirativ. Und dafür würden keine Leute von außerhalb gebraucht, die bewaffnete Aktionen durchführten oder die Guerilla aufbauten, denn das würde erst in zwanzig Jahren anstehen, und dass die MIR in Chile wieder auf die Beine kommen müsse.[75]

Auch in Frankreich beobachtete Cristina solche Widerstände und beteiligte sich an den Debatten um das Unternehmen Rückkehr.

Ich kann mich nicht erinnern, dass wir uns bei unserer Ankunft im Exil gesagt hätten: »Wir gehen zurück.« Damals überlegten wir, ob wir eine Ausbildung machen könnten, betrachteten das Exil nicht als Zeitvertreib, sondern wollten daraus einen Nutzen ziehen. Das war jedenfalls unsere Vorstellung. Ich erlebte keine Diskussion drüber, die kam von oben. Zumindest in meiner Gruppe hatte ich nie gehört, dass dieser oder jener Genosse gehen könnte. Im Gegenteil, alle hatten um Asyl gebeten, und es waren GenossInnen, die hielten das für eine verrückte Idee, zurückzukehren. Die Diskussion kam auf, weil ein Dokument kam oder weil das Gerücht umging, es sei notwendig zurückzukehren. Ich erinnere mich, dass ich damals fand, es sei gut, dass Leute zurückkehrten, allerdings dachte ich auch »Wie sollen denn genau die Leute zurückkehren, die aufgrund von Problemen ausgereist sind?« Und dann sagte man mir, dass wir alle illegal einreisen würden, alle, die zurückkehren, machen das klandestin. Wir haben viel darüber diskutiert, anfangs waren wir nicht einverstanden. Die erste Reaktion war, das geht doch nicht. Als sie uns erklärten, es müssten Kader sein, die Chile unterstützen, die vorher eine Schulung erhalten und illegal einreisen, sagte ich: »Wenn es so ist, dann geht es vielleicht.« Ich verweigerte mich also nicht. Ich erinnere mich, dass es zwei Positionen gab: Die einen meinten, im Untergrund könne man etwas machen, und die anderen hielten dagegen, wir hätten doch Familie und so, das könne man doch nicht tun.[76]

Soledad unterstützte den Vorschlag der Leitung der MIR. Diese Politik verschaffte der MIR Respekt im Lager der Linken, denn die RückkehrerInnen setzten ja ihr Leben aufs Spiel.

Diese Gruppe von Leuten konnte den politischen und militärischen Kampf voranbringen, sogar die sozialen Kämpfe. Tatsächlich war es nicht so, dass die MIR gesagt hätte, »Alle reisen illegal ein«, wer konnte, sollte legal einreisen. Es gab Leute, die erwischte der Putsch in Europa oder sie gingen später zum Studium nach Europa, wurden dort Mitglieder der MIR, und die konnten ohne Probleme zurück, aber das waren nicht mal fünf Prozent oder, was die MIR betrifft, weniger. Was blieb dem Rest übrig? Vielleicht lief nicht alles optimal, es ging alles sehr schnell, die Sicherheitsmaßnahmen … Viel zu viel wurde öffentlich gemacht Am Anfang wurde nur mit der betreffenden Person über die Rückkehr gesprochen, und keiner sonst kriegte was mit. Aber später wussten alle Bescheid, die Kommunisten, die Sozialisten … Es wurden nicht ausreichend Vorsichtsmaßnahmen getroffen, damit das nicht über die Betreffenden hinaus bekannt wurde. Außerdem verschwanden die Leute nach und nach, anfangs nur einer nach dem anderen, später verschwanden zehn auf einen Schlag, und es hieß: »Die MIR-Leute, die verschwinden so langsam.« Trotzdem war es schön. Als die MIR damit anfing, war es in den Gruppen, in denen es Kommunisten und Sozialisten gab – du brauchtest das gar nicht explizit zu sagen, alle wussten, dass die Rückkehrpolitik umgesetzt wurde – nicht mehr das »Häuflein Kleinbürger, Verrückter, die das Leben von Allende auf dem Gewissen und uns unsere Volksregierung kaputt gemacht haben.« Das Image der MIR änderte sich ziemlich, denn niemand ging zurück, um sich einen Namen zu machen, alle wussten, dass, wer zurückging, seine Haut riskierte, von dem Moment an, in dem er die Grenze überquerte.[77]

Arindas Mann entschied, sich an dem Unternehmen Rückkehr zu beteiligen, sie beschloss, nach Vietnam zu gehen, wo sie ihren Sohn großziehen konnte.

Im Jahr 1977 kam der Beauftragte der Partei und sagte zu mir: »Was hältst du davon, dass du, anstatt nach Vietnam zu gehen, nach Kuba gehst und dort die Bedingungen vorbereitest, nach Chile zurückzugehen, und um deinen Sohn kümmert sich die kubanische Revolution.«

Ich bin nach Chile zurückgekehrt wegen des Pflichtbewusstseins, das meine Generation kennzeichnet. Als ich Chile verließ, war es, um nach einem Jahr zurückzukehren, es war so etwas wie eine Verpflichtung jemandem gegenüber. Ich verließ das Land nicht, um anderswo mein Leben zu verbringen. Ich ging weg, damit sie mich nicht umbrachten. So war das. Mein Mann ging weg, weil sie ihn sonst abgeknallt hätten. Das Exil war aber nicht, um zu bleiben, sondern um bald zurückzukehren. Ich werde sterben, ohne zu wissen, ob es richtig war oder falsch, denn die Rückkehr bedeutete die Trennung von meinem kleinen Sohn. Ich zog es vor, mich von ihm zu trennen und ihn in Sicherheit zu wissen.[78]

Nach dem Weggang ihres Mannes kümmerte sich Soledad allein um die Bedingungen für ihre eigene Rückkehr. Das bedeutete, ihre beiden Töchter in die Obhut anderer Personen zu geben, wie sie es mit Ignacio vereinbart hatte.

Die Variante, die Kinder bei Gabriel[79] *zu lassen, klappte nicht, also blieben die Alternativen Kuba oder sie nach Chile zu schicken, zur Großmutter Yola. Ich fand die Idee gut, denn so trennten wir uns nicht dauerhaft von ihnen. Wenn sie nach Kuba gehen würden, bekämen sie zwar eine phantastische Ausbildung, aber sie würden keine Chileninnen sein, nicht mehr meine Töchter, vielleicht würde ich sie nie wieder sehen oder wer weiß, wann. Ignacio musste erzählen, dass seine Mutter Richterin war, und alle fanden es in Ordnung, denn es ging auch nicht, alle Kinder nach Kuba zu schicken. Und sogar, was das Geld betraf, waren die Mädchen abgesichert, und sie waren in liebevoller Umgebung, bei der Oma und den Tanten. Es war nicht dasselbe, sie in Kuba zu lassen, wie gut es die Ersatzfamilien mit ihnen auch meinten. Ich regelte das alles: schrieb Briefe, fasste Entschlüsse, und als Ignacio meinen Brief bekam, waren die Mädchen schon in Chile, und er bekam fast einen Herzinfarkt. Er hat mir später immer vorgehalten, dass ich ihn vor vollendete Tatsachen gestellt habe, aber ein Brief dauerte damals sechs Monate oder länger, und wenn ich ihn erst gefragt hätte und wir darüber diskutiert hätten, wären drei Jahre vergangen. Und ich war in der Situation, dass die nächste Rückkehrergruppe an die Reihe kam und ich nicht länger warten wollte, ich wollte weg. Er konnte es gar nicht fassen, wie ich mich verändert hatte, denn vorher war ich nie fähig, allein Entscheidungen zu treffen.*[80]

Auch Cristina beschloss zurückzukehren, aber sie ging zusammen mit ihrem Mann nach Kuba.

Sie fragten mich, wie wir das mit Germán regeln würden, und anfangs dachte ich, wir konnten mit ihm nach Chile zurückkehren. »Nein, wie stellst du dir das vor, mit deinem Sohn einzureisen, denk an deine Verantwortung, was willst du mit ihm machen?« Und wir diskutierten dann mit den GenossInnen. Ich meinte zu Mario, wir drei, das sei doch nicht das Problem, und er sagte, so und nicht anders. Und er sagte sogar: »Machen wir es so: Du gehst zuerst und ich kümmere mich um das Kind und dann sehen wir.« Schließlich ist Germán mit der Cheña [einer Freundin und MIR-Aktivistin – Anm. d. Übs.] *nach Kuba gekommen, und wir haben ihn dann getroffen, als wir am Kurs teilnahmen, aber die Dinge änderten sich. Je konkreter die Dinge wurden – es wurde da schon Druck ausgeübt – desto mehr hieß es dann, wenn du das so nicht mitmachst, dann bist du weniger revolutionär, das war auch so ein Faktor.*[81]

Die Ankunft in Kuba

Das Unternehmen Rückkehr sah eine vorherige politisch-militärische Ausbildung in Kuba vor, denn genau diese war erforderlich – so die Einschätzung der Leitung der MIR – für den Widerstand in Chile. Soledad und Cristina nahmen zu verschiedenen Zeiten an diesen Schulungen teil. Für Soledad und andere am Training beteiligte AktivistInnen stellte sich dabei so manche Frage, zumal die Trainingsstunden zum Teil chaotisch organisiert und ihre Ziele konfus waren.

Wir kamen in Havanna an, und nach zwei, drei Tagen wurden wir mit einem Bus zum Trainingscamp gebracht, niemand erklärte uns, was jetzt geschehen würde, der Kurs begann, ohne dass jemand von der MIR vorbeigekommen wäre. Das passierte erst zwei Wochen später, was denjenigen, die sowieso der Sache kritisch gegenüber standen, und uns anderen, schon mal einiges sagte. Uns wurde erklärt, dass wir für die Stadtguerilla ausgebildet würden, denn um solche Kämpfe würde es in Chile gehen, nicht um die Landguerilla. Was wir heute dringend in Chile brauchten, seien Stadtguerilleros, es gehe nicht um Überfälle auf Polizeikasernen, natürlich gebe es auch bewaffnete Aktionen, vor allem, um Geld zu beschaffen, aber unser Hauptkampf sei ein anderer: Es gehe um das Herbeiführen von Massenaufständen kleineren Ausmaßes, wie die militärisch oder paramilitärisch begleitet werden könnten, also mehr die Arbeit von Milizen. Und wir begannen zu begreifen, dass alles eine merkwürdige Mischung war, denn die Kubaner hatten darin nicht sehr viel Erfahrung, die Situation dort war eine andere gewesen. Sicher hatten die Leitungsgenossen der MIR ihnen ein paar Dinge gesagt, aber nicht genug, so dass die Kurse eine komische Mischung waren. Die »Flaca« beispielsweise war in einem sehr kleinen Kurs, wo es um selbstgefertigte Waffen ging, sie musste lernen Bomben selbst herzustellen, so genannte »Vietnamitas«, wo sollte sie die denn anbringen, etwa am Eingang einer Bank, sie war doch auch für den Kampf in der Stadt vorgesehen, wie wir. Wir wussten, die Leute für Neltume[82], die kommen in einen solchen Kurs, damit sie entsprechend vorbereitet werden, Verstecke unter der Erde anzulegen, Vietnamitas zu bauen, alles, was zum Kampf auf dem Lande dazugehört, aber wir doch nicht.[83]

Die Widersprüche zwischen dem, was an politischer und militärischer Ausbildung für den Kampf in den Städten Chiles nötig war, und den auf Kuba angebotenen Kursen, waren auch für Cristina offensichtlich, die für den Einsatz in Nahuelbuta ausgebildet wurde, wo ähnlich wie in Neltume eine Guerilla aufgebaut werden sollte. Beide Projekte scheiterten schließlich, und Neltume war eine der härtesten Niederlagen für die MIR und ihre Widerstandsstrategie. Cristina bekam mit, wie eine Gruppe von Genossen sich aus dem Trainingslager zurückzog, da sie mit den Zielen der Schulung nicht einverstanden waren.

Nicht alle kamen zur Guerilla: Von Hundert vielleicht zwanzig. Da es eine Guerillaausbildung war, mussten wir neun Monate da bleiben. Uns war gesagt worden, dass wir eine technisch-militärische Schulung bekommen und uns spezialisieren würden, und dass wir auf dem Lande arbeiten würden. Aber als sie mir sagten, es handele sich um eine Guerillaschule, war ich überrascht, denn ich wusste nicht, wie das in Chile ablaufen würde. Hinterher denkst du darüber nach, aber damals versuchten wir immer, uns die Dinge klar zu machen und zu sehen, wie es weiterging. Als wir nach Kuba kamen und auf verschiedene Trainingscamps verteilt wurden, sagten einige Genossen: »Die Kerle sind doch verrückt, eine Guerilla aufbauen, wie denn?« Und so sind etwa zwanzig Genossen gegangen. Sie wurden von der Schulung ausgeschlossen. Uns wurde dann gesagt, dass es zwei Fronten geben würde: Neltume und Nahuelbuta. Ich erinnere mich nicht, ob Mario das schon wusste. Ich glaube schon, denn er war einer der Guerillaführer.[84]

Im Trainingscamp von Soledad gab es Debatten unter den AktivistInnen, welche Inhalte die Schulungen für die Rückkehr nach Chile vermitteln müssten.

Aus Chile kam die Information nach Havanna, es sei gut und schön, dass militärisch ausgebildete Leute geschickt würden, die großartige und groß angelegte Aktionen machen könnten, dass du aber politische Arbeit unter den Massen machen musstest, mit den sozialen Organisationen, wenn du nach Chile kamst, denn es gab keine Partei, es gab keine Zellen der MIR. In den Kursen gab es GenossInnen, die meinten, es solle nicht nur eine militärische Ausbildung geben, sondern auch eine politische Schulung der Kader, Schulung in Massenarbeit, eine Aufarbeitung der Erfahrungen von 1973. Und dann hieß es plötzlich, das sei auch vorgesehen, aber das war keine systematische Schulung, und da fing ich an, ihnen recht zu geben, denn viele von uns waren ziemlich jung, verfügten kaum über politisch- ideologische Bildung und hatten vieles nötig. Die Zeit hätte gut genutzt werden können, um beide Dinge zu vereinbaren. Wir waren fast ein Jahr auf Kuba, wir hätten perfekt einige Stunden der Theorieausbildung widmen können. Glücklicherweise waren die meisten in der MIR Leute, die viel lasen, und Autodidakten. Eigentlich kann man die Kurse nicht als schlecht oder gut bewerten, jeder Kurs war abhängig von der Wirklichkeit des betreffenden Landes. Vielleicht waren sie für die Salvadorianer und Nicaraguaner supergut, aber für die Chilenen, für das, was in Chile los war, für die geographischen Gegebenheiten Chiles waren die Kurse eher nicht geeignet. Trotzdem lernte ich natürlich viele Sachen, wie den Umgang mit Waffen, Militärstrategie und eine Menge Sachen, die in allen möglichen Situationen nützlich waren, aber für die spezifische Lage hier eben nicht.[85]

Kurz nach Beginn des Trainingslagers erlitt Cristinas Sohn einen schweren Unfall, weswegen sie den Kurs abbrechen musste. Die Erfahrung im Krankenhaus, wo sie ihren schwerkranken Sohn betreute, gewährte ihr einen Einblick in das Alltagsleben Kubas, was ihr später die Entscheidung erleichterte, über das Projekt *Hogares*[86] ihren Sohn auf der Insel zu lassen.

Die Guerillaausbildung

Durch die kubanischen Trainingslager sind linke AktivistInnen verschiedener lateinamerikanischer Länder gegangen, die den revolutionären Kampf führten, zum Beispiel aus Nicaragua und El Salvador. Cristina beschreibt, wie die kubanischen Ausbilder diesen Schülern ihre während des Aufstands in Kuba erlebten Erfahrungen vermittelten. Soledad erfuhr am eigenen Leib, wie doppelt schwer es für die MIR-Frauen war, in die Welt der Waffen einzudringen, und welche doppelte Anstrengung nötig war, um das Niveau der männlichen Genossen zu erreichen, die aufgrund kultureller Zuschreibungen mit militärischen Dingen vertrauter waren.

Im Trainingslager warst du als Frau gegenüber den Männern im Nachteil, schon als von Rückkehr und militärischer Ausbildung geredet wurde, fühltest du dich irgendwie unbehaglich. Wir benutzten Uniformen, Schnürstiefel und hatten eine Waffe bei uns. Du wachst auf und hast immer die Mütze auf, denn das ist Teil der Disziplin. Es gab Genossinnen, die gegen diese Sachen waren, und es fiel ihnen sehr schwer. Der Sport beispielsweise, die Übungen, die gemacht werden mussten, stell dir vor, ich, die ich mich nie dafür interessiert noch Gefallen daran gefunden hatte, musste Karate lernen, du musstest das halt lernen und gut sein. Bei den praktischen Übungen und den Prüfungen musstest du gut abschneiden, folgende Aufgaben bis zur nächsten Woche, folgende Schrittfolge lernen, und dann übtest du diese Schritte, damit du sie drauf hattest. Wenn einige fünf Sitzungen benötigten, um sie zu lernen, brauchten andere vielleicht zwanzig. Und du musstest diese zwanzig absolvieren, um mehr oder weniger auf dem geforderten Stand zu sein. Und dann das Laufen, stell dir vor, am Anfang lief ich gar nicht, dann dachte ich, ich muss das doch schaffen, und da wurde stundenlang gelaufen, später musstest du in Uniform laufen, mit schweren Rucksäcken um drei Uhr nachmittags, also schreckliche Sachen, von denen wir Frauen uns meist fern halten. Als Frau bringst du andere Opfer im Leben: Das Kinderkriegen, das Stillen, aber nicht so was. Und dann geben sie dir eine Waffe und du musst lernen, mit ihr umzugehen, auch wenn dir das Angst macht, denn da kriegst du Angst, dass da plötzlich ein Schuss losgeht. Und dann musst du gut mit ihnen umgehen können und ein bestimmtes Niveau erreichen. Denn auf das Gegenteil würden die männlichen Genossen allergisch reagieren, was tatsächlich passierte mit anderen Genossinnen, älteren, damit meine ich, älter als dreißig, fünfunddreißig. Von denen wurde weniger gefordert. Es kamen später auch 50-jährige Genossinnen ins Trainingslager, da ging's beim Laufen dann lockerer zu, aber für uns Junge, wir mussten die Zähne zusammenbeißen, da konntest du nicht das Fräulein spielen.[87]

Trotz der anfänglichen Benachteiligung gelang es Soledad, auf den Stand der männlichen Genossen zu kommen, sie in einigen Bereichen sogar zu übertreffen. Angesichts ihrer politischen Geschichte war sie eine der wenigen Frauen, die politisch-militärische Leitungsfunktionen im Trainingslager übernahmen. Ihre Effizienz in einem männlich dominierten Raum wie dem Ausbildungscamp in Kuba weckte den

Ärger einiger Genossinnen, die ständig mit ihr verglichen wurden, was zu einer Atmosphäre der permanenten Konkurrenz führte. Soledad trainierte Dinge, die Frauen normalerweise unbekannt sind, wie das Zielschießen, das ihr sogar Spaß machte.

Ich war supertreffsicher im Schießen, sie ließen mich sogar mit Kanonen schießen, mit diesen großen, alten mit großen Kugeln. Ich war die einzige von mehr als zwanzig Leuten, die genau traf. Und am Anfang hatte ich solche Angst gehabt. Ich schoss mit Bazookas, Aka, warf Granaten – alles.[88]

Rückkehr und Leben im Untergrund

Arinda, Cristina und Soledad waren Teil des Unternehmens Rückkehr, das die MIR etwa ab 1978 umzusetzen begann. Diese drei Aktivistinnen verließen Europa, um illegal nach Chile einzureisen, wo sie führende Köpfe bei der Reorganisierung des Widerstands sein sollten, der – so lautete die Analyse der MIR – anfing sich zu regen. Die drei gingen 1980 beziehungsweise 1981 mit falschen Papieren über die chilenische Grenze. Arinda reiste 1980 ein und setzte ihre Arbeit im Bereich Sonderaufgaben fort, die sie bereits vor dem Putsch ausgeübt hatte. Sie ging nach Concepción zurück, wo sie vor dem Exil gewohnt hatte und wo ihre Mutter lebte. Cristina reiste 1980 mit der Mission ein, den Aufbau der MIR-Guerilla in den Kordilleren zu unterstützen, speziell in Nahuelbuta.

Uns sagte man, Ziel sei die Unterstützung der Parteiarbeit dort, wo Mutterzellen aufgebaut worden seien, und die Verstärkung der Genossen, die bereits hier waren, aber von den Bergen aus.[89]

Nach dem Schlag gegen die Guerilla von Neltume[90] Mitte 1981 musste die Gruppe, die in Nahuelbuta operierte, fliehen, wodurch Cristina und ihr Mann den Kontakt mit der MIR verloren. Erst 1982 konnten sie wieder Verbindung aufnehmen und gingen in den Süden, um dort politisch zu arbeiten, in die Region, in der auch Soledad und ihr Mann tätig waren, aber die beiden Frauen begegneten sich im Untergrund nicht. Soledad war 1981 zurückgekehrt, um die politische Arbeit der MIR im Süden wieder aufzubauen. Anfangs sollte sie nach Puerto Montt[91], aber angesichts der realen Bedingungen, die sie in Chile vorfand, gliederte sie sich mit ihrem Mann in die Arbeit ein, die in Temuco aufgenommen worden war.

Alltäglichkeiten und Stimmungen im Untergrund

Das Leben im Untergrund war für Cristina, Arinda und Soledad eine einschneidende Erfahrung, zumal es ihnen eine harte Trennungslinie zwischen ihren Gefühlen und der Ratio abverlangte. Diese Haltung entsprach einer taktischen Notwendigkeit und bestimmte ihr gesamtes Dasein als Aktivistinnen, verschärfte sich aber in den Jahren im Untergrund. In dieser Zeit widmeten sie sich rund um die Uhr der politischen Arbeit, dem Widerstand, dem das Privatleben vollkommen angepasst wurde. Für Arinda waren es Jahre ausgeprägter Einsamkeit, die wenigen Genossen ihrer Gruppe waren die einzige Familie, die sie im Alltag hatte.

Mit meinem Lebensgefährten verbrachte ich einige Tage, aber dann trennten wir uns, denn am Anfang, als ich kam, gab es keine Verbindung zur Partei, das heißt es war alles ein Chaos in dieser Hinsicht. Da waren wir zusammen, aber als wir dann Kontakt zur Partei aufgenommen hatten, konnten wir nicht mehr zusammenleben, weil wir in verschiedenen Strukturen waren. Ich habe dann allein gelebt. Das war traurig, ich weiß nicht, ob traurig, aber blöd. Allein im Untergrund zu sein, ist auch sehr riskant. Da ist keiner, der dir Nachrichten zukommen lässt, was im Viertel los ist, was am Tag passiert ist, wann du am besten rausgehst. Du weißt nie, ob jemand vor deiner Tür steht oder in deiner Wohnung ist. Außerdem ist es blöd, wenn niemand »Ciao« sagt, wenn du gehst, und keiner dich begrüßt, wenn du kommst. Du musst im Grunde alles allein machen. Ich verbrachte jenen ganzen Winter allein. Weihnachten verbrachte ich mit den Genossen meiner Gruppe, wir waren drei, zwei Männer und ich, und wir alle waren allein. Wir kauften uns ein Hähnchen und Weihnachtsgebäck und feierten. In meiner Wohnung erledigte ich meine Arbeit, ich hatte da meine Werkstatt, mein Werkzeug. So sollte man es eigentlich nicht machen, es wäre besser, man kommt an und integriert sich in eine legale Familie, eine normale Familie, und du bist ein weiteres Mitglied dieser Familie, aber damals war das ein Teil der Irrtümer, die gemacht wurden. Es war halt so.[92]

Nach der Zerschlagung der Guerilla von Neltume und der Wiederherstellung der Verbindung zur MIR ging Cristina 1982 mit ihrem Mann in den Süden, und obwohl sie zusammen dort lebten, erinnert auch sie sich an die Einsamkeit als eine Konstante in ihrem dortigen Leben.

Ich hatte noch nie im Untergrund gelebt. Mich prägte das, wenn es um die Wertschätzung von Dingen ging, wie zum Beispiel dem Gesang eines Vogels. Da ich praktisch den ganzen Tag allein war, faszinierte mich die Tatsache, dass ein Vogel sich in einen Baum setzte und sang, es begeisterte mich, das war lebendig, als wenn der Vogel da wäre, um mich zu unterstützen, eine Spinne, eine Küchenschabe, die fand ich nie eklig oder gefährlich, sondern sah sie als Gefährtinnen. Üblicherweise arbeitete man nachts, und eines Tages setzte ich mich hin, ich wartete auf Gigi und fing an zu schreiben, die Schreibmaschine auf den Knien, damit man sie nicht hörte. Plötzlich sah ich etwas, das sich bewegt, so groß wie meine Hand, so ein großes Insekt, ich bin vor Schreck fast gestorben, das war das einzige, wovor ich Angst hatte, aber echt, im Untergrund versuchst du den Moment zu leben.[93]

Heute im Rückblick hinterfragt Cristina die Art von politischer Arbeit, die ihr in dieser zweiten Etappe im Untergrund zugeteilt wurde. Ihre Hauptaufgabe bestand darin, die Arbeit ihres Mannes zu unterstützen, der der militärische Chef der Region war. Sie hatte das Gefühl, dass ihre Arbeit in der Partei nicht klar definiert war, und vom heutigen Standpunkt kritisiert sie, dass die von ihr geleistete Arbeit nicht sichtbar war, da sie sich hinter der ihres Mannes verbarg.

Ich war seine Basisstation, mehr nicht. Wir mussten die momentane soziale, wirtschaftliche und politische Lage in der Region analysieren, Informationen sammeln. Das war das, was wir mit Paty und Alejandra machten, wir trafen uns alle zwei Wochen, um die Informationen zusammenzutragen, jeder hatte einen Sektor zu bearbeiten, es ging darum, die gegenwärtige Lage in der Gegend zu checken. Diesen Teil erledigten wir zusammen mit den Leuten von der Gruppe, aber es gab einen anderen Teil, denn ich half Gigi bei allem, was mit den militärischen Aufgaben zu tun hatte, Sprengstoff usw. Für diesen Teil war ich ein bisschen zuständig, wir hatten das ja auf Kuba gelernt und gaben das als Schulungsmaterial den Leuten in Coronel weiter. Wenn ich in einer Gruppe arbeite, dann bin ich Aktivistin, und bei der anderen Arbeit auch, aber dieses Schulungsmaterial, das erstellte ich nur mit meinem Mann, denn ich durfte die anderen Leute nicht kennenlernen. Und dann sagte ich zu ihm: »Ja, und wozu gehöre ich jetzt?«, und er sagte: »Du kannst nicht in der Gruppe mitmachen, denn das ist gefährlich.« Wir hatten eine Wohnung dort in der Straße Pedro Aguirre Cerda, und wenn ich auch das Haus verließ, beeinträchtigte das unser Scheinleben, das wir als Deckung führten: Ich als die Hausfrau, die die Hausarbeit erledigte und die Blumen goss, und mein Mann ging arbeiten. Aber dann baten mich die Parteigenossen um Unterstützung bei dem Schulungsmaterial, und ich machte da mit, aber halt allein, und dann wurde es nicht zur Kenntnis genommen, als hätte es keinen Wert, den es aber doch hatte. Da ich aber keine Gruppe hatte, ich war halt an der Seite des Chefs, war ich sein Anhängsel sozusagen. Und darüber hinaus, wenn sie Bomben legten und so was, diejenige, die die Sachen für den Sprengstoff besorgte, Salpetersäure und Schwefelsäure usw., das war ich. Ich kaufte das ein und versorgte sie damit. Ich musste schon gucken, wie kaufe ich das Zeug, wie transportiere ich es, ich brauchte ja eine Rechtfertigung, also musste ich mich darum kümmern, um ihnen das alles zu beschaffen.[94]

Das Untergrundleben von Soledad war ebenfalls durch die politische Arbeit bestimmt, obwohl sich ihre Ehe in einer tiefen Krise befand.

Das Leben war ganz praktisch, konkret, ganz spezifisch, was nicht heißt, dass es keine

Möglichkeit gegeben hätte, zu wachsen, Sachen zu erleben, aber der Rahmen, in dem du dich bewegt hast, war sehr eingeschränkt. Die Arbeit in der Gruppe, die Kontakte, Sachen machen, Partei aufbauen, die Linie der MIR voranbringen. Auf der anderen Seite, die Beziehung wieder hinzukriegen, die ganz schön kaputt war, durch Dinge, die nie geklärt wurden, Dinge, über die nie tiefergehend gesprochen wurde, weil wir vielleicht keine Begriffe dafür hatten, heute sehe ich das so, wir konnten einfach auf der Ebene nicht miteinander reden.[95]

Die Order der Partei besagte, dass die drei Frauen nach ihrer illegalen Rückkehr ins Land keinen Kontakt zu Familienangehörigen und FreundInnen aufnehmen sollten. In der Praxis konnte das nie gänzlich eingehalten werden. Auf der einen Seite trieb sie der Mangel an Ressourcen dazu, auf ihre persönlichen Kontakte zurückzugreifen, andererseits waren die Gefühlsbindungen nur schwer mit kaltem Verstand zu kontrollieren. Die härtesten Momente des Lebens in der Illegalität sind in der Erinnerung dieser MIR-Frauen Situationen, in denen sie ihre Emotionen hinter einem unbeweglichen Gesichtsausdruck verbergen mussten.

Als Arinda gerade in Chile angekommen war, begegnete sie nach sechs Jahren Abwesenheit ihrer Mutter auf der Straße.

Ich komme aus Concepción, steige am Markt aus, und als ich aus dem Bus steige, sehe ich meine Mutter. Seit wir uns in der Botschaft voneinander verabschiedet hatten, hatte ich sie nicht wiedergesehen. Sie wusste nicht, dass ich hier war. Sie geht da entlang und spricht mit einer Freundin. Ich sah anders aus, hatte lange Haare, war sehr schlank. Sie hat mich nicht gesehen und ich habe sie vorbeigehen lassen, habe mich vor ein Schaufenster gestellt und guckte das Schaufenster an, ich traute mich nicht zu gucken, denn ich stellte mir vor, dass die mich sehen und meinen Namen rufen würde, also, das waren wieder so gemischte Gefühle. Das ist eins der schlimmsten Dinge, die du im Untergrund erlebst: Diese Selbstunterdrückung, das Verbergen der Emotionen, damit man dir an den Augen und den Gesten nichts anmerkt. Das war eine verflixte Situation für mich, meine Mutter zu sehen, und so bald, ich war erst vor ein paar Tagen angekommen. Nach diesem Erlebnis bin ich einigen Personen begegnet, die mich erkannt haben, aber ich war auf der Hut, sah sie von weitem und tat so, als verwechselten sie mich. Eines Tages blieb ein Typ stehen, schaute mich an und sagte: »Arita«, und ich ging vorbei, als wäre nichts passiert, und er blieb sprachlos stehen und sagte nichts. Wahrscheinlich war er im Zweifel, ist sie es oder ist sie es nicht.[96]

Nach der Begegnung mit ihrer Mutter beschlossen Arinda und ihre Gruppe, es sei besser, ein Treffen der beiden zu planen, um Komplikationen zu vermeiden für den Fall, dass sie sich wieder in der Öffentlichkeit begegneten. Auch Cristina erlebte die durch die Illegalität erzwungene Trennung zwischen Ratio und Gefühl. Eine ihrer heftigsten Erinnerungen ist die an ihre Flucht nach Santiago nach der Niederlage von Neltume. Damals versteckte sie sich im Haus ihres Bruders. Unter dem Bett hörte sie die Stimmen ihrer Eltern, die sie nicht begrüßen konnte, nachdem sie sie sechs Jahre nicht gesehen hatte.

Eines der konstanten Themen der Jahre im Untergrund war für Soledad, abgesehen von der politischen Arbeit, die Beziehung zu ihren Töchtern. Obwohl sie illegal war und die Sicherheitsvorschriften es überhaupt nicht vorsahen, lebten diese Aktivistin und ihr Mann nach ihrer Rückkehr nach Chile fast ein Jahr mit ihren kleinen Töchtern zusammen. Soledad spaltete sich auf in die geheimen Arbeiten als Untergrundaktivistin und das »normale« Familienleben wie das einer beliebigen Mutter. Nach auftretenden Sicherheitsproblemen musste sie die Kinder erneut bei ihrer Schwiegermutter lassen, was ihr wieder erheblich zu schaffen machte.

Klar, im Untergrund tätig zu sein, bedeutete für uns, total aufzupassen, ständig zu sichern und eine Reihe von Sachen. Aber wenn wir nach Hause kamen, waren Papa und Mama da, eine Freundin, und wir führten ein ganz normales Leben. Das war ein bisschen anders als das Leben in der Illegalität als klandestine Rückkehrer. Als klar war, dass die Mädchen zurück zur Oma mussten – selbstverständlich war Ignacio in unserer Beziehung der Rationale, der Härtere –, da sagte er: »Das passiert jetzt und wir müssen diese Entscheidung treffen, da gibt's nichts. Und lass es uns von der besten Seite aus betrachten, wir haben eine Zeit mit unseren Mädchen verbracht, was wir eigentlich nicht hätten machen dürfen. Das haben wir dem Feind abgetrotzt. Und jetzt können wir das nicht mehr, jetzt gehen wir nicht nur für uns ein Risiko ein.« Und ich hörte mir die Begründungen an und fand es logisch, und wir mussten jetzt anfangen, alle Details der Rückführung zu planen. Aber es war hart, hart, ein paar Wochen, Monate vorher damit anzufangen, die Trennung von den Mädchen vorzubereiten. Für uns war es damals so, dass sie fortgingen und wir sie nicht wieder sehen würden, bis die Verhältnisse sich hier radikal änderten.[97]

Im Untergrund gab es wenige Freunde und Freundinnen, persönliche Themen wurden vermieden, damit jedeR AktivistIn möglichst wenig von den anderen Illegalen wusste. Soledad vertraute ihre Gefühle bezüglich der Trennung von ihren Kindern nur einer Freundin an, auch von der MIR, die sie seit der Schule kannte.

Ignacio gegenüber hatte ich kaum die Gelegenheit, meine Gefühle zu zeigen. Er konnte damals nicht anfangen mit mir zusammen zu weinen im Sinne von:»In Wirklichkeit habe ich auch meine Zweifel und ich weiß nicht, was wir machen sollen.« Dann wäre es schlussendlich soweit gekommen, dass wir Chile mit den Mädchen verlassen hätten. Er übernahm da den Part des Harten. Ich war damals noch ziemlich jung und

verstand es so, als wenn er mit mir diesbezüglich nicht kommunizierte, dass ich ihm ge-
genüber mein Leiden, meine Emotionen nicht zum Ausdruck bringen konnte, dass er sie
nicht wahrhaben wollte. Wenn ich das Thema wieder und wieder anschnitt oder weinte,
sagte er: »Also, der Entschluss ist gefasst, und es muss geschehen. Entweder stehen wir zu
der Sache oder nicht. Entweder sind wir MIRisten oder wir sind keine MIRisten.« Mit
wem ich meine Gefühle ein wenig teilen konnte, war Aída.[98] Vor ihr konnte ich weinen,
ihr konnte ich alles erzählen, denn sie wusste, was das für mich bedeutete, zumal auch sie
eine Beziehung zu den Mädchen hatte. Sie sagte mir aber gleichzeitig: »Es ist ok, aber wir
müssen das tun, weil wir die Kleinen nicht in Schwierigkeiten bringen können, denen
wird es dort gut gehen, sie bekommen total viel Zuneigung« – also, sie beruhigte mich.
Diese Zeit der Trennung und die erste Zeit danach war superhart für mich, so hart, dass
ich alles in Frage stellte. Im Lauf der Jahre habe ich festgestellt, dass die Jahre, die wir
getrennt voneinander verbrachten, gar nicht so lang und so schrecklich waren, nur wenn
du sie erlebst, dann kommt dir die Zeit vor wie eine Ewigkeit. Sie gingen im Dezember
fort und im September darauf war Ignacio zu einer Sitzung nach Santiago gefahren.
Immer, wenn er reiste – er fuhr immer mit dem Bus »«, kam er ganz früh morgens zurück.
Nehmen wir an, er fuhr freitags los und kam Montag früh zurück nach Temuco. Damals
fingen die Proteste an, Leute gingen auf die Straße. Am Montag wartete ich dann ab
sechs sehnsüchtig, da ich wusste, dass er um acht Uhr nach Hause kommen musste, ob
er irgendeine Neuigkeit von den Mädchen mitbringen würde. Er erfuhr immer indirekt
etwas über die Kinder, brachte Fotos oder Briefe mit. Es gab Leute, die uns halfen, die
ihre Haut dafür riskierten, tolle Leute, die einem so über den Weg laufen. Und an dem
Montag höre ich, wie die Tür aufgeht und höre so kleine Schritte, und das war eine gro-
ße Sache, das konnte nicht wunderbarer sein. Tamara kam sofort zu mir und gab mir
einen Kuss, und Katia war so groß geworden; obwohl Katia immer etwas fremdelte am
Anfang. Ich weiß nicht, wie und wann Ignacio es eingefädelt hatte, aber er war mit den
Mädchen gekommen, mit Tamara und Katia. Und wir waren zwei oder drei Wochen
zusammen, das war das erste Mal nach der Trennung von ihnen. Und natürlich be-
deutete das für mich wieder ein Stück Normalität, es war nicht mehr alles weiß oder
schwarz. Klar, ich machte mir keine großen Gedanken wegen der Sicherheit und was
alles passieren konnte, nichts. Ich fand es richtig und gut, dass sie da waren. Das war im
September 1983. Danach sah ich sie noch einmal im Sommer 1984, und dann sah ich sie
nicht mehr, bis dann später im Gefängnis. In jenem Sommer machten wir viele Sachen,
die wir nicht hätten machen dürfen, denn als ich festgenommen wurde, wurde ich mit
vielen Sachen geschnappt.[99]

Liebe und Liebesverlust im Untergrund

Die bereits bestehenden Paarbeziehungen passten sich an die Erfordernisse der politischen Arbeit an, notwendige räumliche Trennungen inbegriffen sowie Schwierigkeiten bei der Bewältigung von Krisensituationen. Jede Trennung vom Partner beziehungsweise jeder Partnerwechsel zog eine Veränderung im Einsatz nach sich, den die MIR für die Parteiarbeit vorgesehen hatte. Aufgrund des Fehlens oder der Oberflächlichkeit der Verbindungen zu Leuten jenseits der politischen Arbeit kamen neue Beziehungen meist in dem relativ kleinen Zirkel der AktivistInnen zustande, wie in den Parteigruppen. Arinda reiste illegal nach Chile und lebte nur selten mit ihrem Mann zusammen, da sie ganz verschiedenen Aufgaben zugeordnet wurden. Sie hatte eine Zeit lang eine intime Beziehung zu einem MIR-Genossen, die sie aufgeben musste, als er in einen anderen Bereich verlegt wurde. Trotz der strikten Anweisung, sich nicht zu treffen, unterhielt diese Aktivistin bis zu ihrer Verhaftung eine heimliche Liebesbeziehung im Untergrund. Die extreme Zurückhaltung, die sie in ihrer Liebesgeschichte bewahrte und die sie als Verlust von Menschlichkeit bei einigen MIR-Kadern ansieht, führte dazu, dass sie nach ihrer Inhaftierung nie wieder eine Verbindung zu ihrem Freund aufnehmen konnte, da sie seinen wahren Namen nicht kannte.

Als ich den Flaco kennen lernte, änderte sich mein Leben ziemlich. Als er ankam, zog er in ein Zimmer, in dem es nur eine Matratze gab, das war so bei denen, die ankamen, ein Zimmer mit einer Matratze, mehr nicht. Später wohnte er dann bei mir. Dann sind wir zusammengekommen und haben dann zusammengelebt, ohne dass irgendjemand das erfuhr, klar. Er war auch in der Guerillaausbildung gewesen, war auch einer von den »Eingereisten.« Wir lebten zusammen, aber nur für eine kurze Zeit, denn dann wurde er in eine Parteistruktur in einer anderen Region geschickt. Er benachrichtigte mich, wenn er unterwegs war. Ich hatte ein Postfach, das heißt einen geheimen »Briefkasten.« Als ich schon im Knast war, kam eines Tages eine Person, sie war von der Partei und fragte mich, ob Sachen aus meinem Briefkasten sichergestellt werden sollten. Ich habe ihr die Erlaubnis gegeben. Ich wartete sehnsüchtig darauf, dass sie mir die Sachen brachte, denn vermutlich waren Briefe von meinem Sohn dabei und bestimmt auch vom Flaco. Und stell dir vor, sie kommt und übergibt mir ein Stückchen Papier, das die gut versteckt hatte, nur ein Stückchen, und sie sagt mir, da sei noch ein Brief gewesen, aber sie habe mir nur dieses Stückchen bringen können, damit ich die Schrift erkenne. Auf dem Papier stand »voller Zärtlichkeit«, und es war unverkennbar Flacos Schrift. Den Brief haben sie mir nicht gegeben, nie habe ich erfahren, wieso nicht. Das sind so Dinge, die du dich hinterher fragst. Wahrscheinlich aus Gründen der Sicherheit, aber einer so dämlichen, das heißt so schrecklichen Sicherheit, da im Knast landete ich auf dem Boden der Tatsachen, dass ich nicht mehr Herrin meiner Sachen war, über meine Angelegenheiten nicht mehr verfugen konnte. Und das, fand ich, war der Gipfel der Grausamkeit. Das habe ich immer noch, dieses Stück Papier mit »voller Zärtlichkeit« drauf. Ich stieß also auf diese Unverständlichkeiten menschlicher Bedürfnisse, das machte mich unheimlich traurig, denn nie wieder hörte ich was von ihm, das einzige, was mir von diesem Genossen blieb, ein Fetzen Papier mit seiner Schrift. Ich spreche nicht gern von diesen Sachen, ich mag es nicht, schlecht über die Partei zu sprechen, denn so was wird immer auf eine üble Art und Weise ausgeschlachtet. Außerdem gab es viele wunderschöne und sehr gute Sachen, aber es gab halt auch blöde und traurige Dinge. Das kam halt auf die Personen an, Personen, die bestimmte Aufgaben hatten und nicht ausreichende Kriterien oder nicht die Menschlichkeit besaßen, um korrekte Entscheidungen zu treffen.[100]

In Soledads Fall hatte bereits in der Zeit im Exil ihre Ehe zu kriseln begonnen. Obgleich Soledad große Mängel in ihrer Beziehung feststellte, war für sie inmitten der Parteiarbeit die Gefühlsebene zunächst sekundär, zumal im Vergleich mit anderen Eigenschaften ihres Partners, von dem möglicherweise ja auch ihr Leben abhing. Verstrickt in solche Widersprüche dachte sie immer öfter an die Möglichkeit einer Trennung. Diese Entscheidung wurde erst konkret, als sie und ihr Mann festgenommen wurden.

Körperlich war es für mich, als wäre ich mit einem Fremden zusammen. Als wir uns auf der Plaza trafen, »Hallo«, und ein Kuss auf die Wange. Und ich hatte die ganze Nacht nicht geschlafen, weil ich mir vorstellte, wie diese Minute, diese Sekunde sein würde. Ich stellte mir vor, wir würden uns umarmen und vielleicht weinen, aber nichts dergleichen. Wir vermieden es, über uns als Paar zu sprechen, denn das kam ja alles zusammen, die Mädchen, die MIR, der Schmerz, die Traurigkeit, die Komplizenschaft, die Loyalität, die Kameradschaft. Wir sagten dann immer, wir sollten uns noch Zeit lassen, bis bessere Zeiten kämen. Und Ignacio fing an, einige meiner Sachen und Ansprüche zu verstehen oder zu akzeptieren. Ich fand ihn herzlicher. Aber trotzdem war die Beziehung zerrüttet, und dann fing das mit den Affären an. Das sieht ja irgendwann ein Blinder, dass dir etwas fehlt. Oder du willst war Besseres aufbauen als das, was du hast. Und dann kommt die endgültige Entscheidung, die sich aber lange hingezogen hat. Heute sagen die Leute: »Ach, die jungen Leute laufen so schnell auseinander.« Stimmt doch nicht! Vielleicht trifft das auf einen von 1.500 Fällen zu, aber die meisten Paare machen einen langen und schmerzhaften Prozess durch. Also, die harte Zeit bei uns dauerte ungefähr ein Jahr, von dem Zeitpunkt an, als wir zum ersten Mal gesagt haben »Wir müssen uns trennen«, bis zu der Haltung, das wahr zu machen, also Sachen zu ändern, auszuziehen. Ein Jahr, in dem du weinst und es immer wieder zurücknimmst, weil du denkst, wir schaffen es. Dieser Teil ist superkompliziert. Es ist schrecklich festzustellen, dass die Beziehung nicht funktioniert, und dass du dich trennen musst. Und dass die Trennung für dich und den anderen das Beste ist. Und wenn dann auch noch Kinder da sind, Tag für Tag – aber die Mädchen hatten wir ja gar nicht mehr bei uns – dann ist das alles noch mal zwei Nummern härter. Und dann kommt der Moment unserer Verhaftung, im August 1984, da ist diese Etappe zu Ende.[101]

Cristina und ihr Mann Mario kehrten aus dem Exil nach Chile zurück, um die Landguerilla zu verstärken, die in Nahuelbuta aufgebaut wurde. Während er in die Berge ging, sollte sie unten die Bedingungen für ihre Genossen vorbereiten und sich später ihnen anschließen, was aber nie geschah. Deswegen waren Mario und Cristina über ein halbes Jahr voneinander getrennt und konnten nur über den politischen Chef der Guerilla Kontakt miteinander aufnehmen, welcher die Briefe vorher überprüfte. Vom Operationsleiter aus Nahuelbuta erfuhr Cristina von dem Schlag in Neltume und was das für die Guerillaeinheit bedeutete, der Mario angehörte.

Eines Tages sagte mir mein Chef, dass er mit mir essen gehen wolle. Wir trafen uns in Temuco, in einem teuren Restaurant und er erzählt mir, dass es Probleme gibt und ich das Gebiet verlassen muss. Dass die Leute von Neltume überwältigt wurden und von den GenossInnen von Nahuelbuta nichts bekannt ist, dass die Verbindung unterbrochen ist. Vierzehn Tage später treffen wir uns wieder, weil er mir einige Papiere übergeben musste, und ich sage zu ihm: »Ich habe in den Nachrichten gesehen, dass Genossen getötet wurden, was ist los? Warum erfahre ich nichts von Mario?« Da gibt er mir einen Brief. Dort stand, man bedauere sehr den Verlust meines Lebensgefährten, und ich dachte, es handele sich um Mario, der gestorben sei, aber dieser Brief war für eine andere Genossin, die Frau eines Genossen aus Neltume, den hat er aus Versehen mir gegeben. Ich dachte, Mario sei tot und fing an zu weinen. Am folgenden Tag musste ich nach Santiago fahren und traf einen Freund, Poly. Der sagte mir dann, ich solle mich beruhigen, es sei nicht Mario, die hätten sich bestimmt geirrt. Und genau dann sagt mir der andere, ich möge entschuldigen, aber der Brief sei nicht für mich bestimmt gewesen, und er habe das nicht beabsichtigt, es handele sich um einen anderen Genossen.[102]

Cristinas Mann flüchtete mit eigenen Mitteln, nachdem er erfahren hatte, dass das Heer die in Neltume befindlichen MIR-Genossen ermordet hatte. Nach acht Monaten der Ungewissheit, in denen Cristina keine Nachricht von ihrem Mann und den anderen GenossInnen aus Nahuelbuta hatte, traf sie Mario wieder. Die ständigen Trennungen waren für Cristina der Grundton der Beziehung zu ihrem Mann, denn AktivistIn zu sein hieß, dass die Paarbeziehung sekundär war. Sie verloren nach ihrem

Wiedersehen den Kontakt zur MIR und mussten allein zusehen, dass sie untertauchten, denn das war die einzige präzise Parteiorder nach der Katastrophe von Neltume und Nahuelbuta.

Bei einem konspirativen Treffen kam die China zu mir, die Lebensgefährtin eines Genossen aus Nahuelbuta, und sagte mir, die Genossen seien da und Samuel wolle mich unbedingt sehen. Samuel war der Deckname von Mario. Ich wollte wissen, wo sie seien, aber sie meinte, sie könne mir das nicht sagen, aber ich solle mich beruhigen, es gehe ihnen gut. Sie sagte mir, ich könne den Gigi abends sehen. Morgen werde sie sich mit mir treffen und den Samuel mitbringen. Ich musste also irgendwas finden, wohin ich ihn mitnehmen konnte. Es war der längste Tag meines Lebens. Wir hatten uns acht Monate nicht gesehen, und wir waren darüber hinaus ja ständig getrennt gewesen. Immer nur nach dem Motto: Patria o muerte – Vaterland oder Tod.[103] Am anderen Tag kam er, ich sah ihn kommen. Sie hatten mir gesagt, ich solle sehr zurückhaltend sein, also gab ich ihm einen Kuss, und er sah mich nur an. Wir zitterten, uns allen vieren war schweinekalt, und wir konnten ja nicht einfach in eine Kneipe gehen und nirgendwohin. Wir haben uns sofort von den beiden anderen verabschiedet. Und wohin mit Gigi? Während meiner vielen Fahrten hatte ich mit einem der Kumpels von der Überland-Buslinie Sol del Pacífico Bekanntschaft geschlossen, also schleppte ich ihn zum Busbahnhof, da gab's einen Kaffee für mich und ihn, und ich steckte ihn in den ersten Bus, der nach Valparaíso fuhr. Wir waren die ersten, die einstiegen. Und als wir auf der Höhe von Talca waren oder vorher, da stiegen ein paar Soldaten ein, der Gigi war am Pennen, sie kontrollieren den Bus und steigen wieder aus. Und dann wachte der Gigi auf, und mir tat der ganze Bauch weh.[104]

Der Schlag von Neltume führte zu heftigen Auseinandersetzungen innerhalb der MIR. Cristina erlebte, dass einige Aktivisten aufgrund falscher Vorstellungen die Illegalen beschuldigten, vor allem diejenigen, die mit militärischen Aufgaben betraut waren, das ganze Geld, das der Partei zur Verfügung stand, abgegriffen zu haben. Sie und ihr Mann jedoch lebten in der Illegalität mit einem Minimum an Ressourcen, was Cristina der Verantwortungslosigkeit des Beauftragten von Nahuelbuta anlastete, der ihrer Meinung nach falsch mit den Geldmitteln umgegangen ist und die ihm Unterstehenden im Stich gelassen hat.

Er hat uns achtzehn Leute im Stich gelassen. Wir lebten von fünf lucas[105] und hatten nichts zu essen, und wussten nicht, wohin.[106]

Cristina und ihr Mann überlebten eine Zeit lang dank der Hilfe von Freunden, bis sie 1982 wieder formell Verbindung zur MIR aufnahmen und erneut in den Süden geschickt wurden, als Verstärkung für die Arbeit in Concepción, Temuco und den umliegenden Gebieten.

Mario übernahm den Teil der Aufbau einer Miliz in der Südzone, in dem gesamten Bergbaugebiet da. Seine Arbeit war hauptsächlich dort, im Gebiet Coronel, Lebu, Cura-nilahue, Ercilla.[107]

Die Verhaftungen

Das Untergrundleben der drei Frauen hatte ein Ende, als sie verhaftet wurden. Arinda wurde als erste von ihnen am 16. April 1981 festgenommen.

Wir gehörten zu den ersten Rückkehrern, die in die Hände der Diktatur fielen. Und wir waren die ersten, welche die CNI[108] zwanzig Tage lang legal in Incomunicado-Haft halten konnte, bevor wir einem Gericht vorgeführt wurden, denn bis dahin waren vom Gesetz fünf Tage vorgeschrieben, aber wir waren zwanzig Tage praktisch entführt. Meine Mutter reichte am zehnten Tag ein Gesuch ein, aber natürlich hat sie darauf nie eine Antwort bekommen, obwohl wir schon zehn Tage in Haft waren. Wie das genau mit meiner Verhaftung war? Es war Donnerstag, der 16. April um 10:30 Uhr vormittags, ein sonniger Herbsttag. Ich komme aus dem Haus, ich wohnte in Penca, ein paar Straßen vom Strand entfernt, da stand ein Typ an einem großen Stein gegenüber, ich öffne die Tür, gehe raus, und der Typ verschwindet. Ich überlege hin und her, sehe den Bus und frage mich, ob es besser ist hinzurennen und einzusteigen oder zur Endstation zu gehen, drehe mich um, gehe zwanzig Meter und höre dann jemanden rennen, sie packen mich an den Armen und ich strauchele, sie reißen an meiner Tasche, der Riemen geht kaputt. Ich wollte schreien, wusste aber nicht, welchen Namen ich rufen sollte, also schrie ich nur »Zu Hilfe!« In einem solchen Fall sollte man annehmen, dass man seinen Namen brüllt. Das ist eine Sache des Überlebensinstinktes, damit jemand, der dich sieht, sagen kann, dass er diesen Namen gehört hat, als die betreffende Person in ein Fahrzeug gedrängt wurde, denn es bestand immer die Möglichkeit, dass sie dich verschwinden ließen. Aber nun kam ich völlig durcheinander mit dem falschen und dem richtigen Namen, das war unglaublich. Also, ich habe dann gar nichts gerufen. Sie warfen mich in den Lieferwagen und dann ging's erst richtig los, Schläge ins Gesicht, Fesseln wurden angelegt. Die Typen haben mich durchsucht, es war ein Riesenaufgebot, ungefähr zwanzig-dreißig Soldaten und ein Haufen Fahrzeuge, die nach und nach ankamen. Sie fragten, ob da noch mehr Leute seien. Ich habe ihnen nichts gesagt, außerdem war ich da noch ganz gut beisammen. In diesem Moment schlägt der Typ mir voll ins Gesicht, ich versuche, ihn zu beißen. Dann fuhr dieses Auto los, vor den Scheiben waren Gardinen, so dass man nicht sehen konnte, was drinnen passierte. Sie brachten mich nach Lirquén, mir hatten sie die Augen verbunden, ich konnte nicht sehen, dass es Lirquén war, aber ich merkte es wegen der Umgebung, weil's da bergauf ging. Ich musste dann aussteigen, und sie nahmen eine Scheinerschießung vor, sie setzten mir die Pistole an die Schläfe, so dass ich das Metall spürte. Sie taten nur so, als ob. Danach wurde ich wieder in den Lieferwagen gesperrt, sie fuhren ein ganzes Stück und brachten mich an einen Ort, von dem ich später erfuhr, dass das die Festung El Morro war, hier in Talcahuano.

Ich war dort zwei Tage und erkannte zwei Genossen aus meiner Gruppe. Nach einer Zeit holten sie mich da raus, schleppten mich in ein Auto und brachten mich fort. Sie steckten mich in irgendetwas, hievten mich hoch, dieses etwas vibrierte, aber ich wusste nicht, was es war. Mir war sehr kalt, und ich wurde transportiert wie ein Gepäckstück. Dieses Ding war ein Sportflugzeug, sie brachten mich nach Santiago. Schließlich kam ich raus, sie hatten mir mit Klebeband die Augen verklebt und eine Brille aufgesetzt, und endlich nahmen sie mir die Brille ab und rissen das Klebeband ab, und ich war auf der Plaza de la Constitución, in Santiago. Dort waren früher die Militärgerichte. Ich merkte, dass die Typen mich verarscht hatten, ich hatte nicht mitgekriegt, dass es ein Flugzeug war, es hätte auch ein U-Boot oder ein Trecker sein können, ich hatte einfach nicht mitgekriegt, in welches Fahrzeug sie mich gesteckt haben. Ich erinnere mich, dass der Typ zu mir sagte: »Ich werde dich hinunterwerfen«, und so etwas, aber mir war das fast egal, denn ich wusste nicht, was vor sich ging. In den Verhören, da wussten sie schon, wer ich war, sie wussten alles. Später habe ich meinen Namen gesagt, aber sie hatten mich sowieso schon anhand meiner Fingerabdrücke identifiziert, ich weiß nicht, wann, aber das bedeutete, dass sie mich noch mehr schlugen, einfach so.[109]

Nach der Folter wurde Arinda in den Frauenknast COF[110] in Santiago verlegt, wo sie der Kontaktsperre unterworfen wurde. Das bedeutete, dass sie von den übrigen Genossinnen, die auch verhaftet worden waren, isoliert war und keinen Besuch bekommen konnte. Cristina und Soledad waren in derselben politischen Struktur tätig und wurden ebenfalls am 23. August 1984 während der großen Operation der CNI im Süden verhaftet. Danach war die Untergrundarbeit der MIR in diesem Gebiet praktisch ausgelöscht.

Soledad widersetzte sich ihrer Festnahme, indem sie auf die Geheimdienstagenten schoss, welche ihr Haus umstellten, sie hatte Angst, die Folter nicht ertragen zu können, weswegen sie es vorzog zu sterben.

Ich dachte nicht, dass sie mich verhaften würden, ich dachte, sie würden mich töten. Ich schoss, denn ich wollte, dass sie mich umbringen. Was ich vorher unter der Folter erlebt hatte, war heftig gewesen, und ich dachte, jetzt würde es tausendmal heftiger werden, denn ich war jetzt ja nicht mehr das kleine Mädchen, nun war ich eine Zurückgekehrte, eine Militante, ich dachte, die machen mich fertig. Dann die Angst, was körperlich mit mir passieren würde, ob ich es aushalten würde. Ich wollte einfach nicht noch einmal gefoltert werden, ich wollte nicht, dass sie von meinen Kindern reden, dass sie mir auf sie bezogene Sachen androhen, all das, von dem du weißt, dass es passiert, und tatsächlich war es dann auch so. Die erste Reaktion ist ein bisschen selbstmörderisch. Denn das geringere Übel, das dir und den anderen passieren konnte, war, dass sie dich umbringen.[111]

Ein Teil der Folter, der Soledad ausgesetzt wurde, bestand in dem Versuch, sie psychologisch zu destabilisieren.

Da drinnen weißt du nicht, was stimmt und was nicht. Die bringen dich in einen Zustand der totalen Verwirrung, denn diese Typen verstehen ihr Handwerk. Erst mal verbinden sie dir die Augen, du weißt nicht mehr, welcher Tag ist. Du bist in einer Situation, dass du alles verlierst, das Zeitgefühl, alles. Sie sagten mir, es sei aus mit der MIR, alle seien tot. Sie wiederholten unzählige Male, alle seien tot. Sie sagten: »Der Vater deiner Kinder ist tot, der Alte.«[112]

Dass sie nicht in die Fallen der Folterer tappte und nichts verriet, erklärt sich Soledad durch die Kraft der intensiven Beziehung zu ihren Genossinnen und Genossen sowie ihre Prinzipientreue. Scheinhinrichtungen mit vermeintlichen Dynamit-gefüllten Dosen, der Gedanke, was mit ihren Töchtern passieren würde, die Herabwürdigung durch den Schmutz, in dem sie leben musste – diese Foltermethoden zielten darauf, sie zu entmenschlichen, sie zu entwürdigen, um ihre geistige Verfassung und ihre Wertvorstellungen zu brechen. Beim Vergleich der beiden Male, die sie verhaftet wurde, betont Soledad, dass die CNI bei der Folter wissenschaftlicher vorging und sich um Details kümmerte, wie beispielsweise die Gefangenen der Staatsanwaltschaft in sauberer Kleidung vorzuführen oder ihnen am Tag vorher Schlafmittel zu geben, damit der Richter sie in besserer Verfassung sähe. Der Übergang vom CNI-Folterzentrum zum Gericht war ein bedeutender Schritt, denn wenn die Gefangenen erst einmal als solche anerkannt und vor Gericht geführt wurden, konnte man sie nicht mehr ohne weiteres ermorden oder verschwinden lassen.

Die DINA[113] *steht für wildeste Brutalität. Die machten dich fertig, ohne etwas zu wissen, und ohne zu wissen, was sie suchten. Die konnten dich umbringen, egal ob du der Chef warst oder der Letzte im Glied. Nicht so die CNI, die ging planmäßig vor. Die Typen hatten sogar Ahnung von der Strategie der MIR, hatten die Dokumente der MIR gelesen, bezogen sich bei den Verhören darauf, auf die Ziele und die Struktur der MIR. Eine völlig andere Geschichte, viel planmäßiger und durchdacht. Auch die Folter, die Methoden.*[114]

Cristina wurde in Bahamondes, Concepción, gefoltert. Während der Verhöre wurde ihr klar, dass ihre Vergangenheit als Teil des Guerillaprojekts in Nahuelbuta der CNI bekannt war. Ähnlich wie bei Soledad und Arinda war es Bestandteil der Folter, sie glauben zu machen, sie würde ermordet werden und sie mit dem Tod ihres Mannes zu konfrontieren, der tatsächlich am 23. August umgebracht wurde, was sie jedoch nicht wusste. Während Cristina im Folterzentrum war, legten ihre Genossen von der MIR dort eine Bombe, denn sie dachten, die Gefangenen seien schon nicht mehr dort. Daraufhin wurden die Repressalien gegen sie einmal mehr verschärft.

Sie legten mir ein Gewicht in die Hand [sie dachte, es sei eine Handgranate – Anm.d. Übs.]*, dann fühlte ich, wie sie es mir wieder wegnahmen, und ich war wieder allein. Es war nur eine Täuschung gewesen. Ich dachte, sie würden mich an einem anderen Ort töten. Am Morgen holten sie mich und sagten mir, ich solle duschen gehen; das Wasser war kochend heiß. Ich sagte, ich könne mich da nicht drunterstellen, woraufhin sie mich als »dreckige Terroristin« beschimpften, ich schwöre, es war, als ob ein Schwein abgebrüht wurde. Ich war rot wie eine Tomate, als ich aus der Dusche kam, und das Blut pulsierte wie verrückt in den Adern. Sie brachten mich in eine Zelle und sagten, ich solle eine Aussage machen. Ich entgegnete, nein, ich hätte nichts zu sagen. Ich fragte immer nach meinem Lebensgefährten und sie meinten:* »Du hast uns doch gesagt, er würde abhauen. Ok, er ist abgehauen und immer noch auf der Flucht.« *Ich glaubte das und war beruhigt.*[115]

Als Cristina vom CNI-Folterzentrum in die Incomunicado-Haft im COF gebracht wurde, sah sie dort zwei Genossinnen, die ebenfalls bei der Operation in die Hände der CNI gefallen waren: Patricia Zalaquett und Soledad Aránguiz. Beide wussten von der Ermordung von Cristinas Mann, hatten aber keine Gelegenheit, es ihr vor der Überstellung zum Militärgericht zu sagen, so dass der Militärstaatsanwalt ihr dort die schreckliche Nachricht überbrachte.

Bevor sie die Verlegung nach Coronel anordneten, fragte ich, was mit meinem Lebensgefährten sei, wo er sei. Der Staatsanwalt sagte: »Er ist bei einem Schusswechsel umgekommen«*, und ich:* »Sie sind verrückt«*, und da zeigte er mir Zeitungen mit den Fotos von allen, von ihm, und ich schrie* »Nein, Mörder, ich bringe dich um«*, und packte ihn mit den Händen, er hielt sie fest und sagte, ich solle mich beruhigen. Daraufhin brach ich in Tränen aus, und ich werde nie vergessen, dass da eine Polizistin war, die auch anfing zu heulen. Im Gefangenentransporter weinten wir drei* [Cristina, Paty und Soledad] *den ganzen Weg, und so kamen wir nach Coronel.*[116]

Ein weiblicher Raum. Die Erfahrung im Knast

Cristina und Soledad hatten sich in der Haftanstalt Tres Álamos kennen gelernt, wo Soledad sieben Monate und Cristina ein Jahr blieben, bevor sie des Landes verwiesen wurden. Die eine verschlug es nach Frankreich, die andere nach Belgien. Neun Jahre später und ohne in der Zwischenzeit miteinander Kontakt gehabt zu haben, wurden sie während der gleichen Operation festgenommen, durch welche die Untergrundstruktur der MIR im Süden des Landes praktisch zerschlagen wurde. Nach Folter und Kontaktsperre wurden beide Frauen in den Knast von Coronel in der Achten Region verlegt, wo sie Arinda kennenlernten, die bereits drei Jahre im COF in Concepción inhaftiert gewesen war. Cristina blieb vier Jahre in Coronel in Haft, Soledad fünfeinhalb Jahre, Arinda verbrachte insgesamt achteinhalb Jahre im Gefängnis. Der Knast war hart, aber durch ein besonderes Merkmal gekennzeichnet: Es war ein Raum, in dem nur Frauen miteinander lebten. Die Beziehungen, Organisationsformen, Gespräche, der Alltag und die Prioritäten waren zu einem großen Teil dadurch geprägt. In den Berichten gibt es interessante Übereinstimmungen, wie das schwesterliche Verhältnis unter den Inhaftierten, die gewachsenen affektiven Bande und das komplexe Wechselspiel zwischen ihrer Rolle als rational handelnde Aktivistinnen und als Frauen mit weiblichen Ausdrucksformen von Sensibilität und Herzlichkeit. Anders als beim militärischen Training in Kuba oder im Untergrund wurde in der Haftzeit, insbesondere in Coronel, das Weibliche wahr- und angenommen und konnte weiterentwickelt werden. Vielleicht waren es die geringeren Anforderungen bezüglich Militanz und Sicherheitsvorkehrungen, die es Soledad, Cristina und Arinda während der Inhaftierung erlaubten, ihre Gefühle freier zum Ausdruck zu bringen.

Tres Álamos

Soledad kam 1975 nach der Incomunicado-Haft nach Tres Álamos. Die Zeit im Folterzentrum Villa Grimaldi oder anderen dieser Art wurde offiziell nicht eingestanden. Daher war die Ankunft in einem Gefängnis wie Tres Álamos ein Anzeichen dafür, dass die Gefangene dem Tod entkommen war, da der Staat sie als Gefangene mit allen durch die internationale Gesetzgebung vorgesehenen Rechten anerkannte – zumindest theoretisch. Soledad gelangte gemeinsam mit der Journalistin und MIRista Gladys Díaz nach Tres Álamo, mit der sie schon in der Villa Grimaldi eine Zelle geteilt hatte.

Dann kamen wir endlich nach Tres Álamos, das hieß, wir würden leben, weil du erst dort als Gefangene anerkannt wurdest. Sie fragten nach unseren persönlichen Daten, vermerkten, dass wir gerade erst verhaftet worden seien, und änderten den Ort der Verhaftung. Gladys war vor mir an der Reihe und auf die Frage, was sie von Beruf sei, antwortet sie: »Journalistin.« »Und wo arbeitest du?« »Ich bin Journalistin bei El Rebelde.« »Was soll das sein?« »Die offizielle Zeitung der MIR.« »Aber die gibt es doch gar* *nicht,«* sagte ihr der Wachmann. *»Das kann sein, aber ich arbeite dort, also muss hier Journalistin von* El Rebelde *vermerkt werden.« Und der Schließer notierte »Journalistin von* El Rebelde.*« Solche Dinge gaben mir Mut.[117]*

Inhaftiert zu sein bedeutete nicht, untätig zu sein. Das Essen wurde von wechselnden Kochgruppen für das gesamte Gefangenenkollektiv zubereitet, es gab Arbeitsstätten und Lernworkshops sowie Gymnastikstunden. In Tres Álamos lebten zahlreiche weibliche politische Gefangene aus verschiedenen Parteien und unterschiedlichster politischer Verantwortungsbereiche miteinander, denn in den ersten Jahren der Diktatur war die Unterdrückung durch den Geheimdienst DINA massiver und unspezifischer als die von der CNI ausgeübte Repression, es wurden gleichermaßen führende Leute wie Sympathisanten verhaftet. Cristina erinnert Tres Álamos als einen Raum, in dem der Sozialismus unter den Gefangenen praktiziert wurde.

Ich erlebte den Sozialismus im Knast. Der einzige sozialistische Moment, den ich in meinem Leben erfahren habe, ich lebte die sozialistische Utopie. Wir kollektivierten sogar die Zigaretten, alles wurde geteilt. Es gab eine exzellente Organisation. Wir waren so gut organisiert, dass alle Sachen, die die Angehörigen uns brachten, abgegeben und verteilt wurden. Das funktionierte über die Gefangenenkollektive, die für die Verteilung der Nahrungsmittel und anderer Dinge zuständig waren, die »Carretas.« Alles, was wir bekamen, gaben wir in einen gemeinsamen Topf für alle Hundert Gefangenen. Es gab den großen und den kleinen Verteilertopf. Der kleine Topf, der war von Ärztinnen und Akademikerinnen, denen wurden exquisite Sachen mitgebracht, die sie manchmal nicht mit uns teilten. Eine Form der Verwaltung der Waren war der »Economato« – der Wirtschaftsausschuss. Das war ein Gefangenenkomitee, das rotierte, das alles verteilte, von der Menge Fleisch, die jede Gefangene bekam, bis zum jeweiligen Anteil an der Torte oder der Schokolade. Du hattest eine Gruppe von Frauen in diesem Ausschuss, eine war die Wirtschafterin und fünf waren Küchenhilfen, welche das Essen verteilten. Alle kamen mal dran als Wirtschafterin und mal als Küchenhilfen. Da mussten wir unserem Bewusstseinsstand entsprechend handeln, viele horteten Sachen. Du siehst dann, wie die Einzelnen sich verhalten. Und du hast gesehen, wenn wir gewonnen hätten – wir waren noch lange nicht soweit.[118]

Während des Gefängnisaufenthalts von Soledad und Cristina in Tres Álamos gab es Kurse zur intellektuellen Entwicklung und Produktionskurse. In ersteren unterwiesen einige Frauen andere in spezifischen Kenntnissen und Themen. In den Produktionsgruppen wurden handwerkliche Produkte erstellt, die später durch das Solidaritätsvikariat[119] verkauft wurden. Die dadurch erzielten Einkünfte wurden auch kollektiv verteilt, je nach den Bedürfnissen jeder Frau und je nach Zahl der Kinder.

Damit auch die Mütter sich persönlich weiterentwickeln und an den Produktionsgruppen teilnehmen konnten, organisierten einige Gefangene eine Kinderkrippe, in der die Babys betreut wurden, während die Mütter wie die übrigen Genossinnen an einem Kurs teilnahmen.

Wir wendeten das Rotationsprinzip auch auf die Babys an, denn die Babys gehörten nicht nur ihren Müttern, das Kollektiv kümmerte sich um sie. Drei oder vier Genossinnen bekamen im Gefängnis Kinder, andere kamen mit kleinen Kindern in den Knast, und damit die Frauen an den Kursen teilnehmen konnten, musste jemand sich tagsüber um die Babys kümmern. Ich war einmal in der Woche dran, denn nicht alle beteiligten sich an dieser Aufgabe, es hing vom Bewusstseinsgrad ab. Wenn ich eine bewusste Genossin war, musste ich mich um die Babys kümmern, ich verstand, dass die Mutter sich auch an einem Lernworkshop, an der Produktion beteiligen können musste. Denn MIRistinnen waren hauptsächlich die, die Kinder hatten, und die Betreuung der Babys lag fast immer in der Hand der MIR-Frauen.[120]

Nach monate-, oft jahrelangem Zusammenleben in Tres Álamos ersetzten die nächsten Mitgefangenen oft die Familie draußen, daher war der Abschied meist eine Mischung aus Freude – über die bald errungene Freiheit – und Traurigkeit. Einige mussten die Anstalt sehr plötzlich verlassen, was das Gefangenenkollektiv vor die Aufgabe stellte, Dinge zu verstecken und zu »entsorgen«, die nicht in die Hände der Schließerinnnen fallen durften.

Kurz bevor ich selbst entlassen wurde, haben sie das erste Mal Leute aufgerufen und sich aufstellen lassen. Wir sind alle fast vor Angst gestorben, da wir nicht wussten, was mit ihnen geschehen würde. Sie befahlen ihnen, ihre Sachen zu packen, da sie entlassen werden sollten. Uns fuhr der Schreck in die Knochen: Denn von einer Minute zur anderen brach der Kontakt ab, ohne dass wir uns verabschieden konnten. Das waren traumatische Erlebnisse, denn wir stellten uns vor, dass sie der DINA übergeben würden, die sie verschwinden lassen würde. Am nächsten Tag war Besuchstag, und wir versuchten herauszufinden, was mit ihnen passiert war, und brachten in Erfahrung, dass sie frei waren.[121]

Anderen wurde per Dekret mitgeteilt, dass ihre Haftstrafe in Ausweisung umgewandelt worden sei, wie in Soledads Fall. Ihre Mitgefangenen zelebrierten mit ihr das übliche Abschiedsritual, das reichte vom politischen Auftrag – Herstellen von Kassibern mit geheimen Mitteilungen – über die kosmetische Behandlung im »Schönheitssalon« bis zur Übergabe der selbstgebastelten Geschenke.

Frauengefängnis COF

Arinda wurde nach ihrer Festnahme in das Frauengefängnis in Santiago gebracht, wo sie zum ersten Mal mit kriminellen Frauen konfrontiert war, die völlig andere Verhaltenskodizes und Gewohnheiten hatten. Sie lernte jedoch recht schnell, diese zu tolerieren. Verschiedentlich verwandelte sich durch das Mittel der Ironie in schwierigen Situationen der Schmerz in Hoffnung. So erinnert sich Arinda an ein rot-schwarzes Haarband, das bei ihrer Verlegung von Santiago nach Concepción aus dem Gefangenentransporter flatterte. Arinda war ab 1981 im COF von Concepción inhaftiert, bis sie 1984 nach Coronel verlegt wurde. Das Zusammenleben ist in jedem Gefängnis ein zentrales Thema, und das war im COF nicht anders, wenngleich die politischen Häftlinge zeitweise in Einzelzellen untergebracht waren. Dinge miteinander auszuhandeln, Unterschiede zu akzeptieren und eine Beschäftigung zu haben – das war fundamental, um diese Zeit zu überstehen.

Damals waren wir oft sehr quadratisch, ich erinnere mich, dass ich einmal sehr drastisch wurde gegenüber einer Genossin, denn ich fühlte, dass von uns das Ansehen der weiblichen politischen Gefangenen abhing. Wir waren ja praktisch die ersten, es war sehr wichtig, was wir für ein Bild abgaben, und wir mussten ein Bild der Disziplin, der Ordnung, der Moral abgeben. Da ich am längsten dabei und Aktivistin und im Exil gewesen war, fühlte ich dieses Gewicht der Verantwortung auf mir. Also gab es einen Zeitplan: Aufstehen, lesen/lernen, politische Versammlungen abhalten, Kunsthandwerk herstellen; außerdem galt es, die Front der Gefangenen aufzubauen. Wir fingen an, Texte zum Thema Frauen zu lesen und auch über das Thema zu reden. Ich hatte dann ein paar Sachen über Feminismus, und da ich auch allmählich Bücher von draußen bekam, fing ich an, einiges zu übersetzen, zum Beispiel Die Beteiligung von Frauen an Staatsstreichen. *Außerdem kam ich auf die Idee, das muss 1983 gewesen sein, als ich zu lebenslanger Haft verurteilt wurde, denn im ersten Prozess bekam ich lebenslänglich, Gitarre zu spielen. Ich kann nicht richtig Gitarre spielen, aber was ich kann, habe ich mir allein beigebracht, dort im Knast. Wer sollte mich sonst schon lebenslänglich im Knast begleiten, nur ein Instrument. Außerdem stellten wir damals Kunsthandwerk her, damals machten wir schon Arpilleras[122], die ersten Arpilleras wurden 1983 hergestellt.[123]*

Während ihrer Haftzeit im COF war Arinda die politische Beauftragte der Gruppe der weiblichen politischen Gefangenen [der MIR]. Die Hauptaufgabe bestand darin, Details der Verhaftung zu rekonstruieren, Fehler aufzuspüren und die Auswirkungen des repressiven Schlags zu mindern. Eine weitere Aufgabe bestand in der Kontaktaufnahme mit internationalen Unterstützerorganisationen.

Ich fange bei den internationalen Beziehungen mit der einzigen Adresse an, die ich auswendig wusste, die von meinen Freunden in Italien, und da fing das Netz an, das sich über die Jahre zu einem echten Monstrum entwickelte. Es gab Nordamerika mit Mexiko, die USA und Kanada, dann ganz Europa, Australien. Das heißt, in Asien, Afrika, Lateinamerika gab es nichts, aber es gab etwas in ganz Europa. Für uns bedeutete diese Arbeit Verbreitung von Informationen, sicher auch finanzielle Unterstützung. Allerdings sahen wir die Ergebnisse der ganzen Jahre unserer Arbeit erst in der Zeit unserer Haft in Coronel. Da kamen eines Tages Leute von einem Komitee in Deutschland und brachten Geld mit, ein paar Dollar. Da musste geschaut werden, für wen das bestimmt war. Es gab immer eine absolute Transparenz, was das Geld betrifft. Ich habe noch immer ein Heft mit verschlüsselten Einträgen für die Korrespondenz, das heißt mit Datum vom Soundsovielten habe ich jenem Komitee geschrieben, ich habe in verschiedenen Sprachen geschrieben und auch notiert, wann sie etwas geschickt hatten, Karten oder so. Manchmal baten sie uns auch um eine Grußadresse, und das musste gemacht und dann in Kassibern rausgebracht werden. Später haben wir dann explizit als Frauen Grußadressen geschickt, die wurden auch extra verlesen und zwar als Gruß von den »weiblichen politischen Gefangenen.« Wir mussten hart arbeiten damit bekannt wurde, dass es auch weibliche politische Gefangene gab, und dass uns auch Leute besuchen sollten. Die Besuche mussten wir unter unwürdigen Bedingungen auf einem Flur empfangen. Aber wir haben dann protestiert und gefordert, dass sie den Hof für Besuche öffnen sollten. Aber es hieß, wir bekämen ja so wenig Besuch. Erst am 8. März 1984 schafften wir es, zum ersten Mal massenhaft Besuch zu bekommen. Aber erst in Coronel hatten wir tatsächlich mehr Besuch.[124]

Coronel

Als Arinda und ihre Genossinnen im Gefängnis von Coronel von dem repressiven Schlag der Diktatur gegen die MIR gehört hatten, vermuteten sie, dass neue MIRistinnen in den Knast kommen würden. Soledad und Cristina wurden gleich bei der ersten Begegnung mit der Realität dieses Knastes konfrontiert.

Ich komme an und frage Arinda: »Und wie lange seid ihr bereits hier?« Und Ari sagt mir: »Drei Jahre, vier Monate, acht Tage und fünf Stunden.« Ich gucke sie mir an und sage: »Schlecht seht ihr nicht aus«, denke aber, dass sie wohl alle verrückt sind. »Und was erwartest du? Ein paar Verrückte vorzufinden?«[125]

Ich war völlig fertig, als ich in Coronel ankam, wahnsinnig traurig. Gerade erst hatte ich erfahren, dass Mario tot war. Ich komme an und sehe Genossinnen, die uns ganz liebevoll empfangen. Sie hatten die Nachrichten gehört und erwarteten uns. Sie freuten sich, dass wir Genossinnen waren. Der erste Eindruck: Alles war schmutzig, blutige Bettdecken, ein paar verrückte junge Frauen, die schrien, echt krass. Und dann kamen einige Genossinnen auf uns zu, da fühlte ich Wärme. Was mich aber schockierte, war, dass sie schon drei Jahre dort waren. Ich sagte mir: »*Wir werden hier niemals drei Jahre drin bleiben.*«[126]

Die Gefangenen, die schon länger dort waren, versuchten, den Schock der ersten Tage der Gefangenschaft zu mildern, den Schock über den Tod der Genossen und Lebensgefährten und über den Niedergang der politischen Arbeit der MIR im Süden.

Du hast dann gemerkt, beim Austausch mit anderen Genossinnen und Genossen, wie schwer der Schlag war, den sie uns als Partei verpasst hatten, dass das nicht nur ein weiterer Schlag gegen die MIR war; sondern wir fühlten intuitiv, dass dieser Schlag ziemlich endgültig war, sogar Pinochet hatte den Schlag gegen uns angekündigt. Ich glaube, es war eine Woche vor unserer Verhaftung, da haben sie ihn gefragt, wie es um den Terrorismus bestellt sei oder so, und er antwortete: »*Warten Sie ab, wir warten noch ab, dass der Fisch ein bisschen fetter wird, wenn er etwas dicker ist, werden wir ihn mit Stumpf und Stiel ausrotten*«, – *so ungefähr. Da hätten wir merken müssen, dass sie es schon alles geplant hatten.*[127]

Knastalltag

In Coronel hatten wir den ganzen Tag Zugang zum Hof, dort atmeten wir die Meeresluft, das war anders als im COF, denn dort waren wir in einer Zelle eingesperrt. Andererseits merkten wir, dass die Leute kamen, um uns zu sehen, da Coronel ja ein Dorf war, hier waren wir eine Attraktion. Dort lernten wir uns kennen und dann lebten wir da zu acht, wir hatten die große Zelle zu unserer Verfügung, und dann hatten wir die großartige Idee, einen Ofen zu kaufen. Damit hat die Gefängnisverwaltung ein Eigentor geschossen, denn niemand wusste, wer das erlaubt hatte, aber der Ofen war da und brannte.[128]

Als Gefangene suchten sie nach Ausdrucksformen, um das Eingeschlossensein zu durchbrechen. Cristina entdeckte ihre Begeisterung für das Malen, Arinda lernte Gitarre spielen und schrieb später Gedichte, die sie in zwei Büchern veröffentlichte: *Leben ist meine Rebellion* (1988) und *SchwarzMondKristall* (1991), das gedruckt wurde, als sie bereits frei war.

Das Schreiben ist die Form, in der ich mich ausdrücken konnte in einer Umgebung, in der du die Gefühle so sehr verbergen musst, denn Gefühle zu zeigen bedeutet Schwäche, denn du bist in einer feindlichen Umgebung.[129]

153

Mit der Zeit entwickelten diese Frauen Riten für besondere Gelegenheiten: Sie sangen beispielsweise ein bestimmtes Lied (»*Te nombro libertad*«) jedes Mal, wenn ein Hungerstreik beendet wurde oder kleideten sich alle in derselben Farbe an besonderen Tagen: Weiß und lila am Internationalen Frauentag, rot und schwarz für den Jahrestag der MIR und ganz in schwarz an jedem 11. September.[130] Andere Gepflogenheiten ergaben sich am Holzofen, der eine unglaublich wichtige Rolle im Leben der gefangenen Frauen von Coronel spielte, denn er wärmte sie den ganzen Winter über, lieferte heißes Wasser für unzählige Tassen Kaffee mit Kondensmilch, und außerdem war er sehr nützlich beim Beseitigen aller Dinge, welche die Schließerinnen bei den Zellendurchsuchungen niemals finden durften.

Das Zusammenleben als Frauen

Ein gemeinsames Empfinden in den Lebensgeschichten dieser drei Frauen ist, dass das Aktivistinnendasein bestimmte weibliche Züge wie Emotionalität neutralisierte, da sie angeblich die politische Arbeit störten. Wenngleich das Gefängnis ein Raum war, der Emotionen in höherem Maß zuließ, war für Cristina die Trauer um ihren Mann ein Gefühl, das sie erst auslebte, als sie frei war. Auch wenn es Cristina am direktesten traf, mussten auch Arinda, Soledad und die übrigen Gefangenen den Verlust von Familienangehörigen, FreundInnen, GenossInnen verarbeiten. Soledad erinnert sich daran, wie sehr die durch diese Tode entstandene Notwendigkeit, dringende politische Aufgaben zu erledigen, und die Überzeugung, dass der Kampf weitergehen müsse, ohne über die Ermordeten groß zu weinen, die Trauerarbeit verhinderten.

Das Zusammenleben, die Ähnlichkeit der Charaktere, die geringe Zahl von Gefangenen sowie ein hohes Maß an Toleranz und Aufrichtigkeit führten dazu, dass Cristina, Arinda und Soledad im Knast eine Atmosphäre von Freundschaft und Schwesterlichkeit schufen, wie sie sie so noch nie erlebt hatten. Wenngleich viele Aktivistinnen in Coronel inhaftiert waren, waren diese drei doch am längsten dort, was ihnen Gelegenheit gab, sich intensiv kennenzulernen.

Eine ganz innige Beziehung mit sehr viel Wissen umeinander, sehr nah und liebevoll. Mit dem Vorsatz, so weit möglich Mauern einzureißen, vorgespiegelte Äußerlichkeiten abzulegen, nicht jemand zu sein, die du nicht bist. Wir versuchten so zu sein, wie wir waren, und unsere Schwächen zu zeigen. Sehr bald begannen wir, über unsere problematischsten Themen zu sprechen. Das hat zwischen uns sehr viel Intimität und Vertrauen geschaffen und eine sehr intensive Beziehung. Wir versuchten, unsere Probleme nicht wegzulügen, wir sprachen offen darüber, über die Liebesbeziehungen, die Kinder, die Fa-

milie. In dieser Hinsicht war das eine ungeheuer bereichernde Etappe in meinem Leben, was die persönliche Beziehung zu Menschen angeht, besonders zu Frauen. Über Themen zu reden und zu merken, dass bei den anderen ähnliche Dinge ablaufen. Das hat den Hintergrund ergeben, warum wir uns mit dem Frauenthema verbunden fühlten.[131]

Trotz der widrigen Bedingungen habe ich viel gelernt, dass wir innerlich, dass wir als Parteigenossinnen, als Frauen, als Feministinnen, als Kämpferinnen, einfach in jeder Hinsicht sehr viele Gemeinsamkeiten hatten, obwohl wir gleichzeitig alle ganz unterschiedlich waren. Jede hatte – bei aller Ähnlichkeit – eine andere Geschichte.[132]

Arinda, Cristina und Soledad betrachten sich als Schwestern und stimmen darin überein, dass das Maß an Wissen voneinander und Verständnis füreinander einzigartig und unwiederholbar ist.

Nicht einmal mit unseren Lebensgefährten haben wir so viel Zeit miteinander verbracht, zu zweit allein.[133]

Unser Zusammenleben war derart harmonisch, dass es schwer begreiflich ist, es schien, als ob die schlechten Seiten der einen durch die Vorzüge der anderen ausgeglichen würden. Sole, Chaca und ich hatten mehr miteinander gemein als leibliche Schwestern.[134]

Als wir im Exil waren, war das mit den Frauen, mit denen ich zu tun hatte, ganz anders. Wir waren ja auch eingebunden in die Männerwelt, und nicht selten gab es sogar Konkurrenz unter uns. Die Beziehungen waren total anders.[135]

Das Gefängnis war ein Raum, in dem die drei Frauen Eigenschaften entwickeln konnten, die entsprechend den (vor)herrschenden Geschlecht-Gender-Vorstellungen als »weiblich« galten und einen Gegensatz zu ihren vorherigen Erfahrungen als Aktivistinnen bilden. Untereinander Kleidung zu tauschen oder sich gleich anzuziehen, von den Kindern zu sprechen und sich Ratschläge in Liebesdingen zu geben – das trug dazu bei, dass diese Frauen von Kampfgenossinnen zu Schwestern fürs Leben wurden. Dieses freundschaftliche und gemeinschaftliche Klima unterschied den Knast von Coronel von anderen Haftanstalten. Soledad hebt hervor, dass dieser schwesterliche Umgang miteinander die ideologischen Gräben überwand und schwesterliche Beziehungen auch zu Gefangenen anderer Parteien ermöglichte, was in der damaligen Zeit heftigster politischer Debatten innerhalb der revolutionären Linken sehr ungewöhnlich war.

Es gab eine völlig andere Atmosphäre als in allen anderen Gefängnissen, ohne Spannungen; bei den Besuchen sahen sie uns zusammen, nicht total zerstritten, wir von der MIR gingen herum und klönten.[136] Arm in Arm mit einer von der KP absolvierten wir die Hofgänge, wir redeten, wir lachten miteinander, und das gab's sonst nirgends. Überall sonst waren die von der MIR nur mit denen von der MIR zusammen, und die anderen waren woanders. Es gab nur formelle Beziehungen, man grüßte sich, es gab Versammlungen, aber keinerlei persönliche Nähe. Na gut, vielleicht hat uns dabei geholfen, dass wir so wenige waren. Das wurde jedenfalls immer als Erklärung angeführt, und es hat bestimmt eine gewisse Rolle gespielt, da es einfacher ist, sich mit wenigen Personen zu einigen ... Aber ich denke, das war es nicht allein, es gab Knäste, in denen drei Frauen inhaftiert waren und jede für sich blieb. Sie haben schreckliche Situationen untereinander erlebt, waren zerstritten, absolut vereinzelt: Drei Frauen und drei Leben, die völlig voneinander getrennt waren. Für mich liegt der Grund mehr in unserem Verhalten und Willen, die Dinge so zu gestalten. Ich erinnere mich daran, als Nancy zur Zeugenvernehmung nach Santiago geschickt wurde und in den Knast Santa Domingo kam. Zu Beginn war sie ganz erwartungsvoll, die Genossinnen zu sehen, mit ihnen zu sprechen usw. Sie war vierzehn Tage dort, aber schon nach dem dritten Tag wollte sie nur noch zu uns zurück. Sie erzählte, dass sie ankam und sofort gesagt bekam: »Rede nicht mit der, sie ist von da oder dort«, und die waren nicht mal von einer anderen Partei, sondern von derselben. Das ist so arm, dieser Teil der Frauen, die dunkle Seite, die Gerüchteküche, der Neid, die Konkurrenz – all diese schlechten Eigenschaften. Sie hat uns erzählt, dass ihr gleich, als sie ankam, gesagt wurde: »Ah, du kommst von den Feministinnen«, und so weiter. Nancy versuchte, einige Dinge zu erklären, zu rechtfertigen und anderes ließ sie einfach bleiben, weil es Sachen gibt, die man nicht erzählen kann.[137]

Feminismus

Da sie eine kleine Gruppe und einander sehr nahe waren, kamen Arinda, Cristina und Soledad auf das Thema des Feminismus und was es für sie bedeutete, Frauen zu sein.

Vor allem, nachdem die Gruppe sich verkleinert hatte, erzählten wir uns mehr über unsere Leben, über unsere Zeit der Militanz, was uns in Europa geschehen war, was mit den Frauen in Europa und mit uns los war, was mit der MIR – und den Frauen der MIR vor sich ging. Dir wurde immer klarer, dass du viele Gemeinsamkeiten mit den anderen beiden hattest: In den Dingen, die du erlebt, den Problemen, die du gehabt hattest, oder auch in der Erfahrung von Diskriminierung, die wir vorher nicht als solche erkannt hatten, nun aber deutlich sahen. Und zuerst gibt es dann einen ganz individuellen, persönlichen Prozess, später wird es dann politischer, wenn es um die Partei geht. Und dann wollten wir uns schlauer machen und Sachen lesen, AutorInnen kennenlernen, die dazu was geschrieben hatten, und dann haben wir angefangen, uns intensiv mit dem Thema zu beschäftigen. Eine sagte dann: »Lasst uns Simone de Beauvoir lesen«, und eine andere:

»Hey, aber das ist doch eine Feministin, und die sind doch gegen die Männer.« Da haben wir angefangen zu diskutieren, was es eigentlich heißt, feministisch zu sein. Für uns hatte der Feminismus mit dem Kampf für die Rechte der Frauen zu tun, auf allen Ebenen, und für ihre Gleichberechtigung. Ein Kampf der Frauen, um ihre eigene Realität zu begreifen, und um sie zu verändern. Und so haben wir peu à peu begonnen, uns als Feministinnen zu bezeichnen, und damit fingen zum Teil ganz erhebliche Schwierigkeiten an, von Seiten der männlichen Gefangenen oder der Leute, die hörten, was wir vertraten.[138]

Sich als Feministinnen zu begreifen, brachte ein Spannungsverhältnis bezüglich ihrer Identität als politische Aktivistinnen und ihrer feministischen Sichtweise mit sich, die sie in ihren politischen Analysen einbezogen. Sie vertraten den Standpunkt, der Kampf gegen das Patriarchat gehöre zum Klassenkampf dazu, was die Organisation als einen Irrweg ansah. Wie dem auch sei, sowohl MIR-AktivistInnen als auch hartgesottene Feministinnen suchten den Kontakt zu diesem eigentümlichen Dreiergespann.

Für uns existierte die MIR auf jeden Fall noch, und das Wichtigste bei all unseren Überlegungen und Studien war, dass wir sie in die MIR als Partei hineintragen wollten; unsere Vorstellung war nicht, dass das nur intellektuelle Denkspiele für uns allein sein sollten, sondern die sollten auch einen Sinn haben. Bei den BesucherInnen kam das, glaube ich, ganz gut an, dass wir uns mit diesen Themen beschäftigten. Schließlich waren wir aufgrund unserer Vergangenheit anerkannt, so dass es nicht sofort abfällige Bemerkungen gab, oder man entschuldigte unser Verhalten damit, dass wir halt Gefangene seien.

Innerhalb der MIR kam es schnell zu einer Nähe zu Frauen, die in einer ähnlichen Situation waren, ohne dass sie sich Feministinnen genannt hätten. Einige sagten: »Sieh mal, ich bin keine Feministin, aber ich finde es total wichtig, dass ihr das Frauenthema angeht.« Und es kamen andere Leute wie Carmen Durán, die sich für eine Super-Feministin hielt, und für die die Militanten fast Anti-Feministinnen waren, da sie den Frauenkampf zugunsten eines Kampfes für die Menschheit aufgaben. Sie lernte uns kennen, und ihr Diskurs hatte schon viel Ähnlichkeit mit dem, was wir sagten, und sie hat uns außerdem viel Material, Reflexionen, eine Menge Sachen zukommen lassen, und ihre Freundschaft natürlich. Sie hat uns die ganze Zeit besucht, die wir im Knast geblieben sind. Wir waren so etwas wie die verrückten Feministinnen von Coronel.[139]

Die im Männergefängnis von Concepción inhaftierten MIR-Gefangenen, die mit Arinda, Cristina und Soledad eine Parteistruktur bildeten, sahen in deren feministischen Denkansätzen eine Abweichung vom Hauptwiderspruch. Sie ermutigten sie schon, sich mit dem Thema zu beschäftigen, ohne es jedoch als einen Schwerpunkt im Kampf der MIR gegen die Diktatur zu werten. Wie in der Mehrheit der lateinamerikanischen Linken vertraten sie die Meinung, der Kampf gegen das Patriarchat stehe erst auf der Tagesordnung, wenn der Sozialismus erreicht sei.

Ganz erheblich diskriminiert wurden die Lebensgefährten bei ihren Besuchen, also, was die gefangenen Frauen mit ihren Partnern bei den Besuchen erlebten im Vergleich zu den Besucherinnen der männlichen Gefangenen. Schon beim Eintritt in das Gefängnis machten sich die Schließer über die Männer lustig, die ihre Frauen besuchten, oder belästigten sie viel mehr. Es ist einfach so, dass kein Mann seine Frau/Freundin öfter als eimal im Monat im Gefängnis besuchte, im Unterschied zu den Frauen. Die wurden behandelt, als seien sie dämlich, weil sie ihre Frau im Gefängnis besuchten. Es war total diskriminierend, denn selbst wenn sie zu Besuch kamen, war platonische Liebe und nicht mehr … Wenn du mehr Intimität wolltest – geschah nichts, der Mann kommt schon klar draußen (sprich: sucht sich sowieso eine andere).[140]

Die Kinder waren eines der Themen, die diese Aktivistinnen während ihrer Haft am meisten zusammenschweißte. Alle drei hatten beschlossen, trotz ihres politischen Engagements Mutter zu werden, und alle drei hatten sich von ihren kleinen Kindern getrennt, um illegal nach Chile zurückzukehren. Diesen Trennungsschmerz hatten sie alle erlebt. Soledad war die einzige, deren Kinder in Chile lebten, wenn auch weit weg in Santiago. Arinda und Cristina hatten ihre Kinder in Kuba in der Obhut von »sozialen« Eltern gelassen, die auch MIR-Genossen waren. Sie kommunizierten mit ihnen sporadisch über Briefe oder Kassetten. Mutter zu sein, war für sie im Knast eine Sache, die sie miteinander teilten. Sie lasen zusammen die Briefe und hörten gemeinsam die Audiokassetten an, und sie spielten alle mit Soledads Kindern, wenn diese zu den monatlichen Besuchen kamen.

Trotz der Unterschiede existierte die Gemeinsamkeit im Knast: Die Briefe wurden sofort, wenn sie ankamen, gemeinsam gelesen und die Kassetten zusammen angehört. Meine Töchter waren einige der wenigen, die in den Knast kamen, und es herrschte superviel Solidarität von meinen Mitgefangenen. Wenn ich am Besuchstag mit den allgemeinen Aufgaben dran war, ersetze mich sofort eine andere, so dass ich Zeit mit den Kindern verbringen konnte. In diesem Sinne gab es superviel Solidarität und viele geteilte Augenblicke. Es gab gute Momente, wenn die Briefe ankamen, und schlechte, wenn uns schlimme Nachrichten erreichten oder wenn ich die Erlaubnis erhielt, den gesamten Tag mit den Kindern zu verbringen, sie sie mir aber dann schon nach zwei Stunden wieder wegnehmen wollten. Diese Situationen haben wir gemeinschaftlich erlebt, regten uns gemeinsam auf, kämpften zusammen und waren gemeinsam wütend darüber, was geschah und wie es geschah.[141]

Die Freiheit

Freizukommen ist das Ziel aller Gefangenen, dennoch erlebten die drei Inhaftierten vor ihrer eigenen die Freilassung anderer Genossinnen. Soledad sah jede Haftentlassung einer Genossin auch als Verlust.

Es ist furchtbar, sowohl für die, die bleibt, als auch für die, die geht. Es ist immer furchtbar. Es gibt dir ein Gefühl von Verlust, weil du sie nun nicht mehr Tag und Nacht um dich haben wirst. Und außerdem bedauert man sich selbst. Natürlich sagt man es nicht, noch denkt man das, wie sollte man auch so was denken, logischerweise muss man sich freuen, dass die andere freigelassen wird. Aber im Unterbewusstsein gibt es einen Teil, der weiß, man selbst bleibt drinnen. Es ist furchtbar peinlich; Tage, an denen man sich nicht überwinden kann, schlecht drauf ist. Und man wartet auf den ersten Besuch, den ersten Brief, die erste Nachricht von ihr, dass ihr dies oder jenes passiert ist. Man wartet, dass man zumindest irgendeine Nachricht erhält, eine Postkarte, irgendeine Kleinigkeit. Und wenn das nicht geschieht, denkt man, sie hat uns vergessen, es ist ein Verrat.[142]

Arinda war diejenige, die die längste Zeit inhaftiert war: Insgesamt achteinhalb Jahre. Das lange Warten auf ihre Entlassung stürzte Arinda in die zweite große Krise ihres Lebens.

Ich fühlte, dass ich zwei Alternativen hatte: Entweder kam ich raus oder ich brachte mich um. Mich umzubringen – diese Alternative kam nicht in Frage, also blieb nur die andere: Rauskommen. Ich erinnere mich, dass mein Gesundheitszustand damals schlecht war, ich litt unter Schlaflosigkeit, schrecklichen Kopfschmerzen, hatte Probleme in der Beziehung, mein Vater lag im Sterben, meine ganze familiäre Situation war sehr kompliziert; mein Sohn wollte nach Chile kommen, ich fühlte den Boden unter meinen Füßen schwinden, und ich fand keinen Halt. Natürlich sagte ich mir, das kommt alles nur, weil ich in Haft bin, wenn ich draußen wäre, könnte ich alles in Ordnung bringen.[143]

Im Kampf um ihre Freilassung startete Arinda aus dem Knast eine nationale und internationale Informationskampagne über ihre Situation und für ihre Freilassung. Durch in Kassibern versteckte Briefe und zahlreiche FreundInnen knüpfte oder hielt sie Kontakte, um ihre Freilassung zu erreichen.

Ich fing dann verschiedene Sachen gleichzeitig an, eine war, mein erstes Buch fertig zu schreiben, eine andere war, mit den Genossinnen zu sprechen, um mich zu versichern, dass ich das Recht hatte, das zu tun, und mit ihrer Unterstützung rechnen könnte, wenn es um meine Freilassung ging.[144]

Eine der Aktivitäten, auf die sich Arinda für ihre Freilassung konzentrierte, war die Veröffentlichung ihres ersten Buches, das sie als Schriftstellerin öffentlich bekannt

159

machte und ihr die Unterstützung von Gruppen sicherte, die sich normalerweise nicht für die Freilassung von politischen Gefangenen einsetzen.

1988 habe ich mich voll in die Arbeit gestürzt, denn schon im April wurde das Buch im Knast vorgestellt, vierzehn Tage später in der Ärztekammer. Schon 1988 bildet sich die Initiative für die Freiheit der Politischen Gefangenen, es gab in jenem Jahr ein Radioprogramm dazu, und dann kam das Buch im Gefängnis heraus. Zum ersten Mal in Coronel kamen siebzig Leute zu Besuch in den Knast, und das brachte die Wende, eine komplette Wende, und für mich fing eine andere Etappe an, ich war zwar noch inhaftiert, bekam aber viel von draußen mit. Da ich jedoch physisch noch nicht draußen war, musste ganz viel über Briefe, Botschaften und Papiere laufen, was einen enormen Arbeitsaufwand bedeutete. Man muss daran denken, dass 1988 das Jahr des Plebiszits[145] war, und ich steckte über mein Buch in allen möglichen Dingen drin.[146]

Nach dieser enormen Arbeit für ihre Freilassung bekam Arinda im August 1989 offiziell die Mitteilung, dass sie freigelassen würde, ein Jahr nach Cristinas Haftentlassung. Die Bürokratie und die Ungewissheit über das genaue Entlassungsdatum ließen ihr kaum Zeit, sich von ihren Genossinnen zu verabschieden und sich nach achteinhalb Jahren geistig auf die Realität draußen vorzubereiten.

Dauerhafte Müdigkeit durch den Kontakt zu Leuten und durch das Leben draußen, das sie seit sechs Jahren nicht mehr gesehen hatte, so erinnert sich Soledad an ihre Entlassung im März 1990, nach dem Ende der Diktatur. Cristina war im August 1988 aus der Haft entlassen worden. Jedes Mal, wenn eine von ihnen rauskam, konnten sie nur durch Briefe oder FreundInnen den Kontakt halten, denn sie durften über einen Zeitraum von sechs Monaten das Gefängnis, in dem sie inhaftiert gewesen waren, nicht wieder betreten.

Als sie freikamen, befand sich die MIR, ihre Partei, in einem Zerfallsprozess. Es war der Anfang vom Ende der Diktatur und der Beginn des so genannten Übergangs zur Demokratie. Am 11. März 1990 übernahm der Christdemokrat Patricio Aylwin das Präsidentenamt in Chile.

Nach ihrer Haftentlassung kamen die drei Frauen nach Jahren der Trennung wieder mit ihren Kindern zusammen. Die Anforderungen des Alltags überrollten sie mit einem Schlag: Arinda und Cristina organisierten die Rückkehr ihrer Kinder aus Kuba, die sie seit zehn Jahren nicht gesehen hatten. Soledad suchte sich mit ihren Töchtern eine Wohnung. Alle drei mussten irgendwie eine Arbeit finden, um ihre Familien durchzubringen, und sie mussten sich in einem Land zurechtfinden, das völlig anders war als das Chile, was sie vorher gekannt hatten.

Originaltitel: Mujeres En Rojo Y Negro, Reconstrucción De La Memoria De Tres Mujeres Miristas 1971-1990, Ediciones Escaparate, Concepción/Chile 2006.
Deutsche Übersetzung von Auszügen aus diesem Buch: Mechthild Dortmund

Anmerkungen

1   Milos, Pedro, »La memoria y sus significados«, en Garcés, Mario et al. (compiladores), Memorias para un fin de Siglo. Chile, miradas a la segunda mitad del siglo XX, Santiago, LOM, 2000, S. 40.

2   Groppo, Bruno, op.cit., S. 28.

3   Berguero, Adriana, Reati, Fernando (compiladores), Memoria Colectiva y políticas del olvido: Argentina y Uruguay, Rosario, Argentina, Beatriz Viterbo editora, 1997, S. 18.

4   Ebenda, S. 13

5   Anm. d. Übs: Vgl. dazu: »Vergangenes historisch artikulieren heißt nicht, es erkennen, ›wie es denn eigentlich gewesen ist.‹ Es heißt, sich einer Erinnerung bemächtigen, wie sie im Augenblick einer Gefahr aufblitzt. Dem historischen Materialismus geht es darum, ein Bild der Vergangenheit festzuhalten, wie es sich im Augenblick der Gefahr dem historischen Subjekt unversehens einstellt.« Walter Benjamin, »Über den Begriff der Geschichte«, VI, in: Walter Benjamin, Illuminationen. Ausgewählte Schriften I, Frankfurt 1977, S. 253.

6   Das am 17.12.1969 gegründete Parteienbündnis Unidad Popular (Volkseinheit) aus Kommunistischer , Sozialistischer, Radikaler und Sozialdemokratischer Partei, der Bewegung der Einheitlichen Volksaktion MAPU, der Christlichen Linken sowie der Unabhängigen Volksaktion API wurde bei den Wahlen am 4. September 1970 mit 36,3 % der Stimmen stärkste Kraft. Der UP-Kandidat Salvador Allende wurde mit den Stimmen der Christdemokratischen Partei am 22. Oktober 1970 vom Nationalkongress zum chilenischen Präsidenten gewählt. Am 11. September 1973 wurde die UP-Regierung durch einen blutigen Putsch gestürzt.

7   Arinda Ojeda, Interview 16.11.2002.

8   Ebenda.

9   María Isabel Joui gehört bis heute zu den verschwundenen politischen Gefangenen, ihr Name steht auf der »Liste der 119«, einer vom Pinochet-Regime herausgegebenen Liste von MIR-Mitgliedern, die bei vermeintlichen Auseinandersetzungen innerhalb der Organisation umgekommen sind.

10   Soledad Aránguiz, Interview 11.05.2002.

11   Cristina Chacaltana, Interview 09.10.2002.

12   YARUR war einer der größten Textilbetriebe in Chile, dessen Arbeiter sehr klassenbewusst waren, in der UP-Zeit Formen von Arbeiterkontrolle im Betrieb entwickelten und sich mit anderen Fabrikarbeitern in so genannten Industriegürteln organisierten.

13   Cristina Chacaltana, a.a.O.

14   Arinda Ojeda, a.a.O.

15   Soledad Aránguiz, a.a.O.

16   Die Radikale Partei in Chile war ebenso wie ihre Jugendorganisation sozialdemokratisch orientiert.

17   Cristina Chacaltana, a.a.O.

18   Poblaciones sind Armenviertel, zum Teil entstanden aus Landbesetzungen.

19   Cristina Chacaltana, a.a.O.

20   Soledad Aránguiz, a.a.O.

21 Soledad Aránguiz, Interview 18.05.2002.

22 Arinda Ojeda, a.a.O.

23 Cristina Chacaltana, a.a.O.

24 Ebenda.

25 Arinda Ojeda, a.a.O.

26 Soledad Aránguiz, Interview 11.05.2002.

27 Ebenda.

28 Ebenda.

29 Cristina Chacaltana, a.a.O.

30 Arinda Ojeda, a.a.O.

31 Industriegürtel waren lokale Zusammenschlüsse von ArbeiterInnen verschiedener Produktionsbetriebe, vor allem in den großen Städten, es ging um praktische Aufgaben der alltäglichen Versorgung und Verteidigung, insbesondere während der konterrevolutionären Streiks ab 1972, und um den Aufbau von ArbeiterInnenmacht.

32 Cristina Chacaltana, a.a.O.

33 Soledad Aránguiz, a.a.O.

34 Regierungsgebäude in Santiago, das am 11. September ab ca. 9 Uhr von der Luftwaffe bombardiert wurde und in dem Salvador Allende zu Tode kam.

35 Cristina Chacaltana, a.a.O.

36 a.a.O.

37 Soledad Aránguiz, Interview 18.05.2002.

38 Soledad Aránguiz, a.a.O.

39 Cristina Chacaltana, a.a.O.

40 Arinda Ojeda, a.a.O.

41 Soledad Aránguiz, a.a.O.

42 Arinda Ojeda, a.a.O.

43 Arinda Ojeda, a.a.O.

44 Arinda Ojeda, Interview 16.11.2002.

45 Ebenda.

46 Ebenda.

47 Soledad Aránguiz, Interview 18.05.2002.

48 Ebenda.

49 Cristina Chacaltana, a.a.O.

50 Soledad Aránguiz, Interview 26.07.2002.

51 Gigi ist ein Deck- bzw. Kosename von Cristinas Mann Mario.

52 Cristina Chacaltana, Interview 09.10.2002.

53 Arinda Ojeda, Interview 16.11.2002.

54 Cristina Chacaltana, Interview 09.10.2002.

55 Arinda Ojeda, Interview 16.11.2002.

56 Cristina Chacaltana, Interview 20.10.2002.

57 Soledad Aránguiz, Interview 26.07.2002.

58 Cristina Chacaltana, Interview 23.10.2002.

59 Soledad Aránguiz, Interview 26.07.2002.

60 Arinda Ojeda, Interview 16.11.2002.

61 Cristina Chacaltana, Interview 23.10.2002.

62 Soledad Aránguiz, Interview 26.07.2002.

63 Ebenda.

64 Ebenda.

65 Cristina Chacaltana, Interview 20.10.2002.

66 Ebenda.

67 Deckname von Soledads Mann.

68 Freundin Soledads, ebenfalls Chilenin und MIR-Aktivistin, die im gleichen Haus wohnte.

69 Soledad Aránguiz, Interview 05.10.2002.

70 Cristina Chacaltana, Interview 20.10.2002.

71 Soledad Aránguiz, Interview 18.10.2002.

72 Arinda Ojeda, Interview 16.11.2002.

73 Aus: »El Rebelde im Untergrund«, in: El Rebelde en Clandestinidad, 1979, S. 2.

74 Siehe Interview mit Pascal Allende, »MIR: Neltume ist ein Schritt, das Ziel: der permanente Guerrillakrieg, in: El Rebelde, 1981, S.1.

75 Soledad Aránguiz, Interview 18.10.2002.

76 Cristina Chacaltana, Interview 20.10.2002.

77 Soledad Aránguiz, Interview 26.07.2002.

78 Arida Ojeda, Interview 14.12.2002.

79 Gabriel, Bruder von Soledad und auch MIR-Aktivist, lebte damals in England im Exil.

80 Soledad Aránguiz, Interview 26.07.2002.

81 Cristina Chacaltana, Interview 20.10.2002.

82 Guerillaprojekt der MIR im Süden Chiles.

83 Soledad Aránguiz, Interview 26.07.2002.

84 Cristina Chacaltana, Interview 20.10.2002.

85 Soledad Aránguiz, Interview 26.07.2002.

86 Bei dem Projekt Hogares – Zuhause – handelte es sich um die Möglichkeit für MIR-AktivistInnen, ihre Kinder bei Ersatzeltern auf Kuba zu lassen, während sie illegal nach Chile zurückkehrten. Viele dieser Ersatzeltern der insgesamt etwa vierzig Kinder von Miristen waren Exilchilenen.

87 Soledad Aránguiz, Interview 26.07.2002.

88 Ebenda.

89 Cristina Chacaltana, Interview 23.10.2002.

90 Neltume war der erste Versuch des Aufbaus einer Guerrilla, den die MIR in Chile als Teil einer Volkskriegsstrategie unternahm. Im Juni 1981 wurde die in der Gegend östlich von Valdivia befindliche Guerillaeinheit entdeckt. Ihre Mitglieder wurden bis Oktober desselben Jahres verfolgt. Insgesamt elf Aktivisten wurden durch die Repressionskräfte der Diktatur ermordet. Nahuelbuta, das Projekt, an dem Cristina und ihr Mann teilnahmen, war die Guerillaerfahrung, die die Operation von Neltume begleitete. Als die Armee die Einheit von Neltume aufrieb, war die Gruppe von Nahuelbuta ohne Verbindung und Ressourcen. Sie musste auf eigene Faust die Flucht ergreifen, um zu überleben.

91 Küstenstadt ziemlich tief im Süden Chiles.

92 Arinda Ojeda, Interview 17.11.2002.

93 Cristina Chacaltana, Interview 11.02.2003.

94 Cristina Chacaltana, Interview 23.10.2002.

95 Soledad Aránguiz, Interview 18.10.2002.

96 Arinda Ojeda, Interview 17.11.2002.

97 Soledad Aránguiz, Interview 18.10.2002.

98 Langjährige Freundin von Soledad und ebenfalls MIR-Aktivistin, die mit ihnen in einer Wohnung lebte.

99 Soledad Aránguiz, Interview 18.10.2002.

100 Arinda Ojeda, Interview 17.11.2002.

101 Soledad Aránguiz, Interview 18.10.2002.

102 Cristina Chacaltana, Interview 23.10.2002.

103 So lautete eine Parole der kubanischen Revolution.

104 Cristina Chacaltana, Interview 23.10.2002.

105 Fünf lucas waren 5.000 chilenische Pesos und entsprachen etwa 7,50 EUR.

106 Cristina Chacaltana, Interview 23.10.2002.

107 Cristina Chacaltana, Interview 11.11.2003.

108 CNI = Central Nacional de Información, Nationale Informationszentrale, 1977 geschaffener Geheimdienst.

109 Arinda Ojeda, Interview 17.11.2002.

110 COF = Centro de Orientación Femenina, Frauengefängnis.

111 Soledad Aránguiz, Interview 18.10.2002.

112 Ebenda.

113 DINA = Dirección de Inteligencia Nacional, im November 1973 geschaffene Geheimpolizei des chilenischen Heeres, die direkt Pinochet unterstand.

114 Soledad Aránguiz, Interview 18.10.2002.

115 Cristina Chacaltana, Interview 11.11.2003.

116 Ebenda.

117 Soledad Aránguiz, Interview 11.5.2002.

118 Cristina Chacaltana, Interview 09.10.2002.

119 Das Solidaritätsvikariat des Erzbistums von Santiago, Vicaría de la Solidaridad, wurde nach Auflösung des 1973 als kirchliche Menschenrechtsorganisation gegründeten Friedenskomitees am 1. Januar 1976 mit Billigung des Papstes ins Leben gerufen und unterstützte u.a. politische Gefangene und ihre Angehörigen.

120 Cristina Chacaltana, Interview 09.10.2002.

121 Soledad Aranguiz 28.6.2002.

122 Arpilleras sind kleinere oder größere Patchworkbilder aus Stoff und Wolle, die von Angehörigen in Chile und von Chile-Solidaritätsgruppen im Ausland verkauft wurden, um deren Erlös den Gefangenen zukommen zu lassen.

123 Arinda Ojeda, Interview 17.11.2002.

124 Ebenda.

125 Soledad Aránguiz, Interview 18.10.2002.

126 Cristina Chacaltana, Interview 11.02.2003.

127 Soledad Aránguiz, Interview 22.10.2002.

128 Der Ofen stand in der Zelle der Gefangenen und war ein Holzofen, was es ihnen möglich machte – außer, dass es immer verschlagen war – Papiere zu verbrennen, die zu vernichten sonst viel umständlicher gewesen wäre.

129 Arinda Ojeda, Interview 14.12.2002.

130 Arinda Ojeda, De memoria, unveröffentlicht.

131 Soledad Aránguiz, Interview 26.10.2002.

132 Cristina Chacaltana, Interview 11.02.2003.

133 Ebenda.

134 Arinda Ojeda, De memoria, unveröffentlicht, S. 124.

135 Soledad Aránguiz, a.a.O.

136 Im Original heißt es »tirando huincha«, dabei handelt es sich um Hofgänge als Paar, wobei das Pärchen selbst beim Umdrehen einander zugewandt bleibt.

137 Soledad Aránguiz, Interview 26.10.2002.
138 Ebenda.
139 Soledad Aránguiz, Interview 22.10.2002.
140 Ebenda.
141 Aránguiz Soledad, Interview 26.10.2002.
142 Ebenda.
143 Arinda Ojeda, Interview 14.12.2002.
144 Ebenda.
145 Am 5. Oktober 1988 wurde unter der Militärdiktatur ein Plebiszit durchgeführt, bei dem die Wahlberechtigten darüber abstimmen konnten, ob Pinochet bis 1997 an der Macht bleiben solle. 44,01 % stimmten mit JA und 55.99 % mit NEIN. Daraufhin wurden zwischen dem Militärregime und der bürgerlichen Opposition u.a. unter Vermittlung der deutschen Christdemokratie (Norbert Blüm) der so genannte »Übergang zur Demokratie« ausgehandelt und für das folgende Jahr Präsidentschafts- und Parlamentswahlen anberaumt.
146 Arinda Ojeda, Interview 14.12.2002.

CORREO DE LA RESISTENCIA

EDICION ESPECIAL Nº 10
October 1981

CHILE:

UNA NUEVA FASE EN LA LUCHA

¡CON LAS MASAS,
CON LA UNIDAD,
CON LAS ARMAS:
**DERROCAREMOS
A LA DICTADURA!**

CORREO DE LA RESISTENCIA

Órgano del Movimiento de Izquierda Revolucionaria de Chile en el exterior
Núm. 5 Noviembre 1974

- LA SITUACION DE LA DICTADURA
  Y EL PROBLEMA DE LA UNIDAD
- EL ENEMIGO DE LOS GORILAS
- A MAYOR REPRESION MAS RESISTENCIA
- LA INUTIL CAMPAÑA GORILA
- SOLIDARIDAD
- DOCUMENTOS

¡ABAJO LA DICTADURA!
MRP

CORREO DE LA RESISTENCIA

Boletín del Movimiento de Izquierda Revolucionaria de Chile en el exterior
No. 1 junio 1974

EL MIR Y LAS TAREAS
DE LA REVOLUCION CHILENA
ANALISIS
DE LA SITUACION POLITICA
LOS COMITES
DE RESISTENCIA
CLANDESTINOS
5 DOCUMENTOS

CORREO DE LA RESISTENCIA

EDICION ESPECIAL Nº 3
Septiembre, 1975

MIR 10 AÑOS DE LUCHA

CORREO DE LA RESISTENCIA

EDICION ESPECIAL Nº 8
Octubre, 1979

EL MIR
Y LA ACTUAL
COYUNTURA
EN CHILE

Homenaje a
Miguel Enríquez
en el quinto
aniversario
de su muerte
en combate

CORREO DE LA RESISTENCIA

Boletín del Movimiento de Izquierda Revolucionaria de Chile en el exterior
No. 3-4 Septiembre-Octubre 1974

- A CONVERTIR EL ODIO E INDIGNACION EN ORGANIZACION DE LA RESISTENCIA
- LOS GORILAS EN SU AÑO 1 • ECONOMIA • LA MUERTE DE MIGUEL ENRIQUEZ
- III REUNION DE LA IZQUIERDA EN EL EXTERIOR • LA CIA EN CHILE • DOCUMENTOS
- HOMENAJE MUNDIAL AL SECRETARIO GENERAL DEL MIR

EL REBELDE
EN LA CLANDESTINIDAD

LA GRAN TAREA
DE LAS MASAS:

¡A FORMAR
MILICIAS EN
LA POBLACIÓN
Y EN LAS
FÁBRICAS!

– ¡SOLO LA LUCHA
NOS HARA LIBRES! –

EL REBELDE
EN LA CLANDESTINIDAD

SUMARIO
- obreros de la construcción: no al Plan Piñera
- LONQUEN: crímenes comprobados, ¿a exigir justicia en la calle?
- bombas contra los desalojos de pobladores
- bombas contra los despidos en Servil y Chilectra
- movilización contra los despidos en Lota, Schwager y El Teniente
- bombas contra los funcionarios gorilas
- asesinato del compañero Letelier: el imperialismo cubre la responsabilidad de Pinochet

el pueblo
y la (R)
mantienen
su ofensiva

LA RESISTENCIA
SE HACE EN LA
ACCION. LUCHA
DE MASAS Y
PROPAGANDA
ARMADA

EL REBELDE
EN LA CLANDESTINIDAD

ORGANO OFICIAL DEL MOVIMIENTO DE IZQUIERDA REVOLUCIONARIA
JULIO DE 1975 NUMERO 107

EL PUEBLO UNIDO EN EL
FRENTE DE RESISTENCIA

A CONSTRUIR
LA UNIDAD
POR LA BASE

Untergrundschriften der MIR, teilweise unter den Bedingungen der Illegalität handschriftlich erstellt.

Oben: Handgezeichnete Chile-Karte aus einer Publikation der Frauengruppe CAMUR (Komitee zur Unterstützung der Frauen im Widerstand in Chile und Lateinamerika, Hannover)

Filmografie

Carmen Castillo, geboren 1945 in Santiago de Chile, ist die Tochter des Architekten und Dekans der Päpstlichen Katholischen Universität von Chile (1967-1973) und der Schriftstellerin Mónica Echeverría, die beide unter der Diktatur Pinochets exilieren mussten. Carmen Castillo war in der MIR organisiert und die Lebensgefährtin von Miguel Enríquez, dem Generalsekretär der MIR. Nach dem Putsch in Chile am 11. September 1973 ging sie in die Illegalität. Als die Geheimpolizei Miguel Enríquez am 5. Oktober 1974 in der Rue Santa Fe in einem Vorort von Santiago erschießt, ist Carmen Castillo schwanger. Sie selbst wird bei diesem Schusswechsel schwer verletzt, verliert ihr Kind und kann nach internationalen Protesten später in ein jahrzehntelanges Exil ausreisen. Ihr Film *Rue Santa Fe* erzählt die Geschichte ihres Lebensgefährten und reflektiert gleichzeitig die Geschichte des chilenischen Widerstandes.

Filmografie (Auswahl):

Regie: El tesoro de Amèrica – el oro de Pascua Lama , Chile 2010, 90 min.
Regie: Calle Santa Fe (Rue Santa Fe), Frankreich/Belgien/Chile 2007, 163 min.
Regie: Maria Felix – La inalcanzanable doña, Frankreich/Spanien 2005.
Regie: La Flaca Alejandra, Frankreich 1994, 57 min.
Drehbuch: Terres étrangères – inca de oro, Frankreich 1997.

Biografisches

Andrés Pascal Allende, geboren 1943 in Santiago de Chile als Sohn von Gastón Pascal Lyon und Laura Allende Gossens, Neffe des chilenischen Staatspräsidenten Salvador Allende, marxistischer Revolutionär und Mitinitiator der 1965 gegründeten MIR (*Movimiento de Izquierda Revolucionaria*). Nach dem Tod von Miguel Enríquez, dem 1. Generalsekretär der MIR, übernahm Andrés Pascal Allende 1974 als Generalsekretär die Leitung der MIR. 1976: Flucht aus Chile, um dem Zugriff durch die Geheimdienste der Militärdiktatur zu entgehen. Im März 1976 wurde der exil-kubanische Terrorist Orlando Bosch wegen der Vorbereitung eines Komplotts für die Ermordung Andrés Pascal Allendes in Costa Rica verhaftet. Ab 1976: Exil in Kuba. Verschiedentlich klandestine Reisen nach Chile. Zur weiteren Entwicklung der MIR:

Ab 1981: Nationale Protesttage gegen die Diktatur in Chile. Strategiewechsel der Kommunistischen Partei, Gründung des bewaffneten Arms der KP: Patriotische Front Manuel Rodríguez (FPMR), beeinflusst durch den Sieg der Revolution in Nicaragua und die revolutionären Kämpfe in El Salvador und Guatemala.

September 1983: Bildung der Volksdemokratischen Bewegung MDP aus KP, PS-Almeyda und der MIR. MDP als linke Alternative zur Diktatur: Systembruch und keine Verhandlungen mit der Diktatur. Weitere bewaffnete Organisationen: MAPU-*Lautaro*, *Destacamentos 5 de Abril* (PS-Salvador Allende). 1984/85: Heftige repressive Schläge, insbesondere gegen die militärischen Strukturen der MIR und den Volkswiderstand. Erneute Verhängung des Ausnahmezustands. Seit 1986 offene interne Differenzen im ZK der MIR, kaum noch bewaffnete Aktionen, dennoch Bestätigung Andrés Pascal Allendes als Generalsekretär der MIR im April 1987. Danach Spaltung in MIR Histórico (Andrés Pascal Allende) und MIR Renovación (Nelson Gutiérrez). Erneute Abspaltung der MIR Comisión Militar

(Hernán Aguiló) vor dem vierten Kongress im Juli 1988. Weitere Atomisierung der drei Strömungen der MIR 1990: MIR Histórico teilt sich in zwei Gruppen und MIR *Renovación* in vier Gruppen, unter anderem die von ZK-Mitglied Carlos Lafferte und einem Großteil der Basis gebildete *Dirección Nacional Provisoria*, die eine Wiedervereinigung der MIR auf der Grundlage der historischen Ziele und Inhalte vorschlägt. 1991: Manuel Cabieses und Rafael Maroto organisieren eine Zusammenkunft von MIRistas im Stadtviertel La Victoria, um den Zerfallsprozess der MIR aufzuhalten.

 **Tamara Vidaurrázaga Aránguiz**, geboren 1977 in Brüssel. Freie Journalistin; Diplom im Fach Soziale Kommunikation sowie Master in Genderstudien und Kulturwissenschaften an der Universität von Chile. Mitarbeit in verschiedenen NGOs aus dem Gender-, Menschenrechts- und Gewerkschaftsspektrum. Herausgeberin der e-Zeitschrift Feministas Tramando (http:// www.feministastramando.cl./). Autorin des Buches: *Mujeres en rojo y negro. Reconstrucción de la memoria de tres mujeres Miristas. 1971-1990.* Ediciones Escaparate. Concepción/Chile 2006.

Daten der drei Frauen aus dem Knast in Coronel von 1985:

 **María Soledad Aránguiz Ruz,** geboren am 16.10.1956 in Santiago, verheiratet mit Ignacio Enrique Vidaurrázaga Manríquez, zwei Töchter. Soledad wurde am 23.08.1984 von Agenten des Geheimdienstes CNI festgenommen und befand sich zehn Tage in geheimen Folterzentren. Anklage: Verstoß gegen das Waffenkontrollgesetz (Gesetz Nr. 17798) und illegale Rückkehr (Gesetz Nr. 81).

 **María Cristina Chacaltana Pizarro**, geboren am 17.12.1948 in Arica, verheiratet (verwitwet), ein Sohn. Cristina wurde am 23.08.1984 in Los Angeles von Agenten des Geheimdienstes CNI festgenommen und befand sich zehn Tage in geheimen Folterzentren. Anklage: Verstoß gegen das Waffenkontrollgesetz (Gesetz Nr. 17798) und illegale Rückkehr (Gesetz Nr. 81). Cristinas Ehemann Mario wurde am selben Tag festgenommen und erschossen.

Arinda Graciela Ojeda Aravena, geboren am 19. Januar 1945 in Temuco, ein Sohn, Chemikerin. Arinda wurde am 16. April 1981 verhaftet, war zwanzig Tage verschwunden, zwei Tage in Concepción und achtzehn Tage in Santiago in geheimen Folterzentren der CNI. Nach zwanzig Tagen wurde sie der Militärgerichtsbarkeit übergeben.

Die Übersetzerinnen

Mechthild Dortmund, geboren 1954, ist Spanisch-Übersetzerin und Lehrerin. In den Siebziger Jahren in Göttingen in der Chile-Solidarität aktiv, in den Achtziger Jahren in Hannover, unter anderem in der Frauengruppe CAMUR (Komitee zur Unterstützung der Frauen im Widerstand in Chile und Lateinamerika). Seit 1994 Mitarbeit im nicht-kommerziellen Radio Flora. Übersetzerin einer Anthologie kubanischer Erzählungen und Herausgeberin des Buches *Einen Tag länger als die Continental* über den erfolgreichen Streik mexikanischer Reifenarbeiter gegen den hannoverschen transnationalen Konzern.

Sherin Abu-Chouka, geboren 1976 in Berlin, ist Buchhändlerin und Historikerin. Seit 1998 verschiedene Aufenthalte in Lateinamerika; sie lebt, arbeitet und genießt aktuell den Großstadtdschungel von Mexiko-Stadt.

Weitere ÜbersetzerInnen: Börries Neh, Katja Fritsche

Danksagung

An einem solchen Buch und einem solchen Projekt wie der Bibliothek des Widerstands sind viele beteiligt, die im Hintergrund für ihr Gelingen tätig sind. Mit besonderem Dank an Gabriele Rollnik und an alle UnterstützerInnen und SympathisantInnen aus unserem Freundeskreis.

Filmrechte und Credits:
Calle Santa Fe
Von Carmen Castillo, Frankreich/Belgien/Chile 2007, 163 min

Bildnachweis:
Seite 6/7: James N. Wallace, US-Library of Congress; Seite 12/13; 20/21; 22/23; 68/69;70/71;114/115; 166/157; 174/175: Internet, CEME, Archivo-chile; Seite 94: Tamara Vidaurrázaga; Seite 95: CAMUR; Seite 168 – 171: bei den Autoren

Bildtexte:
Karl-Heinz Dellwo

Impressum

Bibliothek des Widerstands // Band 11 // MIR – Die Revolutionäre Linke Chiles (Calle Santa Fé) // 1. Auflage 2011 // © für die deutschsprachige Ausgabe: LAIKA-Verlag // Hamburg // Alle Rechte vorbehalten // www.laika-verlag.de // DVD-Layout: Martin Bergt, Hamburg // DVD-Authoring and Subtitling: B.O.A. VIDEOFILM-KUNST München // Logo und Coverentwurf: Maja Bechert, Hamburg // Satz: Peter Bisping // Korrektur: Öznur Takil // Druck: gedruckt in Deutschland // 2011 // ISBN: 978-3-942281-80-5

Kinder bei der »Besetzung von Peñalolén«, der damals größten Landbesetzung in Chile.

Inhalt DVD

Calle Santa Fé
Frankreich/Belgien/Chile 2007 · 163 min
Regie: Carmen Castillo

MIR: Die Revolutionäre
Linke

5

9783942281805.3